跨座式单轨交通工程测量

——基于现行国家标准《跨座式单轨交通工程测量标准》GB/T 51361

秦长利　等　编著

中国建筑工业出版社

图书在版编目（CIP）数据

跨座式单轨交通工程测量：基于现行国家标准《跨座式单轨交通工程测量标准》GB/T 51361/秦长利等编著．—北京：中国建筑工业出版社，2022.2
ISBN 978-7-112-27215-0

Ⅰ.①跨… Ⅱ.①秦… Ⅲ.①独轨铁路-交通工程-工程测量 Ⅳ.①U232

中国版本图书馆 CIP 数据核字（2022）第 041994 号

本书以国家标准《跨座式单轨交通工程测量标准》GB/T 51361—2021 为依据，由标准编制组部分成员编写而成。

本书是我国第一本专门介绍跨座式单轨交通工程测量的专著，在编写过程中，编写组结合国内外跨座式单轨交通工程发展状况，总结和论述了我国跨座式单轨交通工程测量的成功经验和科研成果。全书共分 10 章，内容包括：概述、控制测量、地形测量与专项调查、施工放样基本方法、高架结构施工测量、隧道施工测量、轨道梁的制作与安装测量、变形监测、质量检查与验收、第三方测量与监测。

本书力求理论与实践相结合，内容丰富，浅显易懂，可操作性强，可供教学、科研和生产单位从事工程测量的技术人员和工程管理人员参考。

责任编辑：石枫华　王雨滢
责任校对：李美娜

跨座式单轨交通工程测量
——基于现行国家标准《跨座式单轨交通工程测量标准》GB/T 51361
秦长利　等　编著

*

中国建筑工业出版社出版、发行（北京海淀三里河路 9 号）
各地新华书店、建筑书店经销
霸州市顺浩图文科技发展有限公司制版
河北鹏润印刷有限公司印刷

*

开本：787 毫米×1092 毫米　1/16　印张：12¾　字数：312 千字
2022 年 3 月第一版　　2022 年 3 月第一次印刷
定价：**52.00** 元
ISBN 978-7-112-27215-0
（38317）

版权所有　翻印必究
如有印装质量问题，可寄本社图书出版中心退换
（邮政编码 100037）

前　言

跨座式单轨交通是城市轨道交通的组成部分，也是地铁和轻轨以外的主要交通形式。跨座式单轨交通工程与一般的轨道交通工程相比，其轨道梁既是运营车辆的载体，又是运营车辆的行走轨道，其加工和安装精度以及相邻轨道梁之间的相对精度要求高。鉴于轨道梁体型大，其制作和架设难度高的特点，为了提高建设质量、保障车辆运行的安全性和舒适性，加强跨座式单轨交通工程测量理论研究和规范建设标准非常必要。到目前为止，世界上有十几个国家的 30 多个城市建设了单轨系统，重庆是我国第一个建立跨座式单轨交通的城市，线路里程已占世界的 40%。中国第二个建设跨座式单轨的城市是安徽省芜湖市，线路全长 46.7km。除了重庆和芜湖以外，柳州、广安、银川、汕头、桂林、蚌埠、安阳等一些城市也已经建成或正在建设跨座式单轨系统。

本书共分 10 章，内容涵盖跨座式单轨交通建设和运营阶段需要进行的主要测量工作。

作者在编写过程中，在结合国内外跨座式单轨交通工程发展状况，总结我国跨座式单轨交通工程测量的成功经验和科研成果的基础上，力求理论与实践相结合，力求内容丰富翔实，力求浅显易懂，操作性强，解决实际工程问题。

本书由国家标准《跨座式单轨交通工程测量标准》GB/T 51361—2021 编制组部分人员撰写，主编为秦长利，参与编写的人员有王双龙、石俊成、黄勇、陈瑞霖、郭润志、张伟富、余永明、耿长良、向泽君、李小果、范俊峰、元昊、李芳凝、徐玉明、吴江华以及王明权。另外，秦长利对全稿进行了整理和统稿及终审。王双龙、黄勇、余永明、李小果、耿长良分别对部分稿件进行了复审。

由于编者水平有限，不当之处在所难免，对书中存在的问题恳请读者指正。

目 录

第1章 概述 ... 1
- 1.1 跨座式单轨系统的发展 ... 1
- 1.2 跨座式单轨的特点 ... 7
- 1.3 跨座式单轨工程测量的特点和内容 ... 9

第2章 控制测量 ... 13
- 2.1 控制测量概述 ... 13
- 2.2 平面控制测量 ... 16
- 2.3 高程控制测量 ... 26
- 2.4 工程案例 ... 33

第3章 地形测量与专项调查 ... 38
- 3.1 地形测量 ... 38
- 3.2 专项调查 ... 40

第4章 施工放样基本方法 ... 59
- 4.1 建筑允许偏差及施工放样精度 ... 59
- 4.2 坐标法放样 ... 62
- 4.3 其他直接放样方法 ... 66
- 4.4 归化法放样 ... 68
- 4.5 高程放样方法 ... 70

第5章 高架结构施工测量 ... 74
- 5.1 桥墩基础施工测量 ... 74
- 5.2 墩柱施工测量 ... 79
- 5.3 盖梁施工测量 ... 82
- 5.4 预埋锚箱或预留锚栓孔或临时支撑施工测量 ... 83

第6章 隧道施工测量 ... 85
- 6.1 隧道施工测量概述 ... 85
- 6.2 联系测量 ... 85
- 6.3 隧道施工控制测量 ... 96

6.4 隧道掘进测量 ··· 99
6.5 限界测量 ··· 107

第 7 章 轨道梁的制作与安装测量 ··· 113
7.1 轨道梁的制作与安装概述 ··· 113
7.2 轨道梁制作测量 ·· 113
7.3 轨道梁安装测量 ·· 124
7.4 道岔安装测量 ··· 137

第 8 章 变形监测 ·· 140
8.1 变形监测概述 ··· 140
8.2 变形监测控制测量 ·· 149
8.3 施工阶段变形监测 ·· 153
8.4 运营线路变形监测 ·· 156
8.5 变形监测资料整理与信息反馈 ··· 158
8.6 运营监测案例 ··· 160

第 9 章 质量检查与验收 ··· 167
9.1 测量成果质量要求 ·· 167
9.2 质量检查 ··· 170
9.3 质量验收 ··· 174

第 10 章 第三方测量与监测 ·· 177
10.1 概述 ·· 177
10.2 第三方测量实例 ·· 181
10.3 第三方监测实例 ·· 186

参考文献 ··· 194

第1章 概 述

根据建设部于2007年发布的《城市公共交通分类标准》CJJ/T 114—2007中的定义，城市轨道交通为采用轨道结构进行承重和导向的车辆运输系统，依据城市交通总体规划的要求，设置全封闭或部分封闭的专用轨道线路，以列车或单车形式，运送相当规模客流量的公共交通方式。《城市公共交通分类标准》CJJ/T 114—2007还明确城市轨道交通包括：地铁系统、轻轨系统、单轨系统、有轨电车、磁浮系统、自动导向轨道系统、市域快速轨道系统。

本书所涉及的城市轨道交通中的单轨系统是一种车辆与特制轨道梁组合成一体运行的中运量轨道交通系统，轨道梁不仅是车辆的承重结构，同时也是车辆运行的导向轨道。单轨系统的类型主要有两种，一种是车辆跨骑在单片梁上运行的方式，称之为跨座式单轨系统；另一种是悬挂在单根梁上运行的方式，称之为悬挂式单轨系统。

本书主要介绍单轨系统中的跨座式单轨系统工程测量以及相关技术。

1.1 跨座式单轨系统的发展

单轨交通至今已有近200年的历史，远在1821年，英国人亨利·罗宾逊帕尔默（P. H. Palmer）就因单轨的设计获得英国专利。1824年，在伦敦船坞为运送货物就建设了世界上第一条单轨交通。这条单轨交通线路比1863年世界第一条伦敦地铁线路还要早近40年。

1.1.1 世界单轨交通在变革中发展

世界首条载客单轨交通（Cheshunt Railway）于1825年6月25日在英国切森特隆重开通，如图1-1所示。这是一条由亨利·罗宾逊帕尔默根据他1821年的发明专利而建造的线路，这条线路是由单匹马拉动的世界最早的单轨交通。

图1-1 世界首条载客单轨交通

首个蒸汽机牵引的单轨在1876年建造，如图1-2所示。这条建在美国宾夕法尼亚州费尔蒙特公园的高架线路长约170m，连接了园艺与农业两个展览馆，当时被称为"鞍式铁路"。

 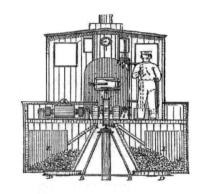

图1-2 鞍式铁路

1886年，Meigs单轨是美国马萨诸塞州洛厄尔市的Josiah V. Meigs发明的实验性蒸汽动力单轨，如图1-3所示。1887年，Josiah V. Meigs写了一篇有关单轨的文章，包含完整的图表及统计数据，增加了一组水平轮来保持列车的稳定。遗憾的是一场火灾烧毁了Meigs的试验棚，列车严重损坏。尽管Meigs单轨是一条实验性单轨，但是设计的先进程度远远超出当时的科技发展水平，也就是说早在1886年就已经考虑了空气动力学的问题。

世界上第一个悬挂式单轨系统是1886年在美国新泽西州被测试和展出的Enos单轨系统产品，如图1-4所示。在此之前单轨结构多采用木梁，Enos单轨的轨道采用了轻型钢结构，遗憾的是该产品并没有用于实际工程。但是，Enos单轨设计可能对以后德国科隆的土木工程师Eugen Langen（德国伍珀塔尔悬挂式单轨设计者）有一定积极影响，因为伍珀塔尔悬挂式单轨与Enos单轨相似程度很高。1901年德国Eugen Langen设计的伍珀塔尔悬挂式单轨给世界单轨发展产生了深刻的影响，该单轨已经沿着Wupper河运行了100多年，经历了两次世界大战，至今仍然安全运营。伍珀塔尔悬挂式单轨线路全长约13.3km，车站20座，全程运行时间约30min，年客运量在2500万人次以上。

图1-3 蒸汽动力单轨　　　　　图1-4 世界上第一个悬挂式单轨系统

由螺旋桨驱动的独特单轨系统由英国苏格兰工程师George Bennie在1929年建造，如图1-5所示。George Bennie在苏格兰格拉斯哥附近的铁路线上建了一条较短的测试轨道，据称其巡航速度能达到160km/h，最大载客能到48人。

图 1-5　螺旋桨驱动的独特单轨系统

1952 年瑞典实业家 Axel Lennart Wenner-Gren 博士在第二次世界大战后第一个建造了单轨试验线，如图 1-6 所示。Gren 博士倾向于发展城市间高速单轨系统，试验线为缩小原型，在德国 Fuhlingen 的椭圆测试轨道上达到 160km 的时速。Alweg（Axel Lennart Wenner-Gren 的缩写）单轨系统尽管当时没有找到它的市场，但给后续单轨系统的研发带来了深远的影响。

1964 年日本建成了 17.8km 羽田单轨线路，如图 1-7 所示。羽田单轨的建成标志着单轨系统步入现代单轨系统时代，其完全吸收了 Alweg 系统的优点并首次采用了单轨道岔系统，该线至今仍在运营。

图 1-6　城市间高速单轨试验线

图 1-7　羽田单轨线路

1.1.2　世界各国单轨系统的发展状况

1824 年至 1964 年期间，单轨系统起源于欧洲，在英国、德国、美国、瑞典和日本等国的参与下，不断地得到创新性研究和发展，技术日臻完善。但是，最终由瑞典 Alweg 发明的跨座式单轨和 Safege 提出的悬挂式单轨逐渐形成了 Alweg 和 Safege 两大平台，给日后单轨的技术发展奠定了坚实的基础。

1964 年以后，单轨系统步入快速发展期，除了欧洲前述国家以外，以亚洲为主的日本、马来西亚、中国、新加坡、印度、韩国以及俄罗斯、巴西、伊朗、阿联酋、沙特阿拉伯等都建设了单轨系统。

1. Alweg 和 Safege 两大平台的由来

（1）Alweg 平台的由来

前面讲到 Alweg 这个词是瑞典企业家 Axel Lennart Wenner-Gren 博士名字的缩写。Gren 博士是 20 世纪 30 年代世界上最富有的人物之一，他从德国一家企业的销售员干起，逐渐发展起自己的媒体、金融、交通和武器制造等产业，而单轨交通只是他其中的一个兴趣爱好，并在 1952 年以前发布了第一个单轨系统的原型。1953 年，Gren 博士担任铁路研究组（Transit Railway Study GroupAlweg）的分支机构——Alweg 研发公司的总裁，1957 年，Alweg 研发公司又推出了更成功的单轨系统，并引起了华特迪士尼公司的创始人沃尔特·迪士尼的极大兴趣。1959 年，基于 Alweg 系统的迪士尼单轨开通，如图 1-8 所示，大大提高了 Alweg 单轨系统的影响力。此后的 2 年，意大利都灵和美国西雅图的 Alweg 单轨系统也相继开通。

1960 年，Alweg 技术授权给日本日立公司（Hitachi），日立的"Hitachi-Alweg"部门在 1964 年建设完成羽田机场单轨。但后来，Alweg 研发公司陷入财务危机，Alweg 德国业务被克虏伯公司收购，美国西雅图子公司也在 1964 年破产。

图 1-8　1959 年开通的 Alweg 系统的迪士尼单轨

（2）Safege 平台的由来

Safege 是公司的名称，1919 年，由法国 25 家公司组建了 Safege 联盟公司，成员包括米其林和雷诺汽车，Safege 联盟公司主要参与自来水、燃气、电力等公共产业的运营。1947 年，法国将这些公共产业收归国有后，Safege 联盟公司主要从事工程咨询和建设业务。

1958 年，在联盟公司的桥梁工程师 Lucien Chadenson 的领导下，开发出了现今悬挂式单轨系统的原型——Safege 系统，该系统与 1901 年德国科隆的土木工程师 Euge Langen 设计的伍珀塔尔悬挂式单轨（Wuppertaler Schwebebahn）差异很大，Safege 的轨道没有暴露在恶劣天气下，不需要任何除雪或除冰系统，这使得其在冰雪等气候条件下能安全可靠地运行。现今运行的日本湘南悬挂式单轨、日本千叶悬挂式单轨和德国杜塞尔多夫机场悬挂式单轨都是基于 Safege 系统研发和建设的，早期悬挂式单轨如图 1-9 所示。

2. 单轨系统的发展状况

（1）世界单轨系统的发展状况

到目前为止，世界上有十几个国家的 30 多个城市建设了单轨系统，运营里程达到 300 多 km。世界单轨交通建设的地区见表 1-1，表 1-1 罗列了世界各国单轨系统线路建设的时间、线路长度、最高时速以及主要系统设计和生产服务商等内容。从表 1-1 中统计的数据可以明显看出并证实了"单轨系统起源和技术革新在欧洲，影响力形成在美国，兴盛在亚洲"这一观点。

图1-9 早期悬挂式单轨

世界单轨交通建设的地区　　　　　　　　　　表1-1

序号	国家	地区	名称	开通年份	线路长度(km)	最高时速(km/h)	主要系统设计和生产服务商	备注
1	德国	伍珀塔尔	伍珀塔尔单轨	1901	13.3	60	德国土木工程师Eugen Langen设计	
2	美国	加利福尼亚	迪士尼乐园单轨	1959	4		MarkⅠ、MarkⅡ（德国Alweg、WDI），MarkⅢ、MarkⅤ（WDI），MarkⅦ（WDI、加拿大庞巴迪）	
3	美国	西雅图	西雅图单轨	1962	1.54	72	德国Alweg	
4	日本	东京	羽田机场单轨	1964	17.8	80	日本日立	
5	日本	大阪	世博园单轨	1970	4.3	50	日本日立	世博会结束后便停运
6	日本	湘南	湖南单轨	1970	6.6	75	日本三菱重工	悬挂式单轨
7	美国	佛罗里达州	迪士尼世界单轨	1970	23.6	89	MarkⅣ（WDI、马丁·玛丽埃塔），MarkⅥ（WDI、加拿大庞巴迪）	
8	德国	多特蒙德	工业大学单轨	1984	3	65	德国西门子	悬挂式单轨
9	日本	北九州	北九州单轨	1985	8.8	65	日本日立	
10	日本	千叶县	千叶都市单轨	1988	15.5	75	日本三菱重工	世界上线路最长的悬挂式单轨
11	澳大利亚	悉尼	悉尼单轨	1988	3.6	60	瑞士Von Roll	2013年拆除
12	日本	大阪	大阪单轨	1990	28	70	日本日立	由主线和支线组成
13	美国	新泽西州	纽瓦克单轨	1996	4.8	60	瑞士Von Roll提供最初单轨技术，施工期间技术出售给德国Adtranz，2001年被庞巴迪收购	准备拆除

续表

序号	国家	地区	名称	开通年份	线路长度(km)	最高时速(km/h)	主要系统设计和生产服务商	备注
14	美国	佛罗里达州	杰克逊维尔单轨	1997	4	56	加拿大庞巴迪	
15	日本	多摩市	多摩单轨	1998	16	60	日本日立	
16	德国	杜塞尔多夫	杜塞尔多夫机场单轨	2002	2.5	50	德国西门子	悬挂式单轨
17	日本	冲绳	冲绳单轨	2003	13.1	60	日本日立	
18	马来西亚	吉隆坡	吉隆坡单轨	2003	8.6	60	日本日立、马来西亚史格米	
19	美国	内华达州	拉斯维加斯单轨	2004	6.3	80	加拿大庞巴迪(WDI单轨技术)	
20	中国	重庆	单轨2号线	2005	31.36	80	日本日立	
21	俄罗斯	莫斯科	莫斯科单轨	2005	47	60	意大利Intamin公司、莫斯科热力技术学院	计划拆除
22	新加坡	新加坡	圣淘沙单轨	2007	2.1	60	日本日立	
23	阿联酋	迪拜	朱美拉棕榈岛单轨	2009	5.4	70	日本日立	
24	中国	重庆	单轨3号线	2011	67.09	80	日本日立	世界最长的跨座式单轨系统
25	巴西	圣保罗	单轨15号线	2014	2.9	80	加拿大庞巴迪	全长26km
26	印度	孟买	孟买单轨	2014	8.93	80	马来西亚史格米	
27	韩国	大邱	大邱单轨3号线	2015	24	70	日本日立	
28	中国	深圳	比亚迪跨座式单轨	2016	4.4	60	中国比亚迪	
29	中国	成都	成都悬挂式单轨	2016	1.4	60	中唐空铁	新能源试验线
30	巴西	圣保罗	圣保罗单轨17号线	在建	24		马来西亚史格米	
31	伊朗	库姆	库姆单轨	在建	6.8		意大利SoA	
32	沙特阿拉伯	利雅得	利雅得单轨	在建	3.6		加拿大庞巴迪	
33	俄罗斯	Krasnogorsk	Krasnogorsk单轨	在建	1		俄罗斯Morton	试验线
34	巴西	圣保罗	圣保罗单轨18号线	设计	15		马来西亚史格米	

(2) 我国单轨系统的发展状况

目前世界上有轨道交通的国家，采用跨座式单轨的占了70%~80%，只有我国地铁所占的比例较大。但是，鉴于单轨系统的特点和优势，我国许多城市结合各自的特殊情况也对其十分青睐，其中我国重庆于2004年6月成功开通了中国第一条跨座式单轨交通线——重庆轨道交通2号线。2007年4月，重庆市第二条跨座式单轨交通线——重庆轨道交通3号线正式全面开工。如今，重庆单轨交通运行里程已达98km，车辆已投用超过700辆，日均客运量超过100万人次，已成为世界上运营里程最长、运营车辆最多、客运量最大的单轨交通系统。

多年来，重庆经过对国外跨座式单轨交通系统引进技术的消化、吸收和研究与实践，会同有关单位已经编制出了国家标准《跨座式单轨交通设计规范》和《跨座式单轨交通施工及验收规范》，满足了我国跨座式单轨交通设计和建设需求。具有关报道，目前重庆跨座式单轨系统已经形成了自己的轨道产业群，并在立足国内的基础上积极开拓海外市场，先后参与了印度尼西亚、巴西、泰国等国的轨道交通系统建设项目，其中已完成印度尼西亚万隆和日惹两城市跨座式单轨交通系统可行性研究报告编制，并将为巴西圣保罗轨道17号线提供跨座式单轨轨道梁产品，泰国曼谷粉线、黄线跨座式单轨也已正式招标。另外，哈萨克斯坦、土耳其和新加坡等国也正在与重庆洽谈单轨系统建设项目，其中部分国家的单轨交通项目也已签订意向协议。

中国第二个建设跨座式单轨的城市是安徽省芜湖市，芜湖轨道交通1号线和2号线一期工程线路全长46.7km。

除了重庆和芜湖以外，柳州、广安、银川、汕头、桂林、蚌埠、安阳等一些城市也已经建成或正在建设跨座式单轨系统。北京、郑州、吉林、邯郸、淮南和海口等的跨式轨道交通也在进行路网规划。

1.2 跨座式单轨的特点

1.2.1 安全性高

众所周知，跨座式单轨采用的是单根轨道梁，所以很多人认为，相对地铁的双轮双轨，单轨的安全性能要差一些，其实并不然，单轨列车虽然采用一根轨道梁，但整个列车是骑跨在轨道梁上，承重轮、平衡轮及稳定轮环抱轨道梁，列车较地铁更难脱轨。跨座式单轨从诞生到如今，经过了台风、地震等恶劣自然因素的考验，技术日趋完善，安全性也越来越高。例如，庞巴迪PBTS的INNOVIA 300型跨座式单轨列车，采用的还是全自动无人驾驶系统，其无人驾驶技术已经有超过40年的安全运行历史。

我国为了确保跨座式单轨系统技术安全也相继出台了一些国家和行业标准，例如颁布了国家标准《跨座式单轨交通设计规范》、《跨座式单轨交通施工及验收规范》和《跨座式单轨交通工程测量标准》，发布了城镇建设行业标准《跨座式单轨交通车辆通用技术条件》等，为跨座式单轨系统的安全提供了可靠的有力保障。

1.2.2 疏散救援容易

跨座式单轨车辆在运行时处于四周临空状态，早期的单轨列车采用的是横向救援、纵向救援和垂向救援等多种救援方式，在遇到情况时，疏散和逃生的便利和速度上确实存在一些问题。

近年来，随着设计理念和生产技术的不断提高和发展，跨座式单轨在两条轨道梁之间设置了疏散通道,并兼做检修通道和电缆托架,因此跨座式单轨的疏散救援不再成为问题;而且高架线路疏散救援效率远优于地下线路。图 1-10 所示的 PBTS 跨座式单轨列车,其采用侧面逃生系统,且全线敷设了逃生通道,一旦发生紧急情况,乘客拉动车厢内部的紧急逃生把手打开车门,通过逃生通道快速逃生。值得注意的是,逃生通道距离地板面的高度小于 45cm 或是平齐,不管男女老幼均可轻松跨下。

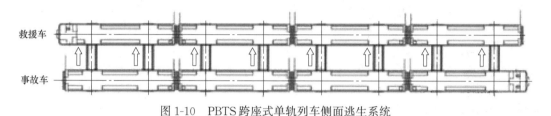

图 1-10　PBTS 跨座式单轨列车侧面逃生系统

1.2.3　适用范围广

单轨列车由于使用橡胶轮胎和特殊转向架,对陡坡、急弯适应性强(最大爬坡坡度可达 100‰,曲线半径最小可达 30m),对地形无严格要求。单轨交通在规划和选线上的适应性,是其他城市轨道交通无法比拟的,它可以很好地适应城市多变的地形、地貌和复杂地理环境,避开既有建筑,避免不必要的拆迁。跨座式单轨的适用范围不仅适合路况复杂的山城,也适合其他丘陵平原城市。

单轨交通最高速度可达 80km/h,平均运行速度约 30km/h。其运量在公共汽车和地铁系统之间,属于中等运量交通系统。

1.2.4　对环境影响小

我国各城市在大力发展轨道交通建设的同时,越来越重视对环境的影响和保护。有人说,单轨车辆为橡胶轮胎,与轨道的摩擦容易产生橡胶粉尘污染。但根据研究,列车运行时,橡胶轮胎磨耗形成的橡胶颗粒硬度和容重较大,其无法形成飘散型可吸收颗粒物。另外,根据 2015 年 4 月 1 日环保部公布的北京等 9 个城市的大气颗粒物源解析工作结果显示:"机动车尾气、工业生产、燃煤、扬尘等是当前我国大部分城市环境空气中颗粒物的主要污染来源,占 85%~90%"。所以迄今为止,没有任何一项研究资料表明橡胶轮胎颗粒是成为雾霾污染的来源。

目前,现代大都市城市景观大多以简洁明快为基调,跨座式单轨系统完全能够满足城市景观建设的需求,而且在专用的高架线路上运行,与其他交通方式互不干扰,为人们提供安全、高效、舒适服务的同时,还为城市增添一抹亮色。

1.2.5　建设时间短

相比地铁,单轨系统的建设周期较短,一般为 2~3 年。跨座式单轨因其优良适应性,可大量减少征地拆迁量。单轨一般采用高架线路,轨道梁的宽度仅为 69cm,支撑柱的宽度也仅为 1.22m,因此土建工程量小,节省大量施工时间。此外,单轨的主体结构多为模块化,轨道梁、柱体等都可以在工厂预制,在现场拼装,施工简单,并可大幅度提高工作效率，所以相比其他交通制式，单轨建设工期可缩短三分之二，既不会长期影响城市正常的交通运行，又可以更快投入使用。

1.2.6 建设成本低

从建设成本来看，若地铁全部采用地下线，每公里综合造价为7亿～10亿元，而跨座式单轨仅为地铁造价的1/5～1/3，为每公里2亿～3亿元，因此，对于中小城市或经济不宽裕城市采用跨座式单轨系统是建设发展轨道交通线路的首选。

近年，国务院办公厅发布了《关于进一步加强城市轨道交通规划建设管理的意见》（国办发〔2018〕52号），这是继2003年发布《关于加强城市快速轨道交通建设管理的通知》（国办发〔2003〕81号）之后，围绕多年来城市轨道交通发展条件变化及新时代发展形势要求，国务院办公厅发布的又一指导性文件，文件中提到："要坚持量力而行、有序推进，因地制宜、经济适用，衔接协调、集约高效，严控风险、持续发展的原则，推进政策措施落实"。

我国城市轨道交通发展中存在地铁建设模式单一、结构不合理、造价攀升等问题，影响了城市轨道交通持续健康发展，据此，国家有关部门指导设计、设备、建设、管理和金融等企业，结合中等城市发展轨道交通的需求，对跨座式单轨交通进行了系统研究，梳理形成了跨座式单轨交通发展思路。同时，国家发展和改革委员会基础设施发展司也提出了加强发展轻轨、运用轻型单轨的政策指导；鼓励有条件城市发展轻轨；改进核心产品、完善标准体系的今后促进单轨发展政策建议。

随着我国城市化发展进程的持续加快，"立体式""空中一体化"的发展越来越被重视。跨座式单轨系统经济、环保、独立路权、低噪声，可美化城市景观，势必会受到越来越多关注。

1.3 跨座式单轨工程测量的特点和内容

1.3.1 测量精度要求高

跨座式单轨交通工程与一般的轨道交通工程相比，他的轨道梁既是运营车辆的载体，又是运营车辆的行走轨道，轨道梁制作和架设的质量直接影响跨座式单轨交通工程建设的质量和车辆运行的安全性和舒适性。鉴此，为保证跨座式单轨交通工程建设质量，国家标准《跨座式单轨交通施工及验收规范》GB 50614—2010，对高架混凝土墩身、盖梁及盖梁上的支座和预埋件、轨道梁的梁体和轨道梁安装等提出了很高的精度要求，详见表1-2～表1-5。

混凝土墩身精度要求（mm） 表1-2

项目	允许偏差
前后左右边缘距中心点尺寸	10
表面平整度	6
混凝土相邻两板面高差	2

续表

项目	允许偏差
高程	10
垂直度	10(1‰)
预埋件位置	5

盖梁以及盖梁上的支座和预埋件安装精度要求　　　表1-3

项目	允许偏差
前后左右边缘距中心点尺寸(mm)	10
表面平整度(mm)	5
盖梁顶面高程(mm)	0～−10
基座板高程(mm)	0～−5
相邻桥墩支座锚箱间距(mm)	5
基座板平面角度(rad)	2/1000
支撑垫石超高误差(rad)	1/300

轨道梁的梁体精度要求　　　表1-4

项目	允许偏差
梁长(弦长)(mm)	10
跨度(mm)	10
端面倾斜度(rad)	5/1000(±7mm)
走行面线形(mm)	≤$L/2000$(L 为梁长)
稳定面、导向面线形(mm)	≤$L/2000$(L 为梁长)
梁高(mm)	10
梁宽(mm)	端部±2;中部±4;腰部−4
两端面中心线夹角(rad)	≤5/1000
走行面垂直度(rad)	5/1000
指型板座与梁体表面高差(mm)	2
局部不平整度(mm)	2
支座中心与梁端允许误差(mm)	2

轨道梁安装精度要求　　　表1-5

	项目	安装精度要求
线形调整	梁端轨面高程(mm)	+30 / −15
	梁端轨面横坡(rad)	7/1000
	平面线形矢高(mm)	直线 5(弦长 4m) 曲线±20(弦长 20m)
	竖向线形矢高(mm)	<+5(弦长 4m)

续表

项目		安装精度要求
支座安装	纵向调整(mm)	15
	横向调整(mm)	20
	固定块方向(mm)	2
	锚固螺栓预紧力矩(N·m)	800～840
	锚固螺栓螺纹高于防松螺母	3个螺距
	支座四轴平衡受力	无三点受力情况
	契形块与抗剪榫高差(mm)	+5～+30
	抗剪榫与下摆面间隙(mm)	≥15
接缝板安装	轨道梁缝(mm)	10
	走形面、导向面和稳定面高差(mm)	≤2
	紧固螺栓低于板表面(mm)	≥1
	紧固螺栓预紧力矩(N·m)	150～160
线间距(mm)		0～+25
线路中心(mm)		0～+25

表1-2～表1-5反映出跨座式单轨结构构件加工和安装精度要求非常高。可是，以往在跨座式单轨交通工程建设中由于没有专门的工程测量标准，出现许多问题，造成测量精度低，成型轨道梁构件尺寸缺陷多，轨道梁和轨道梁衔接误差大等，影响了线路质量。一些轨道梁构件在架设完成后还要打磨，许多地段都采取限速，并以牺牲线路质量为代价，克服施工缺陷。因此，为使相邻墩位、相邻轨道梁之间的相对精度、轨道梁线形质量和轨道梁架精度满足工程要求，在工程建设中的控制测量、预制构件加工测量、现场结构施工测量、预制构件安装测量等施工测量必须采取精密测量方法。在工程建设中的每个阶段、每个环节了解和掌握施工关键点，完善和加强施工测量工作，为工程提供有力的测绘保障。

另外，由于跨座式单轨交通工程在建筑物稠密、地下管网繁多的城市环境中建设，社会活动对其影响大，政府和公众关注程度高，建设和运营期间工程与环境安全等级高；工程多为桥梁和深基础工程，加之工程结构间几何关系要求严格，除了需要高精度施工测量技术配合与保障外，工程建设期间和运营期间出于对自身工程结构、线路维护和改造安全的要求，沿线新建工程项目对跨座式单轨交通工程的影响，以及不良地质条件地区的需要和结构变形未稳定必须延续进行的测量和监测等工作，还需要监控量测等技术手段进行安全、实时的高精度监测。

1.3.2 跨座式单轨交通工程测量工作内容

跨座式单轨交通工程测量工作内容贯穿于设计、建设和运营三个阶段。设计阶段主要提供大比例尺地形图、地下管线图等基础测绘资料，满足设计对测绘资料的需求；建设期间要对设计提供的要素进行三维空间定位，以及对主体结构和施工周边环境进行安全监测；运营期间为结构和线路维护、安全运营需要进行的测量工作。跨座式单轨交通工程测量主要工作内容详见表1-6。

跨座式单轨交通工程测量主要工作内容　　　　表1-6

工程建设阶段		主要测量工作内容
设计阶段	可行性研究和初步设计阶段	中、小比例尺地形图测量以及需要的其他测量工作
	施工图设计阶段	地面平面和高程控制网测量、1∶500地形图测量、管线测量和调查、地籍测量、房产测量、线路中线测量、线路红线测量、拆迁红线测量、零星测量（毗邻或横跨线路的高压线及建、构筑物测量，河、湖水下测量等），以及设计需要的其他测量工作
施工阶段	结构施工阶段	加密施工控制测量、高架结构施工测量（包括高架结构基础、盖梁以及盖梁上锚箱等放样、定位测量）、隧道施工测量、线路贯通测量、结构限界测量以及变形监测（包括建筑结构自身和沿线重要建、构筑物变形测量）和其他测量工作等
	轨道梁制作与安装阶段	轨道梁制作测量、轨道梁安装测量、线路标志测量、线路沿线设备安装测量以及变形监测（包括建筑结构、轨道梁自身和沿线重要建、构筑物变形测量）和其他测量工作等
运营阶段		结构和线路维护、安全运营需要进行的测量工作

第 2 章 控 制 测 量

2.1 控制测量概述

2.1.1 控制测量的定义和作用

在工程建设区域内,以必要的精度测定一系列控制点的水平位置和高程,建立起工程控制网,为今后地形测量和工程测量提供平面和高程基准,这项测量工作称为控制测量。工程控制网分为平面控制网和高程控制网两部分,前者是测定控制点的平面直角坐标,后者是测定控制点的高程。

跨座式单轨交通控制测量就是为跨座式单轨交通工程的设计、施工、运营建立的平面和高程基准。同时,考虑到跨座式单轨交通也是城市市政设施的重要组成部分,也要同其他市政设施衔接,因此,跨座式单轨交通控制基准应与城市测绘基准一致,如果不一致时应与城市测绘基准建立联系。

2.1.2 控制测量特点

1. 控制网测量精度要求高

跨座式单轨交通工程对高架混凝土墩身、盖梁及盖梁上的支座和预埋件、轨道梁的梁体、轨道梁安装以及工程基础、结构和周边环境监测精度要求高,需要建立高精度控制网,才能满足工程建设和工程运营期间结构施工和变形监测的要求。为此,国家标准《跨座式单轨交通工程测量标准》GB/T 51361—2021 规定了各级控制网包括精度要求在内的技术要求,以满足工程建设各个阶段对测量控制网的需要。各级控制网技术要求见表 2-1~表 2-3。

一等和二等平面控制网技术要求　　表 2-1

控制网等级	平均边长 (km)	固定误差 a (mm)	比例误差 b (mm/km)	相邻点的相对点位中误差 (mm)	最弱边相对中误差	不同线路控制网重合点坐标较差(mm)
一等	8	≤5	≤2	20	≤1/200000	—
二等	2	≤5	≤5	10	≤1/100000	≤20

三等平面控制网测量的技术要求　　表 2-2

平均边长 (m)	闭合环或附合导线总长度 (km)	每边测距中误差 (mm)	测角中误差 (″)	方位角闭合差 (″)	全长相对闭合差	相邻点的相对点位中误差 (mm)
250	3	3	2.5	$\pm 5\sqrt{n}$	≤1/35000	5

注:n 为导线的角度个数,不应超过 12 个。

高程控制测量（水准测量）的技术要求　　　　　　表 2-3

水准测量等级	每千米高差中数中误差(mm)		环线或附合水准路线最大长度（km）	水准仪等级	水准尺	观测次数		往返较差、附合或环线闭合差(mm)
	偶然中误差 M_Δ	全中误差 M_W				与已知点联测	附合或环线	
一等	1	2	400	DS1	因瓦尺	往返测各1次	往返测各1次	$\pm 4\sqrt{L}$
二等	2	4	40	DS1	因瓦尺	往返测各1次	往返测各1次	$\pm 8\sqrt{L}$

注：1. L 为往返测段、附合或环线的路线长（以 km 计）；
　　2. 电子水准仪测量技术要求与同等级光学水准仪测量技术要求相同。

2. 控制网分级布设

（1）平面控制网分为三个等级

考虑到一个城市落实跨座式单轨交通工程建设规划周期较长，且通常采用分线路、分阶段建设，为了保证在建、拟建及建成线路之间准确衔接，首先需要建立覆盖全部在建与规划轨道线路的卫星定位一等平面控制网；

跨座式单轨交通工程各条线路为线形形式，当一等平面控制网控制点较少，不能完全满足各条线路建设要求时，应沿各条线路加密布设卫星定位二等平面控制网；

跨座式单轨交通工程施工要求控制点要有一定的密度，当施测的一、二等平面控制网无法满足施工测量需要时，应在二等平面控制点之间加密布设三等平面控制网，即精密导线网。

（2）高程控制网分为两个等级

一等高程控制网是为服务全市轨道交通规划、建设所需要的高程控制网，对城市的轨道交通规划和建设进行整体精度控制；二等高程控制网为服务于各条具体线路建设、运营的高程控制网，在一等高程控制网的基础上进行布设。

一等高程控制网应根据城市近期、中期或远期规划要求，一次性全面布设；二等高程控制网可根据各条线路建设要求分期布设。

3. 各级控制网设计特点

（1）平面控制网

一等平面控制网应布设成 GNSS 静态观测网，控制点的点位应选在便于长期稳定保存、观测环视条件好的地方，点位密度和观测要求应符合现行国家标准《跨座式单轨交通工程测量标准》GB/T 51361 的要求。为了降低城市平面控制点对观测网精度的影响，需要多种数据处理方案比较优化，找出相对精度高的城市平面控制点作为起算点。

二等平面控制点沿跨座式单轨交通线路布设成 GNSS 静态观测网，点位应充分方便施工联测，一般布设在隧道口、车站、车辆段、桥梁两岸，通常两个控制点间应通视，以便对二等平面控制网点进行边角检校。若建设线路与其他线路衔接或交叉，应联测已有轨道线路二等平面控制网点；跨座式单轨交通工程与其他市政工程联建时，还要联测这些工程控制点，以便顺利衔接。

三等平面控制网是在二等平面控制点下加密的控制网，直接服务于跨座式单轨交通工程施工建设，与二等平面控制点组成附合导线或导线网。点位布设要方便施工使用，并宜布设具有强制归心的装置，以便消除仪器对中误差和提高控制点精度。同样，若建设线路与其他线路衔接或交叉，应联测已有线路三等平面控制网点；跨座式单轨交通工程与其他市政工程联建时，同样要联测市政工程控制点。

　　布设跨座式单轨交通线路二、三等平面控制点时，联测线路衔接或交叉处已有线路二、三等平面控制网点后还要对其进行精度评价。联测点在新布设的平面控制网中新坐标成果与旧有成果比较，若坐标较差符合现行国家标准《跨座式单轨交通工程测量标准》GB/T 51361要求，对于交叉线路，则联测点应采用新的成果；对于延伸衔接的线路，则将联测点原成果作为固定点参与平面网平差计算。若坐标较差不符合现行国家标准《跨座式单轨交通工程测量标准》GB/T 51361要求，应分析原因，了解不同线路起算点之间是否存在不兼容、观测数据是否可靠、联测点点位是否位移等情况，以便采用适宜的处理措施。

　　（2）高程控制网

　　一等高程控制网布设范围应根据城市轨道交通规划线路范围，按照现行国家标准《跨座式单轨交通工程测量标准》GB/T 51361要求进行水准路线设计，并联测城市首级高程网点，作为高程起算点或检校点。为了方便二等高程网的加密布设，应在城市轨道交通规划线路起终点、交叉点布设一等高程点。为了降低城市高程控制点对观测网精度的影响，需要多种数据处理方案比较优化，找出相对精度高的城市高程控制点为起算点。

　　二等高程控制网沿轨道交通线路布设，同样应布设在隧道口、车站、车辆段、桥梁两岸地质稳定的地方。二等高程控制点应成对布设，布设位置应选择便于进行高程稳定性检校和安全可靠的地方。当拟建线路与其他轨道线路衔接或交叉，应在线路衔接或交叉处联测已有线路二等高程控制网点。联测点新的高程成果与已有成果高程较差符合现行国家标准《跨座式单轨交通工程测量标准》GB/T 51361要求，对于交叉线路，则联测点采用新的高程成果；对于线路延伸衔接，则将联测点原成果作为固定点参与高程网平差计算。若高程较差不符合现行国家标准《跨座式单轨交通工程测量标准》GB/T 51361要求，应分析原因，同样了解不同线路起算点之间是否存在不兼容、观测数据是否可靠、联测点点位是否位移等情况，以便采用适宜的处理措施。

4. 控制网复测和恢复特点

　　一等平面控制网点、一等高程控制网点点位地质条件稳定，受外界影响小，不易发生形变，因此一般不需定期复测。但当发生地震或城市地表发生不均匀沉降，诱发控制点点位形变的情况下，需要对一等平面控制网、一等高程控制网进行复测。复测方案与原方案一致。

　　二、三等平面控制网点及二等高程控制网沿轨道线路布设，受线路施工及城市建设影响大，点位稳定性得不到保障，因此使用过程中应加强检测。根据经验，在施工前应开展第一次复测，一般1年～2年复测一次，各个城市可根据实际情况确定复测周期。复测方案与原方案一致。

　　一、二等平面、高程控制网点被破坏后，应及时进行控制点的补埋和观测，补测的一、二等平面、高程控制网点应融入原控制网中，新点点位距离旧点不宜太远。为了提高平面控制点与相邻周边控制点的相对精度，平面控制网采取多点约束平差方法，按原观测方案同精度观测。高程控制点则应与相邻原高程点组成附合水准路线进行观测计算。

三等平面控制网点被破坏，应及时恢复。补测的三等平面控制网点宜靠近原点，与原有控制点组成附合导线，按原观测方案同精度观测。

2.1.3 控制网建设基本步骤

1. 资料收集

跨座式单轨交通控制网应依托城市控制网建立。建立跨座式单轨交通控制网前，应收集城市首级控制网成果资料，了解其坐标系统、高程系统、成果等级、点位分布、布设年代、点位形式等情况，并计算跨座式单轨交通工程规划线路轨道平均高程面的边长高程投影长度变形和高斯投影长度变形的综合变形值，若变形值不大于15mm/km，则采用城市平面坐标系统；若变形值大于15mm/km，则应当建立跨座式单轨交通独立平面坐标系统，并建立与城市平面坐标系统的转换关系。

2. 选点埋石

跨座式单轨交通平面、高程控制点选点埋石应符合现行国家标准《跨座式单轨交通工程测量标准》GB/T 51361要求。同时，应尽量利用附近的城市控制网点，减少埋石工作量，但其点位稳定性、标石完整性、观测条件同样应符合现行国家标准《跨座式单轨交通工程测量标准》GB/T 51361要求。

3. 观测数据获取

按照现行国家标准《跨座式单轨交通工程测量标准》GB/T 51361要求对跨座式单轨交通各等级平面和高程控制网进行GNSS、导线或水准观测，现场获取观测数据。若城市首级平面控制网点是城市连续运行参考站点，则建立跨座式单轨交通一等平面控制网时不需要联测，直接下载城市连续运行参考站点同步观测数据，减少外业观测工作量。

4. 数据处理

为了降低城市起算点对跨座式单轨交通一等平面、高程控制网的精度影响，应对城市起算点进行优化，选取相对精度高、分布均匀的城市首级控制网点作为起算点。

建立跨座式单轨交通一等平面控制网时，若城市首级平面控制网精度不低于跨座式单轨交通一等平面控制网精度，则选取兼容性好的城市首级平面控制网点作为跨座式单轨交通一等平面控制网的起算数据，进行多点约束平差；若城市首级平面控制网精度低于跨座式单轨交通一等平面控制网精度，则宜以两个城市首级平面控制网点作为跨座式单轨交通一等平面控制网的起算数据，采取固定一点和一方位的模式进行平差计算。

建立跨座式单轨交通一等高程控制网时，高程系统采用城市高程系统。若城市首级高程控制网精度不低于跨座式单轨交通首级高程控制网精度，则选取兼容性好的城市首级高程控制网点作为跨座式单轨交通一级高程控制网的起算数据，进行多点约束平差；若城市首级高程控制网精度低于跨座式单轨交通一级高程控制网精度，则以一个城市首级高程控制网点作为跨座式单轨交通一级高程控制网的起算数据，采取闭合水准路线网进行平差计算。

2.2 平面控制测量

2.2.1 一等平面控制网

跨座式单轨交通工程一等平面控制网通常采用GNSS布网方法建立，下面将对一等平面控制网的方案设计、外业施测、数据处理等方面进行介绍。

1. 方案设计

（1）方案设计

控制网方案的设计是工程测量中的一个重要环节，通过对测量布网图形、观测方案、观测计划等进行统一的设计，在保证质量的前提下，提高效率，降低成本——既不能脱离实际的应用需求，盲目追求不必要的高精度和高可靠性；也不能为追求高效率和低成本，放弃对质量的要求。

根据控制网用途的不同，其重点考虑的质量指标也有所不同。跨座式单轨交通一等平面控制网通常覆盖一个城市或地区范围内规划、建设和运营的全部轨道交通线路，是后续测量的基础。所以，跨座式单轨交通一等平面控制网通常从如下几个方面进行方案设计：

1) 提高 GNSS 控制网精度

① 点位选择应当满足 GNSS 观测对周边环境的要求，如避开大面积水域、远离大功率无线电发射源、确保良好的观测环视条件等；

② 保证足够的连续观测时间和观测质量；

③ 使用高精度 GNSS 数据处理软件配合精密星历进行基线解算；

④ 选取部分基线边进行高精度测距，作为观测值或已知约束条件，与 GNSS 观测值（基线向量）进行联合平差，确保跨座式单轨交通一等平面控制网与城市常规平面控制网之间尺度的一致性；

⑤ 起算点的位置与精度直接相关，为保证整网的点位精度均匀，起算点一般应均匀分布在 GNSS 网的中心和周边，特别是要避免分布在网中的一侧。

2) 提高 GNSS 控制网可靠性

① 增加观测时段数，增加独立基线数；

② 保证一定的重复设站率；

③ 每个控制点尽可能连接 3 条或以上独立基线，确保控制网图形强度；

④ 随着组成异步环的基线向量数的增加，其检验基线质量的可靠性将下降，所以网中异步环的边数应不大于 6 条。

3) 降低 GNSS 控制网建设成本

① 尽可能利用满足要求的已有控制点；

② 点位选择在交通工具易到达的位置；

③ 通过引入城市连续运行基准站，实现一等平面控制网坐标基准的动态维持，节约后续控制网扩展、更新的费用。

（2）点位布设

通过上述控制网设计分析，跨座式单轨交通一等平面控制网点的选择既要满足 GNSS 观测对点位周边环境的要求，又要考虑到跨座式单轨交通平面控制网的后期扩展需求。控制点点位的选择一般遵循以下原则：

1) 一等平面控制网尽可能利用满足要求的高等级平面控制网点位。利用旧点时，应检查该点的稳定性及完好性，以及是否满足 GNSS 观测要求。

2) 跨座式单轨交通工程或其他形式轨道交通工程建设周期长，控制点点位应当选在稳定的区域，便于长期保存、扩展和联测。同时考虑交通便利。

3) 点位要满足 GNSS 观测要求：视场内周围障碍物高度角一般应小于 10°、尽量远离大功率无线电发射源（如电视台、微波站及微波通道等）及高压电线，避免周围磁场对信号的干扰等。

2. 外业施测

跨座式单轨交通工程一等平面控制网由于覆盖范围大、精度要求高，对外业施测也提出了更高的要求。为了在满足一等平面控制网精度要求的前提下，尽可能提高外业观测的作业效率，可以从如下几个方面进行考虑：

（1）提前做好卫星星历预报，并选择满足要求的时间段进行外业观测，观测时段应当在 UTC 时间 0~24h 之间选取，避免数据跨 UTC 时间 0h。

（2）每天外业观测结束后，应当将外业数据及时下载，利用 TEQC 软件分析观测数据质量，并使用基线解算软件进行基线解算和同步环闭合差统计，对不满足精度要求的基线及时重测。

（3）其他外业施测技术要求应当符合现行国家标准《跨座式单轨交通工程测量标准》GB/T 51361 的规定。

3. 数据处理

跨座式单轨交通一等平面控制网在覆盖范围、解算精度、基线边长等技术指标与常规工程 GNSS 控制网存在较大区别，在基线解算软件选取、控制网平差方法等方面，对数据处理提出了更高的要求。

（1）一等平面控制网边长通常较长，尤其是与城市连续运行基准站联测的基线边，长度达数十公里，甚至上百公里。采用 GAMIT/GLOBK、Bernese 等高精度 GNSS 数据处理软件配合精密星历进行基线解算，提高中长基线解算精度。

（2）控制网平差后，二维约束与二维无约束基线向量改正数较差超限，应检查已知点之间是否兼容，或已知点点位是否稳定。

（3）一等平面控制网数据处理其他技术要求应当符合现行国家标准《跨座式单轨交通工程测量标准》GB/T 51361 的规定。

4. 案例

通过前面的分析和总结，下面结合某市轨道交通一等平面控制网建设具体案例，重点介绍城市一等平面控制网建设具体实施情况。

（1）控制网布设

某城市跨座式单轨交通一等平面控制网由 73 个 GNSS 控制点组成，其中联测城市连续运行基准站 8 个，联测城市已有高等级 GNSS 控制点 9 个，联测已有轨道交通线路控制点 8 个，新布设 GNSS 控制点 48 个，控制网分布如图 2-1 所示。

（2）数据采集

全网采用 15 台 Trimble 双频 GNSS 接收机按静态相对定位作业模式组网观测，同步观测时间大于 240min，观测时段在 UTC 时

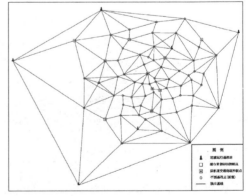

图 2-1 某城市跨座式单轨交通一等平面控制网

间 0～24h 之间选取；观测有效卫星数不少于 6 颗，卫星高度角大于 10°，卫星分布几何精度因子 PDOP 不大于 6，采样间隔为 10s，各点平均重复设站数大于 2 次，天线高的量取、外业观测手簿的记录等按相关规范要求执行。

观测数据采用 TEQC 软件进行检查，各时段观测数据的观测卫星总数、数据可利用率、多路径效应影响 MP1 和 MP2 等指标均满足标准要求。

（3）数据处理

1）基线解算

采用美国麻省理工学院和 Scripps 研究所共同研制的 GAMIT（Ver 10.4）软件进行基线处理，先验坐标采用差分办法获得，基线解算采用 IGS 精密星历。

在 GAMIT 软件基线解算过程中，一项主要工作就是对观测数据进行编辑，包括正确修正观测数据中周跳和删除大残差观测值。数据编辑采用 AUTCLN 模块自动进行，对于质量较差的数据则采用 CVIEW 进行人工数据编辑，数据编辑工作完成后，生成干净的观测数据文件（X-文件），用于基线解算。

在完成上述工作后，从干净的 X-文件开始，生成观测方程并进行基线解算，得出每个时段的解。

2）基线质量检验

$Nrms$ 表示单时段解算出的基线值偏离其加权值的程度，是从历元的模糊度解算中得出的残差。对于 GAMIT 软件基线解的同步环检验，可以把基线解的 $Nrms$ 值作为同步环质量好坏的一个指标，一般要求 $Nrms$ 值小于 0.5，不大于 1.0。

跨座式单轨交通工程一等平面控制网基线解算的 $Nrms$ 值统计见表 2-4 所示。

控制网同步环 $Nrms$ 统计　　　　　　　表 2-4

序号	年积日	$Nrms$（周）	序号	年积日	$Nrms$（周）	序号	年积日	$Nrms$（周）
1	214	0.18795	8	221	0.18219	15	228	0.19125
2	215	0.18499	9	222	0.20267	16	229	0.18811
3	216	0.18892	10	223	0.18556	17	230	0.21292
4	217	0.18285	11	224	0.18929	18	231	0.20547
5	218	0.18468	12	225	0.18871	19	232	0.20698
6	219	0.18722	13	226	0.18609	—	—	—
7	220	0.18786	14	227	0.18822			

由表 2-4 可以看出，各同步环的 $Nrms$ 值均在 0.3 以内，说明基线解算时周跳剔除效果很好。

3）平差计算

跨座式单轨交通一等平面控制网采用武汉大学 CosaGPS（V6.0）软件进行平差计算，使用 8 个城市连续运行基准站作为平差起算点。控制网由 185 条独立基线组成，形成独立异步环 104 个。

一等平面控制网平差后最弱点点位中误差为 10.2mm，相邻点点间中误差最大为 8.8mm，最弱边边长相对精度是 1/228010，各项精度指标均满足标准要求。

4）成果检核

为保证一等平面控制网与现有城市平面控制网的基准统一，布网时利用了部分原城市平面控制点,将平差结果与原成果进行了比较,重合点较差与现有城市独立坐标系重合点较差小于国家标准《城市轨道交通工程测量规范》GB/T 50308—2017规定的限差±50mm。

2.2.2 二等平面控制网

1. 方案优化设计

二等线路平面控制网服务于各条跨座式单轨交通线路的建设,根据各条线路建设的先后次序,在一等平面控制网的基础上布设。二等平面控制网同样采用GNSS方法,根据线路结构形式和施工工法特点,沿线路分别布设。

二等平面控制点是三等平面控制点的起算点,布设时要考虑三等平面控制点接测技术要求,每个二等平面控制点应至少有2个通视方向,以便检核。

(1) 起算点

已建立跨座式单轨交通一等平面控制网的城市,应选择一等平面控制网点作为起算点,起算点不应少于3个,且分布均匀。未建立跨座式单轨交通一等平面控制网的城市,宜采用该城市首级平面控制点作为起算点。对于仅修建一条跨座式单轨交通的城市,当城市首级控制网精度不满足跨座式单轨交通工程建设要求时,起算点宜采用该城市最高等级平面控制点,并应选择线路走向方向的长边方位角作为起算方位。

(2) 点位布设

点位选取在交通便利、施测和使用方便的位置。在高架线路道岔、高架线路出入地面段、地面车站和车辆基地附近应布设不少于2个控制点,且相邻控制点应通视;在不同线路交叉处或同一线路前后期工程衔接处应布设2个以上的重合点,以便控制不同线路或同一线路前后工程的相对空间位置。

2. 外业施测

二等平面控制网应采用静态相对卫星定位测量方法进行施测,并采用高精度全站仪进行边角检校。主要仪器设备为双频载波相位GNSS接收机、全站仪,其中GNSS接收机标称精度优于$5mm+2\times10^{-6}\times D$;全站仪测角精度优于$1''$,测距精度优于$1+1\times10^{-6}\times D$。上述$D$为测边边长,单位为km。

(1) 点位布设

1) 点位选择

跨座式单轨交通项目施工周期长,二等平面控制网点的选取应考虑点位稳定性好、观测环视条件好的位置。若线路附近有符合标准要求的城市控制点应加以利用。

2) 点位编号

一般以线路名称对线路控制点进行编号,如某市轨道交通三号线二等平面控制点编号为"GⅡ3**",其中"G"表示GNSS点,"Ⅱ"表示二等平面控制点,"3"表示三号线,"**"表示三号线的控制点顺序号,一般线路控制点数量在100个以内。

(2) 外业观测

1) 观测过程中,各观测组严格遵守调度命令,按规定的时间作业。

2) 天线安置采用脚架和带光学对中器的基座,天线高量取至厂商指定的天线参考点位置,并需获得厂商提供的各参考点至天线相位中心改正常数,以便在随后的数据处理中精确计算天线高。

3)每个时段观测前后各量测一次天线高,读数精确至1mm。天线高量测时,应量测互为120°天线的3个位置,当互差小于2mm时分别计算中数,填写在测前、测后天线高的位置。测前、测后中数的互差小于3mm,采用平均值。

4)作业人员细心操作,观测期间防止接收设备震动,防止人员和其他物体碰动天线或阻挡信号,天线应指向北方。

5)观测期间,不得在天线附近50m内使用电台、10m以内使用对讲机。

6)认真填写GNSS观测记录手簿。

7)短基线观测。

限于现场条件距离较短的基线,采用静态相对卫星定位测量方法进行施测,其最弱边相对中误差较难满足标准要求,除了观测重复基线方式外,还可以采用高精度全站仪在不同时段进行多测回测量距离,取均值作为已知边长参与GNSS网平差。

(3)质量检查

1)基线解算前,下载原始的GNSS观测值数据,包括观测值文件、星历参数文件等。

2)外业输入数据检查:依据GNSS观测记录手簿检查,测站名、点号、测站坐标、天线高等。

3)GNSS观测数据检查:检查内容包括观测GDOP值、数据利用率、多路径效应影响等。

3. 数据处理

(1)基线解算

对构成的同步环进行检验,对于不满足限差要求的基线应重测。二等平面控制网基线解算可使用商用软件,采用卫星广播星历进行解算。在基线解算过程中,对必要的数据应进行人工干预:涉及残差较大和周跳较多的观测数据,对其卫星进行删除或截取有效时段,以保证基线解算的正确性和可靠性,同一数据的数据剔除率不宜大于10%。基线解算中每个同步观测图形应选定一个起算点,其点位精度不应低于10m。起算点应按连续跟踪站、已知点坐标和单点定位结果的先后顺序选择。

观测值均应进行对流层延迟修正,对流层延迟修正模型中的气象元素宜采用标准气象元素;基线解算时,长度小于15km的基线应采用双差固定解,15km以上基线可在双差固定解和双差浮点解中选择最优结果。

基线解算结束后,基线的质量需要通过同步环闭合差、异步环闭合差、复测基线较差等进行检验分析。

任何一个三边构成的同步环闭合差应满足下列各式要求:

$$W_x \leqslant \frac{\sqrt{3}}{5}\sigma, W_y \leqslant \frac{\sqrt{3}}{5}\sigma, W_z \leqslant \frac{\sqrt{3}}{5}\sigma, W \leqslant \frac{3}{5}\sigma \tag{2-1}$$

式中:W——同步环闭合差(mm);

σ——基线长度中误差(mm)。

对于4站以上同步观测时段,应检查一切可能的三边闭合差。

异步环或附合线路各坐标分量及全长闭合差应满足下列各式要求:

$$W_x \leqslant 2\sqrt{n}\sigma, W_y \leqslant 2\sqrt{n}\sigma, W_z \leqslant 2\sqrt{n}\sigma, W \leqslant 2\sqrt{3n}\sigma \tag{2-2}$$

式中：W——异步环闭合差（mm）；

　　　n——异步环基线边的个数；

　　　σ——基线长度中误差（mm）。

复测基线长度较差应满足下式要求：

$$d_s \leqslant 2\sqrt{2}\sigma \tag{2-3}$$

式中：d_s——基线长度较差（mm）；

　　　σ——基线长度中误差（mm）。

数据检验中，重复基线、同步环、异步环或附合路线中的基线超限可舍弃，但应保证舍弃基线后的异步环所含基线数符合标准要求，否则，应重测该基线。

（2）网平差

1）无约束平差

根据控制网技术设计方案，将全部独立基线构成的控制网，以三维基线向量及其相应方差协方差阵作为观测信息，以一个点的地心三维坐标作为起算数据，进行三维无约束平差，并提供各点在地心坐标系的三维坐标、各基线向量、改正数和精度信息。基线分量改正数的绝对值应满足以下要求：

$$V_{\Delta x} \leqslant 3\sigma,\ V_{\Delta y} \leqslant 3\sigma,\ V_{\Delta z} \leqslant 3\sigma \tag{2-4}$$

2）约束平差

约束平差使用跨座式单轨交通平面坐标系统进行三维及二维约束平差。平差前，须对已知点进行稳定性分析和可靠性检验；平差中，可对已知点坐标、已知距离和已知方位进行强制约束或加权约束。平差后输出相应坐标系中各点的三维或二维坐标、改正数、基线边长、方位角、转换参数及其精度等信息。基线分量的改正数与无约束平差同名基线相应改正数的较差应满足以下要求：

$$dV_{\Delta x} \leqslant 2\sigma,\ dV_{\Delta y} \leqslant 2\sigma,\ dV_{\Delta z} \leqslant 2\sigma \tag{2-5}$$

约束平差后，相邻点的相对点位中误差不应大于10mm，最弱点点位中误差不应大于12mm，最弱边相对中误差不应大于1/100000，与同等级原有跨座式单轨交通工程重合控制点坐标较差不应大于20mm。

（3）边角检校

二等平面控制网测量完成后，应对高架线路道岔、高架线路出入地面段、地面车站附近的控制点以及精度相对较差的控制点间进行边角检测。边角检测应满足表2-5的要求。

二等平面控制点边角检测技术要求　　　表2-5

项目	较差限差
实测夹角与GNSS夹角	$\leqslant 5.0''$
实测边长与GNSS边长	$\leqslant 2\sqrt{a_1^2+(b_1 \cdot d)^2+a_2^2+(b_2 \cdot d)^2}$

注：表中a_1、b_1为电磁波测距仪的固定误差和比例误差，a_2、b_2为GNSS的固定误差和比例误差，d为检校边长（单位为km）。

4. 复测及补测

对于施工前布设的二等平面控制网，临近施工时应进行复测。另外，由于工程周期较长，在施工期间也要对二等平面控制点进行定期复测，并对损坏的控制点进行恢复、补测。

(1) 复测

第一次复测应在跨座式单轨交通工程施工前,施工期间应每年复测一次。当自然灾害和工程建设对控制点稳定性产生影响时,应适当增加复测频次。复测采用的仪器设备、观测方法、观测精度、数据处理和成果精度应与原测量一致,在此条件下,复测和原测成果点位较差的极限误差应小于 $2\sqrt{2}m$,坐标分量较差的极限误差应小于 $2m$(m 为复测控制点的点位中误差)。

(2) 补测

当二等平面控制网和标石被破坏时,应重新埋设,并应采用同精度加密观测。加密观测时,新埋设二等平面控制点沿线路前后两侧应至少各联测 2 个同等级既有线路平面控制点,补测点位的精度不得低于原点位精度。联测的平面控制点中,在损毁点位的前后两侧至少各有一对是可通视的,以便后期精密导线测量。

2.2.3 三等平面控制网

1. 方案设计

三等平面控制网是在二等平面控制网的基础上布设的线路加密控制网,主要满足跨座式单轨交通工程施工建设需要。三等平面控制网布设形式一般采用附合导线或结点导线网的方法布设控制点。

(1) 起算点

以跨座式单轨交通线路二等及以上平面控制点作为起算点。

(2) 点位布设

三等平面控制点应沿线路两侧均匀布设,点位布设应符合下列规定:

1) 相邻边边长比例不宜小于1/2;
2) 导线点位置应选在施工变形影响以外稳定区域;
3) 楼顶上的导线点宜选在靠近并能俯视线路一侧的稳固建筑上;
4) 相邻导线点间以及导线点与其相连的卫星定位点之间的垂直角不应大于15°,视线离障碍物的距离不应小于1m;
5) 在线路交叉及前、后期工程衔接的地方应布设共用导线点。

2. 外业施测

为减少测站误差,三等平面控制网点宜埋设强制对中标志,并绘制点之记。

(1) 点位编号

以线路名称对线路控制点进行编号,如某市轨道交通三号线三等平面控制点编号为"GJⅢ3＊＊＊",其中"GJ"表示城市轨道交通控制点,"Ⅲ"表示三等平面控制点,"3"表示三号线,"＊＊＊"表示三号线的精密导线点顺序号,一般线路精密导线点数量不超过 1000 个。

(2) 仪器设备

采用Ⅰ级、Ⅱ级全站仪进行观测,为了提高观测精度和效率,建议采用测角精度优于 $1''$,测距精度优于 $1+1\times10^{-6}\times D$(D 为测边边长,单位为 km)的全站仪。

(3) 起算点检核

在导线两端的二等平面控制点上设站观测时，宜联测不少于 2 个二等平面控制点，其水平角观测值与其坐标反算水平角之差不应大于 5″。

（4）角度观测

采用Ⅰ级、Ⅱ级全站仪，水平角分别观测 4 测回、6 测回。当观测方向数为 2 个时，采用左、右角观测方法，左、右角圆周角闭合差不大于 4″；当方向数超过 3 个时，宜采用方向观测法，方向数不多于 3 个时可不归零。水平角观测技术指标应符合表 2-6 的规定。

方向观测法水平角观测技术要求（″）　　表 2-6

全站仪等级	半测回归零差	一测回内 2C 较差	同一方向值各测回较差
Ⅰ级	6	9	6
Ⅱ级	8	13	9

当前后视边长观测需调焦时，宜采用同一方向正倒镜同时观测法，一个测回中不同方向可不考虑 2C 较差的限差。

附合导线或导线环的方位角闭合差（W_β），不应大于下式计算的值：

$$W_\beta = \pm 2m_\beta \sqrt{n} \qquad (2-6)$$

式中：m_β——测角中误差（±2.5″）；

n——附合导线或导线环的角度个数。

导线网测角中误差（M_o）应按下式计算：

$$M_o = \pm \sqrt{\frac{1}{N}\left[\frac{f_\beta \cdot f_\beta}{n}\right]} \qquad (2-7)$$

式中：f_β——附合导线或闭合导线环的方位角闭合差；

n——附合导线或导线环的角度个数；

N——附合导线或闭合导线环的个数。

（5）距离观测

每条边往返测距各 2 测回，测距相对中误差不大于 1/60000，根据选用的设备，还应满足表 2-7 的技术要求。

距离测量限差技术要求（mm）　　表 2-7

全站仪等级	一测回中读数间较差	单程各测回间较差	往返测或不同时段结果较差
Ⅰ级	3	4	$2 \cdot (a+bd)$
Ⅱ级	4	6	

注：1. $(a+bd)$ 为仪器标称精度，a 为固定误差，b 为比例误差系数，d 为距离测量值（以 km 计）；

2. 一测回是指照准目标一次读数 4 次。

在进行距离测量时，应在测前、测后各读取一次温度和气压，并取平均值作为测站的气象数据。温度读至 0.2℃，气压读至 0.5hPa。

3. 数据处理

在满足上述技术标准的情况下，角度测量数据取各测回平均值，距离测量数据需进行改正，采用处理后的角度和距离观测值进行平差计算。

(1) 距离改正

1) 气象改正

两种改正方式，一是将温度气压表测量气象数据输入全站仪，在距离测量时自动改正；二是根据仪器提供的公式应用软件或编程进行后处理改正。

2) 加、乘常数改正

仪器加、乘常数改正，应按下式计算：

$$S = S_0 + S_0 \cdot k + C \tag{2-8}$$

式中：S_0——改正前的距离；
C——仪器加常数；
k——仪器乘常数。

3) 倾斜改正

利用垂直角计算水平距离时，应按下列公式计算：

$$D = S \cdot \cos(\alpha + f) \tag{2-9}$$

$$f = (1-k)\rho S \cdot \cos\alpha / (2R) \tag{2-10}$$

式中：α——垂直角观测值；
k——大气折光系数；
S——经气象及加、乘常数改正后的斜距（m）；
R——地球平均曲率半径（m）；
f——地球曲率和大气折光对垂直角的修正量（″）；
ρ——弧与度的换算常数（″），$\rho = 206265$。

4) 高程归化和投影改化

归化到城市轨道交通工程控制网的投影高程面上的测距边长度，应按下式计算：

$$D = D_0' \left[1 + \frac{H_p - H_m}{R_a} \right] \tag{2-11}$$

式中：D——测距边长度（m）；
D_0'——测距两端点平均高程面上的水平距离（m）；
R_a——参考椭球体在测距边方向法截弧的曲率半径（m）；
H_p——城市轨道交通工程控制网高程投影面高程（m）；
H_m——测距边两端点的平均高程（m）。

测距边在高斯投影面上的长度，按下式计算：

$$D_z = D \left[1 + \frac{Y_m^2}{2R_m^2} + \frac{\Delta Y^2}{24R_m^2} \right] \tag{2-12}$$

式中：Y_m——测距边两端点横坐标平均值（m）；
R_m——测距边中点的平均曲率半径（m）；
ΔY——测距边两端点近似横坐标的增量（m）。

(2) 平差计算

观测数据经加常数、乘常数、气象、投影改正后,采用经测试合格的平差软件进行平差。平差后,每边测距中误差不大于3mm,测角中误差不大于2.5″,方位角闭合差不大于$5\sqrt{n}''$(n 为导线角度个数),导线全长相对闭合差不大于1/35000,最弱相邻点的相对点位中误差不大于5mm。

4. 复测和补测

(1) 复测

在使用前需对三等平面控制点进行复测,可采用全线复测,起算点、使用仪器、观测方式与原方案一致,复测和原测成果点位较差的极限误差应小于$2\sqrt{2}m$,坐标分量较差的极限误差应小于$2m$(m 为复测控制点的点位中误差)。

也可采用边角检校方法,检测角度与原坐标反算夹角之差不应大于5.0″,检测边长与原坐标反算边长之差不应大于$2\sqrt{[a^2+(b\cdot d)^2]}$,其中 a、b 为电磁波测距仪的固定误差和比例误差,d 为检测边长,单位为km。

(2) 补测

三等平面控制点在使用过程中,个别点因施工被毁坏,影响后续施工使用,需对毁坏三等平面控制点进行补测,补测的控制点应与其前后各2个导线点组成附合导线,观测技术要求与原导线观测方案相同。

2.3 高程控制测量

跨座式单轨交通高程控制网覆盖范围应与平面控制网一致,高程控制网分2个等级布设,一等高程控制网是全市轨道交通高程控制网,二等高程控制网是线路高程控制网。一等高程控制网应一次全面布设,二等高程控制网应根据施工需要分期布设。

2.3.1 一等高程控制网

当城市首级高程控制网不能覆盖跨座式单轨交通线路或其技术指标不满足一等高程控制网精度要求时,应布设跨座式单轨交通一等高程控制网。

下面本书将从一等高程控制网的方案设计、外业施测、数据处理等方面对跨座式单轨交通一等高程控制网建设内容进行介绍。

1. 方案设计

与一等平面控制网类似,一等高程控制网方案设计也是从控制网的精度、可靠性、作业效率和费用四个方面考虑。

(1) 一等高程控制网与国家二等水准网精度要求一致,有条件时应当尽量选取稳定的国家一等水准点作为一等高程控制网的起算数据。一等高程控制网的高程系统应与所在城市的高程控制网一致,并与1985国家高程基准建立转换关系。

(2) 一等高程控制网作为城市跨座式单轨交通工程建设的整体高程控制网,应当一次性全面布设,并覆盖城市全部规划、建设和运营的跨座式单轨交通和其他形式轨道交通线路。一个城市或地区只建设一条跨座式单轨交通线路时,可不用布设一等高程控制网,直接布设二等高程控制网。

(3) 若城市首级高程控制网满足跨座式单轨交通一等高程控制网精度要求，不再单独布设一等高程控制网，直接在城市首级高程控制网下布设二等线路高程控制网。

(4) 凡符合要求的已有城市高程控制点标石应尽量利用，不但可以节约埋石成本，还可以与城市原有高程控制网成果进行检核。

(5) 水准路线应沿道路布设，水准点尽量选择在交通方便、地层稳定、不易被破坏的位置，有岩层露头的地方，优先埋设岩石水准标石。

(6) 一等高程控制网应当联测一定数量的城市首级高程控制网点，确保一等高程控制网与城市首级高程控制网的兼容和统一。

(7) 一等高程控制网选点埋石还应符合现行国家标准《跨座式单轨交通工程测量标准》GB/T 51361 的相关要求。

2. 外业施测

一等高程控制网与国家二等水准网测量精度基本一致，外业施测应执行现行国家标准《跨座式单轨交通工程测量标准》GB/T 51361 的规定。同时，考虑到城市跨座式单轨交通工程建设的特殊性，外业施测还应当满足如下要求：

(1) 一等高程控制网应采用几何水准测量方法施测，并应构成附合水准路线或闭合水准路线或结点网。

(2) 当水准路线跨越江、河、湖、塘且视线长度小于 100m 时，可采用一般水准测量观测方法。大于 100m 时，应进行跨河水准测量。跨河水准测量可采用光学测微法、倾斜螺旋法、经纬仪倾角法、测距三角高程法，其技术要求应符合现行国家标准《国家一、二等水准测量规范》GB/T 12897 中二等水准测量的相关规定。

(3) 受地形条件限制，采用几何水准测量有困难时，可采用精密三角高程测量方法代替几何水准测量。精密三角高程测量应使用高精度全站仪（测角精度不低于 0.5″，测距精度不低于 $1mm\pm1\times10^{-6}D$），配合特制的高低双棱镜觇标，并采用如图 2-2 所示的观测顺序：

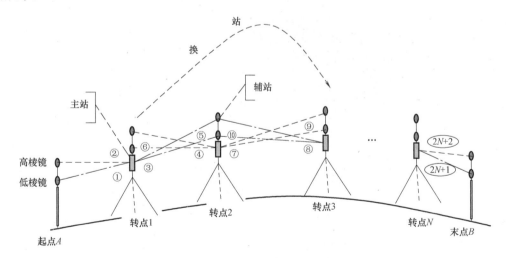

图 2-2 精密三角高程测量观测顺序

1) 主站在转点 1：①观测起算点 A 棱镜杆低棱镜；②棱镜杆高棱镜；

2）主站不动，在转点 2 架设辅站，依次观测：③后测站观测低棱镜、④前测站观测低棱镜、⑤前测站观测高棱镜、⑥后测站观测高棱镜；

3）主站换站至转点 3，辅站不动，依次观测：⑦后测站观测低棱镜、⑧前测站观测低棱镜、⑨前测站观测高棱镜、⑩后测站观测高棱镜；

4）辅站换站，依次循环进行高程的传递至接近终点水准点上；

5）在最后的转点 N，主站观测终点 B 水准点上的高低棱镜（起点、终点水准点上必须是同一幅高低棱镜）。

（4）一等高程控制网外业施测其他要求应符合现行国家标准《跨座式单轨交通工程测量标准》GB/T 51361 的相关规定。

3. 数据处理

（1）一等高程控制网宜以国家一等水准点为起算点。

（2）外业观测完成后进行外业高差和概略高程计算，计算过程加入水准标尺长度、正常水准面不平行、附合路线或环线闭合差等改正项。

（3）高程控制网应采用经过认定的数据处理软件进行严密平差，确保平差结果的准确性。

（4）观测和平差后的测量成果精度应符合现行国家标准《城市轨道交通工程测量规范》GB/T 50308 的规定。

4. 案例

下面结合某市跨座式单轨交通一等高程控制网建设具体案例，重点介绍其具体实施情况。

（1）工程概况

该城市跨座式单轨交通一等高程控制网共选埋水准点 165 个，与 8 个城市一等水准点组成水准闭合环，水准路线总长 664km，见图 2-3。

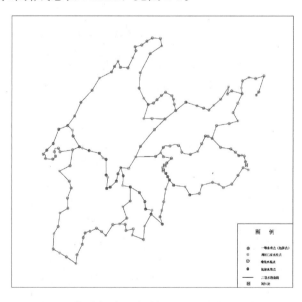

图 2-3 某城市跨座式单轨交通一等高程控制网

(2) 选点埋石

选点前，收集并整理已有资料，综合考虑地形、地质、交通等情况进行图上设计，在满足工程需要的前提下尽量利用已有水准点。

按照本章第 2.3.1 节确定的布点原则和要求，结合实地情况，共埋设水准点 31 点，其中墙角水准点 27 个，水准标石 4 个，其余点位则利用满足要求的已有水准点。

(3) 外业观测

采用 3 台 Leica DNA03 电子水准仪（配条形码因瓦尺）按照国家标准《城市轨道交通工程测量规范》GB/T 50308—2017 第 4 章"地面高程控制测量"中一等水准测量的相关要求施测。

1) 观测方法和技术要求

观测前，将水准网按线路分成区段，或将每条路线分成若干区段。测站视线长度、前后视距差、视线高度等技术指标应执行现行国家标准《城市轨道交通工程测量规范》GB/T 50308 的规定。

2) 外业成果记录

观测的外业数据采用电子记录。观测数据自动存储在仪器的内存卡上，内业数据处理时，采用水准仪自带的配套软件将数据传入电脑，并将合格的观测数据转换为平差数据格式。

3) 跨河水准测量

一等高程控制网中有 3 处需要进行跨河水准测量，根据现行国家标准《国家一、二等水准测量规范》GB/T 12897 及作业现场的条件（主要是江面宽度），跨河水准测量水准点布设成大地四边形，如图 2-4 所示。

本项目中跨河水准测量采用本章第 2.3.1 节提到的精密三角高程代替二等水准测量的方法进行，2 台仪器对向观测的测回数根据跨河视线长度确定。

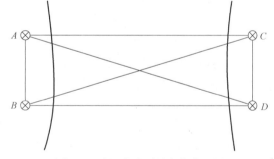

图 2-4　跨河水准测量点位布置图

跨河水准测量时，两岸水准点与两岸跨河水准测量主点 A、D 进行二等水准往返观测。观测过程中，为减小大气折光影响，保证测量精度，尽量使每条边能够同时、对向观测，对两岸同时观测的两条边高差进行归算，将其归算至两岸仪器架设点。

(4) 数据处理

1) 水准高差各项改正数计算

外业观测完成后进行外业高差和概略高程计算，计算过程加入水准标尺长度、正常水准面不平行、附合路线或环线闭合差等改正项。

2) 每千米水准测量偶然中误差

一等高程控制网水准路线总长 664km，共 132 个测段，根据测段往返测高差不符值按照下式计算每千米水准测量偶然中误差：

$$M_\Delta = \pm\sqrt{[\Delta\Delta/R]/(4n)} \tag{2-13}$$

式中：Δ——测段往返测高差不符值（mm）；

n——测段数；

R——测段长度（km）。

经统计，每千米水准测量偶然中误差为±0.82mm，优于标准要求。

3）闭合差计算

每完成一条附合路线或闭合环线的测量，对观测高差施加水准标尺长度改正、正常水准面不平行的改正，然后计算附合路线或环线的闭合差。闭合差均应满足：$w_允 \leqslant 4\sqrt{K}$，其中 K 为水准路线长度，单位为 km。

经统计，一等高程控制网中各条线路的闭合差最大为 -18.63mm，限差为 ±54.01mm，满足标准要求。

4）平差计算

外业观测和计算成果经检查无误后，根据设计的平差路线进行内业水准网平差。高程基准控制网平差采用 NASEW 软件进行严密平差，平差后最弱点高程中误差为 8.21mm，限差为 ±20.0mm，表明一等高程控制网符合标准要求。

2.3.2 二等高程控制网

1. 方案设计

二等线路高程控制网服务于各条跨座式单轨交通线路的建设，根据各条线路建设的先后次序，在一等高程控制网的基础上布设。

（1）起算点和检校点

在布设跨座式单轨交通工程一等高程控制网的城市，应选择一等高程控制点作为起算点，起算点不应少于 2 个，分布在线路两端。对于未建立跨座式单轨交通工程一等高程控制网的城市，宜采用城市首级高程控制点作为起算点。二等高程控制网布设时，应与点位标志保存较好、资料较为齐全的城市现有高程控制点联测作为检校点，联测点均匀分布，且不少于 3 个。

为保障一条线路不同期之间的平顺连接，不同期尽量采用相同的起算点，在各期衔接处布设的二等高程控制点应至少重合 2 点。

（2）点位布设

水准点沿跨座式单轨交通线路布设，应选在施工变形区外稳固、便于寻找、保存和引测的地方。如果城市存在地面沉降，宜每隔 4km 埋设 1 个深桩或基岩水准点。深桩水准点埋设深度应根据岩土和施工降水深度确定。车站、隧道口、竖井及车辆段附近布设的水准点不应少于 2 个。

当跨座式单轨交通线路与既有轨道交通线路相交时，在相交处，应利用既有轨道交通线路二等高程控制点重新测量并计算其高程。

2. 外业施测

（1）点位埋设

水准点标石宜分为混凝土水准标石、墙上水准标志、基岩水准标石和深桩水准标石 4 种。标石埋设结束后，应绘制点之记，并办理水准点委托保管书。

（2）点位编号

以线路名称对线路控制点进行编号，如某市轨道交通三号线二等高程控制点编号为"ⅡSG3＊＊"，其中"Ⅱ"表示二等高程控制点，"SG"表示城市轨道高程控制点，"3"表示三号线，"＊＊"表示三号线的高程控制点顺序号。

(3) 仪器检校

开始作业前，应按现行国家标准《城市轨道交通工程测量规范》GB/T 50308 的要求，对所使用的水准仪和标尺进行常规检查与校正。

使用光学水准仪时，水准仪 i 角检查，在作业第一周内应每天 1 次，稳定后宜 15 天 1 次；使用电子水准仪时，作业期间每天应在作业前进行 i 角检测。水准仪 i 角应小于 15″。

(4) 水准测量

二等水准测量的观测方法应符合下列规定：

1) 使用光学水准仪观测时，往测时在奇数站上观测标尺顺序应为：后—前—前—后，在偶数站上观测标尺顺序为：前—后—后—前。返测时在奇数站上观测标尺顺序为：前—后—后—前，在偶数站上观测标尺顺序为：后—前—前—后；

2) 使用电子水准仪观测时，往返测奇数站观测标尺顺序应为：后—前—前—后，往返测偶数站观测标尺顺序为：前—后—后—前；

3) 使用电子水准仪，应将有关参数、限差预先输入并选择自动观测模式，水准路线应避开强电磁场的干扰，外业数据应及时备份；

4) 每一测段的往测和返测，宜分别在上午、下午进行；白天由于外界条件干扰不能作业时，也可在夜间观测；

5) 由往测转向返测时，两根水准尺必须互换位置，并应重新整置仪器。

(5) 水准施测技术要求

水准测量观测的视线长度、视距差、视线高度、测站观测限差等应符合表 2-8 和表 2-9 的要求。

水准测量观测的视线长度、视距差、视线高度的要求（m） 表 2-8

等级	视线长度		水准仪类型	前后视距差	前后视距累计差	视线高度
	仪器等级	视距				
二等	DS$_1$	≤60	光学	≤2.0	≤4.0	下丝读数≥0.3
			数字	≤2.0	≤6.0	≥0.55 且≤2.8

水准测量的测站观测限差（mm） 表 2-9

等级	上下丝读数平均值与中丝读数之差	基、辅分划读数之差	基、辅分划所测高差之差	检测间歇点高差之差
二等	3.0	0.5	0.7	2.0

注：使用电子水准仪观测时，同一测站 2 次测量高差较差应满足基、辅分划所测高差较差的要求。

往返 2 次测量高差较差超限时应重测。重测后选取 2 次异向观测的合格成果。

(6) 跨河水准测量

1) 水准路线跨越视线长度小于 100m 时，宜采用一般水准测量方法进行观测。观测时在测站上应变换仪器高观测 2 次，2 次高差之差应小于 1.5mm，取 2 次观测的中数作为观测成果。

2）水准路线跨越视线长度大于 100m 时，应进行跨河水准测量。跨河水准测量同样可采用光学测微法、倾斜螺旋法、经纬仪倾角法和电磁波测距三角高程法等，其技术要求应执行现行国家标准《国家一、二等水准测量规范》GB/T 12897 的规定。

受地形条件限制，采用几何水准测量有困难时，可采用精密三角高程测量方法代替几何水准测量。具体要求见本章一等高程控制网测量相关内容。

3. 数据处理

二等水准测量的计算取位，高差中数取至 0.1mm；二等水准最后成果取至 1.0mm。水准测量每千米的高差中数偶然中误差按下式计算：

$$M_\Delta = \pm \sqrt{\frac{1}{4n}\left[\frac{\Delta\Delta}{L}\right]} \quad (2\text{-}14)$$

式中：M_Δ——每千米高差中数偶然中误差（mm）；

　　　L——水准测量的测段长度（km）；

　　　Δ——水准路线测段往返高差不符值（mm）；

　　　n——往返测水准路线的测段数。

当附合路线和水准环多于 20 个时，每千米水准测量高差中数全中误差应按下式计算：

$$M_W = \pm \sqrt{\frac{1}{N}\left[\frac{WW}{L}\right]} \quad (2\text{-}15)$$

式中：M_W——每千米高差中数全中误差（mm）；

　　　W——附合线路或环线闭合差（mm）；

　　　L——计算附合线路或环线闭合差时的相应路线长度（km）；

　　　N——附合线路和闭合线路的条数。

严密平差后的成果应符合表 2-10 的规定。

水准测量的技术要求　　　　表 2-10

水准测量等级	每千米高差中数中误差(mm)		环线或附合水准路线最大长度（km）	水准仪等级	水准尺	观测次数		往返较差、附合或环线闭合差(mm)
	偶然中误差 M_Δ	全中误差 M_W				与已知点联测	附合或环线	
二等	2	4	40	DS1	因瓦尺	往返测各一次	往返测各一次	$8\sqrt{L}$

注：1. L 为往返测段、附合或环线的路线长（以 km 计）；
　　2. 电子水准仪测量技术要求与同等级光学水准仪测量技术要求相同。

4. 复测及补测

（1）复测要求

已建成的二等高程控制网应定期进行复测。二等高程控制网应在线路开工前复测，工程建设中应 1～2 年复测 1 次，并根据控制点稳定情况增加或减少复测频次。

复测采用的仪器设备、观测方法、观测精度、数据处理和成果精度应与原测量一致，在此条件下，复测和原测高程较差的极限误差应小于 $2\sqrt{2}m$（m 为复测控制点高程中误差）。复测与原测量成果高程较差限差小于 $2\sqrt{2}m$ 时，应采用原测量成果；大于 $2\sqrt{2}m$ 时，应查明原因及时补测或修测，并应满足相关技术要求。因客观条件无法保证复测方案与原测量方案一致时,可参照现行国家标准《国家一、二等水准测量规范》GB/T 12897 检测已测测段高差之差的限值 $6\sqrt{R}$(R 为检测测段长度,单位为 km)进行判断。

(2)补测要求

由于城市跨座式单轨交通工程建设的周期较长,水准点受到外界环境和施工建设的影响而损毁,应及时恢复。恢复的高程点应与两端原高程控制点组成附合水准路线,埋设标准、测量技术要求与原高程测量方案相同。

2.4 工程案例

本节以某市轨道交通三号线北延伸段为例,简要介绍二、三等平面控制网以及二等高程控制网(图 2-5)的建立过程。

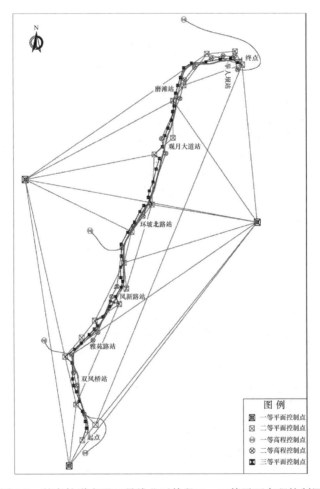

图 2-5 某市轨道交通三号线北延伸段二、三等平面高程控制网

1. 项目概况

轨道交通三号线北延伸段设计起点位于某区双龙东路,与三号线二期终点相接,终点

为举人坝站，共设车站 7 个，里程桩号为 CK0+000～CK9+851.796，全长约为 9.852km，平均站间距约 1.41km，最大站间距 1.76km，最小站间距 0.98km。本项目二等平面控制网点共 18 个，其中新布设 13 个，利用既有线路控制点点位 5 个。全线埋测二等水准点 22 个，水准路线长 48.59km；埋设起点至环城北路站三等平面控制点 27 个，联测四等三角高程 156m。

2. 坐标系统

坐标系统：城市独立坐标系统、2000 国家大地坐标系。

高程系统：1956 年黄海高程系统、1985 国家高程基准。

3. 参考规范

项目开展时尚无跨座式单轨交通工程测量相关标准，主要参考以下技术文件：

(1)《城市轨道交通工程测量规范》GB 50308—2008；

(2)《卫星定位城市测量技术规范》CJJ/T 73—2010；

(3)《国家一、二等水准测量规范》GB/T 12897—2006；

(4)《城市测量规范》CJJ/T 8—2011；

(5)《工程测量规范》GB 50026—2007；

(6) 工程建设方及设计单位其他书面要求。

4. 主要仪器设备

(1) Trimble 双频 GNSS 接收机（标称精度 $5mm+1\times10^{-6}D$）6 台；

(2) Leica TS30 全站仪（标称精度 $0.5''$、$1mm+1\times10^{-6}D$）2 台；

(3) Leica DNA03 电子水准仪（标称精度 0.3mm/km）配条形码铟钢尺 2 套；

(4) 脚架、棱镜及温度气压计等辅助设备。

所使用的仪器设备均按照相应规范进行了检校，各项指标均满足规范要求方可投入使用。

5. 已有控制成果

(1) 已有平面控制网点

在三号线北延伸段设计起点方向有轨道交通一等平面控制网点 3 个，点号分别为"蔡家场""聚仙居""鱼嘴"，以上 3 点也分别是原三号线正线的起算点，本次作为三号线北延伸段二等平面控制网的起算点。

(2) 已有高程控制网点

在三号线北延伸段设计起点附近有已知水准点 2 个，点号分别为"ⅡSG342"和"Ⅰ屏渝 36 基（09）"，其中"ⅡSG342"为 2008 年 9 月轨道交通三号线二期工程龙头寺至机场段施测的二等高程控制点，"Ⅰ屏渝 36 基（09）"为城市轨道交通一等高程控制网的起算点；三号线北延伸段雅苑路站附近有城市二等高程控制网点 1 个，点号为"Ⅱ合九 35"；三号线北延伸段设计终点附近有城市轨道交通一等高程控制网点 2 个，点号分别为"Ⅰ合沙东 33"和"Ⅰ合沙东 34"，以上 5 点作为三号线北延伸段的二等高程控制网的起算点和检校点。

6. 控制点的选埋

(1) 平面控制网的选埋

三号线北延伸段卫星定位控制网以轨道交通一等平面控制点"蔡家场""聚仙居""鱼

嘴"为起算点，同时利用和联测三号线二期终点位于某区双龙东路附近的卫星定位控制点"GⅡ301"和"GⅡ344"，利用和联测位于空港广场附近的卫星定位控制点"GⅡ345"，利用和联测位于高堡湖附近的卫星定位控制点"GⅡ345D"和"GⅡ345B"。

其余卫星定位控制点按每个车站 2 个，各车站点与点之间的距离约 600m 埋设，线路的设计起点和终点各埋设 3 个，此次新设卫星定位控制点 13 个（"GⅡ380～GⅡ392"）。以上 5 个利用点和 13 个新设点共 18 个点，组成轨道交通三号线北延伸段平面 GNSS 控制网。

（2）高程控制网的选埋

高程控制点按每一个车站 2 个布设，设计线路起点布设 2 个，设计线路终点布设 2 个，其余各车站之间各布设 1 个，共布设二等水准点 22 个（"ⅡSG371～GⅡ392"），新埋设点绘有点之记，水准点点之记图中标明了水准点位至一些固定地物、建筑物之间的距离，该距离利用皮尺量测。水准点均采用手持 GNSS 接收机施测其概略经纬度，记录在点之记上。

二等水准点组成附合水准线路，附合于已知水准点"Ⅰ屏渝 36 基（09）""Ⅰ合沙东 33""Ⅰ合沙东 34"上，联测"Ⅱ市轨 342""Ⅱ合九 35"作为高程检校。

7. 平面控制网的观测和内业计算

（1）GNSS 控制网的外业观测和数据预处理

全网设计独立基线 64 条，构成独立异步环 44 个。为了提高全网精度，网中与各点连接的基线边不少于 2 条，全网采用 6 台 Trimble 双频 GNSS 接收机进行同步观测，同步观测时间均大于 90min，对长度在 5km 以上的长基线的观测时间不少于 120min，观测有效卫星数不少于 6 颗，卫星高度角大于 15°，卫星分布几何精度因子 PDOP 不大于 6，观测历元为 10s，各点平均重复设站数大于 2 次，最少重复设站数为 2 次，天线高的量取等按标准执行。

观测数据采用随机软件 TGO1.62 进行基线解算，每天外业工作结束后及时下载数据，进行基线解算，对构成的同步环进行检验，对于不满足限差要求的基线数据全部重测。在基线解算过程中，对一些数据进行了人工干预：涉及残差较大和周跳较多的观测数据，对其卫星进行删除或截取有效时段，以保证基线解算的正确性和可靠性。

基线精度符合标准要求后，按设计要求选取 64 条独立基线。采用武汉大学研制的 POWERADJ4.0 的平差程序，进行平差前预处理，其中：异步环闭合差相对精度位于区间 $0\times10^{-6}D\sim1\times10^{-6}D$ 的有 16 个，位于区间 $1\times10^{-6}D\sim2\times10^{-6}D$ 的有 13 个，位于区间 $2\times10^{-6}D\sim4\times10^{-6}D$ 的有 10 个，大于 $4\times10^{-6}D$ 的有 5 个；其异步环闭合差最大为 107.0mm，限差为±251.4mm；最小为 3.0mm，限差为±30.9mm，其余的环闭合差均达到标准精度要求，如此的检核条件保证了数据的正确性和可靠性，可参与平差计算。

（2）GNSS 网在 WGS-84 系中的平差

为了全面考核 GNSS 网的内符合精度，采用 POWERADJ4.0 平差程序在 WGS-84 系中对 GNSS 网进行三维无约束平差。平差后坐标增量改正数：$V_{\Delta x}$ 最大为 26.5mm，限差为±126.8mm；$V_{\Delta y}$ 最大为 −72.4mm，限差为±126.8mm；$V_{\Delta z}$ 最大为 −42.8mm，限差为±126.8mm，其余所求出的三维基线向量残差大小均满足标准精度要求，这说明观测数据具有很好的内符合精度，其可靠性强。

(3) GNSS 网在市独立坐标系中的平差

为了检验 3 个已知点的兼容性，在市独立坐标系中，以"蔡家场""聚仙居""鱼嘴"为已知点对 GNSS 网进行二维约束平差；以"聚仙居"为固定点进行二维无约束平差。平差后，二维约束平差和二维无约束平差之坐标增量改正数之差 $\delta V_{\Delta x}$ 最大为 7.7mm，限差为 ±68.3mm；$\delta V_{\Delta y}$ 最大为 4.7mm，限差为 ±121.9mm，说明已知点与 GNSS 网兼容。GNSS 网进行二维约束平差后，最弱点点位中误差为 7.1mm，限差为 12.0mm，最弱相邻点的相对点位中误差为 7.2mm，限差为 10.0mm。最弱边为"GⅡ345"至"GⅡ390"的基线边，其边长相对精度是 1/112528。其余的边长相对精度均优于标准要求 1/100000。综上所述，其余各精度指标均优于标准精度要求。

(4) GNSS 网的检测

为了检核 GNSS 网的外符合精度，采用 TS30 全站仪配 WILD 棱镜进行测边测角检测。水平角观测左右角各 2 测回，2C 较差最大为 1.0″，限差为 ±5.0″；同方向测回较差最大为 1.25″，限差为 ±3.0″。垂直角观测 4 测回，指标差较差最大为 1.05″，限差为 ±3.0″；垂直角各测回较差最大为 1.1″，限差为 ±2.0″。距离观测 4 测回，一测回 4 次读数，各项较差均满足标准要求。该检测成果与 GNSS 接收机观测边角的较差结果，即基线边长与角度检测比较见表 2-11。

实测角度边长与 GNSS 角度边长比较　　　　　　表 2-11

测站	方向	实测角度 (° ′ ″)	实测距离 (m)	归算到 300m 高程面距离 (m)	单轨系 GNSS 角度 (° ′ ″)	单轨系 GNSS 距离 (m)	角度差 (″)	角度限差 (″)	距离差 (mm)	距离限差 (mm)
GⅡ301	GⅡ344	0.00000	440.3621	440.3506	—	440.3564	—	—	−5.8	10.3
	GⅡ391	95.08130	609.8228	609.8082	95.08146	609.8096	−1.6	5.1	−1.4	10.3
GⅡ391	GⅡ345	—	1054.0669	1054.0404	—	1054.0483	—	5.1	−7.9	10.6
GⅡ390	GⅡ345	0.00000	593.1044	593.0883	—	593.0903	—	—	−2.0	10.3
	GⅡ389	160.29282	414.3799	414.3688	160.29277	414.3714	0.5	5.1	−2.6	10.3
GⅡ345D	GⅡ387	—	685.9383	685.9327	—	685.9359	—	—	−3.2	10.4
GⅡ386	GⅡ387	0.00000	705.9285	705.9260	—	705.9350	—	—	−9.0	10.4
	GⅡ385	155.14569	1076.8574	1076.8527	155.14562	1076.8573	0.7	5.1	−4.6	10.6
GⅡ392	GⅡ383	0.00000	354.2863	354.2836	—	354.2845	—	—	−0.9	10.2
	GⅡ384	126.13125	402.7468	402.7445	126.13117	402.7475	0.8	5.1	−3.0	10.3
GⅡ382	GⅡ381	0.00000	575.7897	575.7820	—	575.7831	—	—	−1.1	10.3
	GⅡ380	20.51032	760.7316	760.7234	20.51031	760.7264	0.1	5.1	−3.0	10.4
	GⅡ383	117.47050	632.6195	632.6122	117.47053	632.6170	−0.3	5.1	−4.8	10.4
GⅡ381	GⅡ380	0.00000	302.6151	302.6117	—	302.6136	—	—	−1.9	10.2
	GⅡ382	116.31150	—	—	116.31145	—	0.5	5.1	—	—
GⅡ380	GⅡ382	0.00000	—	—	—	—	—	—	—	—
	GⅡ381	42.37428	—	—	42.37423	—	0.5	5.1	—	—

根据以上精度统计得出如下结论：轨道交通三号线北延伸段 GNSS 控制网数据正确

可靠，符合精度要求。

8. 高程控制网的观测和内业计算

以"Ⅰ屏渝36基（09）""Ⅰ合沙东33""Ⅰ合沙东34"为起算点，三号线北延伸段布设的22个二等水准点（"ⅡSG371～GⅡ392"）和检校点"Ⅱ市轨342""Ⅱ合九35"组成二等附合水准路线，二等水准测量技术要求按照国家标准《国家一、二等水准测量规范》GB/T 12897—2006执行。

二等水准观测按路线分成若干测段，采用2台Leica DNA 03电子水准仪（均配条形码因瓦尺）对每一测段进行往返观测，测站观测的顺序为：后—前—前—后，同一测站前视或后视的基辅读数均为同一尺面读数。观测精度为：视距最长为49.1m，限差50m；前后视距差最大0.9m，限差±1.5m；前后视距累计差最大1.2m，限差±6.0m；测段往返高差较差最大为2.5mm，限差为±4.5mm；水准附合环的高差闭合差最大为13.3mm，限差±15.6mm。

二等水准测量外业数据经水准标尺尺长改正、正常水准面不平行改正后，计算水准测量偶然中误差，每公里水准测量偶然中误差最大为0.6mm，限差为±1mm。

将各测段距离和改正后高差输入计算机中，采用NASEW软件进行严密平差。平差在1956年黄海高程系统中进行，平差后，水准网中最弱点高程中误差为3.4mm，限差20mm。

9. 三等平面控制点的埋测和内业计算

轨道交通三号线北延伸段起点至环城北路站沿线布设了3条三等平面控制导线，共埋设27点。其线路为"航站楼—龙凤花园—凤新路站—单轨梁场"。点号分别为"GJⅢ3550～GJⅢ3557""GJⅢ3558～GJⅢ3564、GJⅢ3564A、GJⅢ3565、GJⅢ3566、GJⅢ3566A、GJⅢ3567～GJⅢ3568""GJⅢ3569～GJⅢ3574"。以上三等平面控制导线共联测二等水准点2个，组成四等三角高程附合路线。

三等平面控制导线观测采用徕卡TS30全站仪配WILD棱镜进行。水平角按左、右角各观测2测回，2C互差最大为2.3″，限差9″；各测回较差最大为1.75″，限差为±6″；圆周角闭合差最大为3.3″，限差为4″。垂直角观测4测回，指标差较差最大为1.6″，限差为5″；垂直角各测回较差最大为1.2″，限差为5″。距离观测往返测各2测回（一测回4次读数），一测回内读数差不大于3mm。边长数据进行加常数改正、乘常数改正、气象改正、两差改正及投影面改正。经各项改正后的数据采用清华山维NASEW软件进行严密平差计算。平差结果：导线方位角闭合差最大为−14.3″，限差为19.4″；测角中误差为0.55″，限差为2.5″；导线全长相对闭合差最大为1/38208，限差为1/35000；导线相邻点的相对点位中误差最大为4.7mm，限差为8.0mm。其余各项精度指标均满足标准要求。

10. 提交主要资料

(1) 控制测量技术报告；
(2) 控制网示意图；
(3) 控制点成果表；
(4) 控制网平差及精度评定资料；
(5) 控制点点之记；
(6) 仪器检定资料。

第 3 章 地形测量与专项调查

国家标准《跨座式单轨交通工程测量标准》GB/T 51361—2021 中"地形测量与专项调查"包括地形测量和其他为轨道交通工程规划建设服务的地上地下管线、建（构）筑物、不动产及征地拆迁等专项测量与调查。地形测量包括图根控制测量、地形图测绘及其修测和补测工作，专项调查包括调查线路中线两侧及车辆基地用地红线范围内的暗沟、涵洞及管廊等管线、地面和地下建（构）筑物、水域、房产、地籍和征地拆迁涉及的测量工作。

3.1 地形测量

地形测量包括图根控制测量、地形图测绘及其修测和补测工作。地形测量采用的坐标系统和高程系统应与跨座式单轨工程设计一致。

地形测量工作开始前应充分收集测区内已有的控制点及其他测绘资料，并应对其检查、修测、补测和整理后利用。地形测量宜提供 1∶500、1∶1000、1∶2000 比例尺地形图资料。如果设计对比例尺有特殊要求，应按要求实测并提供相应精度和比例尺的地形图资料。

跨座式单轨交通工程地形图图式应符合现行国家标准《国家基本比例尺地图图式 第 1 部分：1∶500 1∶1000 1∶2000 地形图图式》GB/T 20257.1 的规定。对没有规定的图式符号可补充绘制，但应在技术设计和技术总结中说明。地形图成果的数据格式宜符合现行国家标准《地理空间数据交换格式》GB/T 17798 的规定。地形图上宜展绘出线路设计中线、各等级平面控制点、水准点的位置，并应按规定符号表示。

3.1.1 图根控制测量

跨座式单轨交通工程图根控制测量可采用导线测量和 GNSS RTK 测量方法。导线测量应符合现行国家标准《城市轨道交通工程测量规范》GB/T 50308 的规定，GNSS RTK 测量应符合下列规定：

（1）观测前，手簿中设置的平面收敛阈值应为 20mm，垂直收敛阈值应为 30mm；

（2）观测时，卫星高度角 15°以上的卫星颗数应不少于 5 颗；PDOP 值小于 6；

（3）每测回的自动观测值个数应为 10 个，测回间应间隔 60s 以上，下一测回测量开始前，应重新进行初始化；

（4）测回间的平面坐标分量较差应小于 20mm，高程较差应小于 30mm；

（5）GNSS RTK 测量应每天选择测区附近的原有控制点进行检核测量，检核测量平面较差应小于 50mm，高程较差应小于 100mm。

3.1.2 地形图分幅

跨座式单轨交通工程地形图宜采用矩形自由分幅。图幅编号应以分数表示，分母应为总图幅数，分子应为所在图幅号。分幅应符合下列要求：

(1) 测量前应对地形图进行分幅设计；
(2) 图幅应自设计线路的起点沿线路前进方向按顺序进行图幅编号；
(3) 图幅长度宜在 1000~1500mm 之间，宽度宜为 500mm；相邻图幅长度宜一致；
(4) 分幅不宜选择重要建筑、路口、车站等地方。

3.1.3 数字地形图

随着科学技术的进步，地形测量已经向自动化和数字化发展，测量成果不再只是绘制在图纸上的地形图，而主要是以计算机为载体的数字地形信息，其提交的成果是可供计算机处理、远距离传输、多方共享的数字地形图，它已成为地理信息系统的重要组成部分。

数字地形图的获取方法较多，纸质地图数字化、地形摄影测量、全站仪数据采集数字化成图、GNSS 数据采集数字化成图等。在这里主要介绍纸质地图数字化、数字化成图两种方法。

1. 纸质地图数字化

纸质地形图转换为矢量格式数字地形图的方式主要有两种：一是用数字化仪；二是将纸质地形图扫描为数字图像格式，然后利用软件将数字图像格式的地形图转换为矢量格式的地形图。目前常用第二种方法，该方法主要有扫描、几何变换、绘制地图等步骤。

2. 数字化成图

以全站仪、GNSS RTK 为核心的数字测图作业模式，具有精度高、操作方便的特点，成为大尺数字地形图测图的主要方法。

(1) 野外数据采集

大比例尺数字测图野外数据采集即进行碎部点测量。使用全站仪进行数据采集时，根据提供图形信息码的方式不同，又分为测记法和电子平板法两种。

1) 测记法。测记法是在采集碎部点时绘制工作草图，在工作草图上记录地形要素名称、碎部点连接关系，然后在室内将碎部点显示在计算机屏幕上。根据工作草图，采用人机交互方式连接碎部点，输入图形信息码和生成图形。

2) 电子平板法。电子平板法是采用笔记本电脑和 PDA 掌上电脑作为野外数据采集记录器，可以在采集碎部点之后，对照实际地形输入图形信息码，现场生成图形。

(2) 地形图成图

把野外采集到的数据信息导入计算机，使用数字绘图软件，完成绘制编辑工作，最后形成地形图。比较成熟的大比例尺数字测图（绘图）软件成图方法有图简编码自动成图法、引导文件自动成图法、测点点号定位成图法、屏幕坐标定位成图法等。

3.1.4 细部点测量

跨座式单轨交通工程细部点测量应符合下列规定：

(1) 坐标测量采用极坐标法时，测距中误差或往返测距较差均应为 30mm，测水平角半测回。

（2）当坐标测量采用 GNSS RTK 方法时，应符合现行行业标准《卫星定位城市测量技术标准》CJJ/T 73 的相关技术要求。对重要细部点测量时，应进行 4 个测回重复初始化观测，每次初始化观测值不应少于 5 个；重复初始化观测值的坐标分量、高程较差应分别小于 20mm、30mm 时，最终成果应取平均值。

（3）当高程测量采用水准测量方法时，应布设附合水准路线，其水准线路长度不应超过 5km；高程闭合差应小于 $\pm 40\sqrt{L}$ mm（L 为路线长度，以 km 计）；观测应使用不低于 DS10 型精度的水准仪。

（4）当高程测量采用电磁波测距三角高程时，路线附合长度不应超过 5km，观测仪器不应低于 II 级全站仪，应附合在等级水准点上，垂直角对向观测各一测回，边长对向观测一测回，仪器高、棱镜（觇牌）高应量至毫米，闭合差应小于 $\pm 40\sqrt{\sum L}$ mm（L 为路线长度，以 km 计）。

（5）对影响跨座式单轨线路的重要地物、地貌点应进行细部测量，并将其坐标和高程标注于 1∶500 地形图上。重要地物、地貌点应包含下列内容：

1）线路与经过的重要道路边线、中线和隔离带的交点以及与其他轨道交通线路交叉位置；

2）线路入地、出地区域道路标高；

3）影响线路的房屋、古树名木、寺庙和文物；

4）线路与上空的高压线、通信线、照明线、广告牌、人行天桥等的交点；高压线测量成果应标注测量时间和测量时的温度；

5）设计车站的出入口及周边地物点。

3.1.5 地形图修测和补测

跨座式单轨交通工程地形图修测和补测应符合下列规定：

（1）修测和补测的内容和方法、图根控制测量、重要地物和地貌点的细部测量应符合本章第 3.1 节的有关规定；

（2）修测和补测的范围小、内容少时，可利用周围原有细部点量测，量测中误差不超过图上 0.4mm；

（3）修测和补测的范围大、内容多时，应布设图根点进行地形图测量；

（4）修测和补测的地形图与原图应进行接边，接边地物要素属性应一致，地貌应自然连接；

（5）修测和补测的地形图应与原图精度一致。

3.2 专项调查

3.2.1 地下管线探测

地下管线是城市的重要基础设施，在工程施工中，常因管线位置不明挖断管线，造成停水、停电、通信中断等事故,给人民生活带来极大不便。为了避免这些状况发生,查明地下管线位置、走向等基本信息已成为工程施工一项重要工作,这个工作就是地下管线探测,即对地下管线进行探查和测绘。探查是对已有地下管线进行现场调查和采用不同的探测方法探寻各种管线的埋设位置和深度;测绘是对已查明的地下管线进行测量和编绘管线图。

跨座式单轨交通工程建设要求的地下管线探测,是为了在设计、施工前查明场地及附近的地下管线状况以便进行线路设计,并防止工程施工造成地下管线的破坏,探测的范围应大于线路结构外侧30m,地下管线测量的坐标系统和高程系统应与跨座式单轨交通工程设计一致。

1. 地下管线分类

城市地下管线种类繁多,结构复杂,参照行业标准《城市地下管线探测技术规程》CJJ 61—2017 和《管线要素分类代码与符号表达》CH/T 1036—2015,城市地下管线可以分为给水管线、排水管线、燃气管线、热力管线、电力管线、通信管线、工业管线及其他管线。

(1) 给水管线

给水管线是向不同类别的用户输水和配水的管线和附属设施,担负着供水的输送、分配、压力调节(加压、减压)和水量调节任务,是保障用户生产生活用水的重要基础设施。给水管线系统由输水管、配水管和附属设施构成。

(2) 排水管线

排水管线是指汇集和排放污水、废水和雨水的管线或管渠及其附属设施,排水管线担负城市雨水和污水的收集、输送、高程或压力调节和水量调节任务。排水管线包括排水管(渠)和附属设施。

(3) 燃气管线

燃气管线是指输送居民生活、商业和工业生产所用燃气的管线及附属设施。按输气压力等级分为低压、中压和高压燃气管道3种。

(4) 热力管线

热力管线是指由热源向热用户输送和分配供热介质的管线(管道)及其附属设施。

(5) 电力管线

电力管线是指从城市电厂到用户之间的电缆和附属设施。

(6) 通信管线

通信管线是指用来输送和传递信息数据的管线和附属设施。

(7) 工业管线

按输送介质可分为氢气、氧气、乙炔、乙烯、油料、排渣、干气、苯、丙烯、精丙烯、粗丙烯、烷基苯等43类工业管线。按介质压力等级分为低压、中压和高压管道。按介质温度分为常温、低温、中温和高温管道。

(8) 其他特殊管线。

2. 管线探测的基本原则

在资料收集和实地调查的基础上采用仪器进行野外实地探查,确定地下管线隐蔽点的平面位置和埋深,为地下管线点的联测提供依据,地下管线探查应遵循的原则:

（1）在现状调绘的基础上，不论采用何种物探方法，都应在正式投入使用之前，在区内已知地下管线敷设情况的地方进行方法试验，评价其方法的有效性和精度，然后再推广到未知区开展探查工作。

（2）在一个地区开展探查工作时，应首先选择管线少、干扰小、条件比较简单的区域开展工作，然后逐步推进到条件相对复杂的地区。

（3）针对工区地质及地球物理特征，结合工作环境实际选择效果好、轻便、快捷、安全和低成本的探查方法。

（4）在管线分布相对复杂的地区，用单一的方法技术往往不能或难以辨别管线的敷设情况，这时应根据相对复杂程度采用适当的综合物探方法，以提高对管线的分辨率和探测结果的可靠程度。

（5）先查埋深较浅的管线，后查埋深较深的管线；先从管线稀疏路段开始，再到管线密集路段。

（6）先查管径大的管线，后查管径小的管线，以管线直线段或明显标志点为基础，逐步向管线密集、复杂地区深入。

3. 管线探测的基本程序

地下管线探测的基本程序宜包括：接受任务（委托）、技术准备、地下管线探查、地下管线测量、数据处理、建立地下管线数据库、编写技术总结报告和成果质量检查与验收。探测任务较简单或工作量较小时，上述程序可简化。

4. 管线探测的主要内容

（1）技术准备

技术准备包括地下管线现状调绘、现场踏勘、探测仪器校验、探测方法试验、技术设计书编制。地下管线现状调绘应对已有的地下管线资料进行收集、分类、整理、最终编绘地下管线现状调绘图；现场踏勘应包括核查收集资料的完整性、可信度和可利用程度，核查调绘图上明显管线点与实地的一致性，核查控制点的位置和保存状况，核查地形图的现势性，调查现场地球物理条件和各种可能的干扰因素等；探测仪器校验主要是仪器的稳定性校验及精度校验；探测方法试验是在已知管线段上用不同类型、不同型号仪器对不同埋深、不同材质、不同类型的地下管线和不同地球物理条件下对探测方法和仪器的有效性进行验证和校核；技术设计书编制应包括工作概述、测区情况、已有资料及其可利用情况、作业方法与技术措施要求、施工组织与进度计划、质量、安全和保密措施等。

（2）地下管线探查

地下管线探查应现场确定目标管线在地面上的投影位置及其埋深，并应按任务要求查明相应管线的属性。明显管线点应采用实地调查方法获取其属性信息，隐蔽管线点应采用地球物理探查方法确定其位置及埋深。地下管线探查应进行成果质量检查与评价。

1）地下管线调查内容

① 管线的类型、用途、材质、规格、坐标位置、走向、埋设方式、埋深、埋设方法；

② 根据设计需要还宜调查各类管道管节长度、接口形式、拐折点、管径变化位置、节（阀）门或检查井位置、载体特征（压力、流量流向）、使用情况（正常、废弃、渗漏）等；

③ 采用地下综合管道共同沟的，应包括共同沟的结构形式、断面尺寸、顶（底）板

埋深、支护结构形式、变形缝设置情况等。

2) 管线点标志的设置

地下管线点标志,通常设置在管线特征点和附属物点的几何中心上。管线特征点一般有交叉点、分支点、转折点、变径点和起讫点等。附属物一般有接线箱、变压箱、人孔井、手孔井、检查井、阀门井和仪表井等。当特征点间的直线段管线长度大于图上15cm时,中间应设置管线探测点,以保证有效地控制管线的走向。

当不同管线立体交叉时,为避免因管线探查或内插高程的误差而产生管线碰撞的矛盾,应在管线交叉点附近范围内各设置1个管线点。该管线点一般距离交叉点不大于7m范围为宜。

管线弯曲时,管线点至少在圆弧的起讫点和圆弧中点上各设置1点。当圆弧较大时,圆弧上须适当加设管线点,圆弧上管线点设置的原则是保证管线的弯曲特征能在图上表达出来。

3) 管线点的编号原则

管线编号按管线名称汉字拼音首位字母组成。如,电力以"DL"表示,地下管线的代号和颜色要求应按规范设置。常用的管线点编号是由管线代号加点号组成管线点号,例如JS12表示给水管线第12号管线点,MQ46表示煤气管线第46号管线点,DX128表示电信管线第128号管线点。根据地下管线普查分探查、测量、成图和数据建库四道工序的特点,为便于各工序作业,同一管线点在不同的工序里可分别编号,但要注意其互相对应的关系以免出现差错。点号以每幅图为单元按顺序编列。在进入数据库建库阶段,其编码与点号要满足建库要求。

4) 管线点的地面标志

管线点的地面标志是地下管线测绘的依据,因此地面标志的设置要牢固、不易毁失和易于识别。一般管线点的地面标志统一制作,在管线点附近易于保存的地物上用油漆标注管线点号,便于测绘作业时识别寻找。

管线点通常设置在管线特征点在地面的投影位置上,管线特征点包括交叉点(三通点、四通点……)、分支点、转折点、变材点、变径点、变坡点、起讫点、出入地点及附属设施的中心点等。

5) 地下管线探查作业的安全保护

地下管线的探查作业主要是在城市的道路上进行,其危险性很大,当井下作业时还存在有毒、易燃气体及高压电缆等的危险,故管线的探查作业要遵守各种安全规定,以确保管线探查安全。

6) 地下管线探查

城市地下管线探查可供选择的方法有很多种,一般探查金属管线采用磁偶极感应法或电偶感应法,探查电力电缆采用50Hz被动源法,探查磁性管道采用磁测法,探查非金属管线采用电磁波(地质雷达)法或示踪电磁法,亦可采用电磁感应法、电阻率法等其他物探方法。物探方法的选定,要根据测区的任务要求、探查的对象、测区的地球物理条件以及测区的实际情况,通过方法试验来确定,要满足下面三个条件:

① 被探查的地下管线与其周围介质之间有明显的物性差异;

② 被探查的地下管线所产生的异常场有足够的强度,能从干扰背景中清楚地分辨出

被查管线所产生的异常,并能在地面上用仪器观测到;
③ 探查精度达到规定的要求。

(3) 地下管线测量

地下管线测量是指在等级导线点和等级水准点的基础上进行的图根控制测量、地下管线点的平面和高程位置联测以及相关地形测量。地下管线测量是在地下管线探查的基础上进行的,主要依据地下管线探测工作草图上标注的明显点和探测点进行实地坐标联测。

地下管线测量一般采用解析法。同时,为了满足数字化计算机辅助成图的要求,野外采集数据使用电子手簿记录,这样可以达到从外业到内业最终建立数据库一体化的作业方式。为了方便地下管线图的使用,一般要求联测管线两侧的邻近地物或道路两侧第一排建筑物(提供管线与邻近地物的对应关系),若该地区已有符合质量要求的地形图,应尽量利用。

1) 图根控制测量

图根控制测量是进行地下管线点联测以及相关地形测量而布设的图根级控制网,图根控制测量包括平面和高程两部分。首先应采用本地区或本市的统一坐标系统,以便以后其他单位各部门新建地下管线图的统一性,也便于管理和维护。在收集测区已有的控制测量资料后,应对资料进行全面检核,确保起始数据的可靠性。该控制测量可根据已知点密度和测区的大小布设,若已知点密度小、测区范围大,首先应布设等级控制网,然后沿管线布设图根导线网或 GNSS 点,作业要求执行现行行业标准《城市测量规范》CJJ/T 8 的规定。

高程控制测量是以测区内等级水准点为起始点布设的图根水准,可以用电磁波测距三角高程的方法测量,还可以使用高精度的大地水准面精化成果。作业执行现行行业标准《城市测量规范》CJJ/T 8 的相关技术要求。

2) 管线点测量

地下管线点测量,是在应用物探仪器探明地下管线的平面位置并设置相应的标注和注明编号后进行,一般以控制点或图根点为测站点,使用全站仪,采用极坐标法或导线串联法测量;也可采用 GNSS 的 RTK 技术进行测量。采用极坐标法测量管线点平面坐标和高程时,其测距边不宜太长,一般不超过 150m,但应采用长边定向。

地下管线测绘还包括相关地形测量,一般是测绘沿道路、街巷两侧的带状地形图。考虑到地下管线图的重点是表示地下管线的位置、高程以及与道路、街道、相邻地面建筑物的相对位置关系,地形地物测绘只需测设道路、街道边线、临街建筑物向街一面的外轮廓线、门牌号及单位名称,测定各种地面地物特征点的地面位置及高程。

地下管线图还需要测定横断面。横断面的位置要选在主要道路、街道有代表性的断面上,一般每幅图不少于 2 个断面。横断面测量,应垂直于现有道路、街道布置,除测定管线点位置、高程外,还应测量道路的特征点、地面高程变化、各种建筑物边沿等。

(4) 数据处理与数据库建立

数据处理宜形成管线图、管线成果表、管线数据库文件。数据处理使用的软件应具有数据输入、数据查错、图形编辑、属性编辑、管线图生成、查询统计、成果输出等基本功能,在数据处理基础上建立管线数据库,管线数据库应包括管线属性库和管线图形库。

1) 数据处理

城市地下管线的分类宜按管线大类和小类分别表示，大类用 1 位数字表示，小类用 2 位数字表示。管线的点、线、面分别用 8 位、17 位、6 位字母、符号和数字表示。管线要素、管线线性、管线材质等都应表示清楚。管线数据应按管线小类，以管线点、线、面、辅助点、辅助线和注记区分不同数据类型，划分和命名数据图层。数据处理应按标准分别设计管线点、线、面、辅助点、辅助线和注记图层的数据结构，并应符合下列规定：

① 应根据需要分别确定相应的字段数量、字段名称、字段长度、小数位数、完整性约束、阈值；

② 每种数据类型中的字段名称或其语义不得重复；

③ 表示坐标、高程、埋深、角度的字段类型应采用数值型，表示时间的字段类型应采用文本型或日期型，其他字段的字段类型采用字符型；

④ 字段长度、小数位数、完整性约束、阈值应满足可完整描述内容的需要；

⑤ 非空字段应全部填写，可空字段可选择填写。

数据处理形成的管线数据文件应经过拓扑检查和属性检查，管线属性信息应与管线探测原始记录一致。

2）管线数据要求

管线数据文件应满足完整性、逻辑一致性、属性精度要求。

① 完整性要求：图层无遗漏，数据范围覆盖工作区，属性项完整，必填项属性值无遗漏；

② 逻辑一致性要求：管线要素分类与代码、数据分层与命名、数据结构应符合要求；要素间的拓扑关系应正确；数据项的取值应在阈值范围内；

③ 属性精度要求：管线属性项内容应正确。

3）管线图编绘

地下管线图的编绘，是利用外业测量采集的数据，通过计算机数字化成图。地下管线图的比例尺一般应与城市或地区的基本图的比例尺一致，大多为 1∶500 或根据设计的需要，采用由设计指定的比例尺。管线图应包括综合地下管线图、专业地下管线图、管线横断面图。图上使用的符号、颜色及线型应符合标准要求。图廓的整饰应包括图名、作业单位、比例尺、图幅结合表，管线图上的注记不应压盖管线及其附属设施的符号，跨图幅的注记应在各个图幅内分别注记，注记应确保图面清晰。

综合地下管线图应表示测区内所有探测的各种地下管线及其附属设施、地面建筑与地形特征。绘制综合地下管线图的基本资料应包括测区 1∶500 地形图、地下管线现状探测草图、外业数据软盘和管线点成果表以及附属设施草图、结点示意图等。综合管线图上的管线以 0.2mm 线进行绘制。考虑到综合地下管线图所要表示的内容较多，高程的注记方面，除择要标注路中高程外，管线点一般不标注高程，以减少图负担，但路面铺装材料要标注。在管线复杂、管线点注记密集时，管线点可择要注记，为了便于使用者阅读图件，一般情况下，每幅图内，在 2~3 个位置上，以扯旗形式注明管线的排列、种类、材质、规格、埋深等。同时，每幅图内，至少绘制 2 个横断面图，其断面位置及编号以及断面符号标注在综合图上。扯旗及断面图的位置，一般选在有代表性及管线较复杂的断面上，先主干道，后干道，再一般干道。

专业地下管线图只表示一种管线与地面建筑物及地形地貌的关系。其内容比综合地下管线图少，图载量轻。专业地下管线图的编绘原则与综合地下管线图一致。针对专业地下管线图内容少的特征，在编绘专业管线图时，要增加有关管线属性的注记，即写明管线的规格、材质、条数及电压等，注记的形式是沿管线的走向注记。

管线横断面图是表示地下管线在同一截面上的分布、竖向关系和管线与地面建筑物间的相互关系辅助用图，即地面地形变化，地面高，管线与断面相交的地上、地下建筑物，路边线，各种管线的位置及相对关系，埋深，断面几何尺寸，断面号等。断面图的比例尺可任意选定。

4）管线数据库

若本测区地下管线数据有建立数据库的计划，应按照标准要求建立管线数据库。本节地下管线探查、测量、成图的要求基本都能通过数据库的数据结构设计来实现。跨座式单轨测量专项调查不作硬性要求。

3.2.2 水下地形测量

陆地上的地形测量是通过对各地形要素与测站或传感器之间相对关系的确定来实现的，这个相对关系（相对坐标差与高差或距离与角度）就是根据各地形要素与测站或传感器的距离、角度或方位计算的，有了这些相对关系和属性信息，即可绘制成地形图。一般来说，水下地形测量与陆地地形测量原理类似，主要区别在于测深（高）设备的不同，前者一般用声学设备，后者一般采用光学、电磁波、GNSS等信号设备实现。这是因为光波、电磁波在水中衰减很快，而声波在水中能远距离地传播。水深测量经历了测绳重锤测量（点测量）、单频单波束测深（点测量）、双频单波束测深（点测量）、多波束测深（面测量）、机载激光测深（面测量）等几个阶段。

1. 水下地形测量技术与方法

水下地形测量包括定位测量、水深测量和水位改正。

（1）定位测量方法

平面定位测量主要包括如下几种方法：

1）经纬仪前方交会定位

2台经纬仪同时照准目标，且与水深测量同步。

2）经纬仪后方交会定位

适合水速较小、测图比例尺较小的场合。

3）全站仪定位

直接由岸上全站仪测定目标（测船）的平面位置，与水深测量同步。

4）GNSS定位

GNSS单点定位，定位精度为几米到几十米，适合小比例尺水下地形图的测绘。差分GPS定位（DGPS—Differential GPS），DGPS系统主要由基准台（基准站）的GPS接收机、数据处理与传输设备以及移动站GPS接收机组成。随着测船与基准站距离的增加，误差增大。

5）GNSS RTK定位

GPS RTK定位是一种高精度实时动态载波相位差分定位技术，由基准站、移动站及RTK差分数据链组成。

6）无线电定位

该方法是根据距离或距离差来确定测船位置，具有精度高、操作方便、不受通视和气候条件的影响。

早期的定位手段主要有光学定位和陆基无线电定位，存在精度差、操作烦琐等问题，难以满足现代工程实际需求，大部分方法几乎停用。随着技术的革新与飞速发展，特别是GNSS技术的突飞猛进，水上定位技术取得了突破性的进展，目前广泛使用的定位技术有GNSS差分定位、精密单点定位、GNSS RTK等。

(2) 水深测量技术

早期测深是靠测深杆和测深锤完成的，效率低下。1913年，美国科学家R. A. Fessenden发明了回声测深仪，其探测距离可达3.7km；1918年，法国物理学家Paul Langevin利用压电效应原理发明了夹心式发射换能器，它由晶体和钢组成，实现了对水下远距离目标的探测，第一次收到了潜艇的回波，开创了近代水声学并发明了声呐。进入20世纪70年代，多波束测深系统兴起，并随着数字化计算机技术的飞速发展，逐渐出现了高精度、高效率、自动化、数字化的现代多波束测深系统，测深模式实现了从点到线、从线到面的飞跃。

1）水深测量的简单工具

测深杆（下部有铁底板），适用于水深5m以内且流速不大的浅水区；

测深绳（锤），锤的重量3.5～5kg，适合水深较大的区域（20m以内）、船速小、水流速小、水底底质较硬的条件。

在测深杆或测深绳上一般每10cm作一标记，以便读数。

2）单波束测深仪测量（回声测深仪、测深声呐）

测量原理：测量声波由水面至水底往返的时间间隔，从而推算出水深 $H=S+h$ 其中，$S=v \cdot \Delta t/2$（h 为换能器吃水参数；v 为超声波在水中的传播速度，约为1500m/s；Δt 为时间间隔，图3-1）。

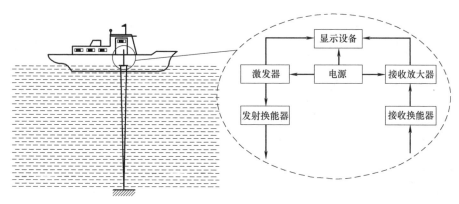

图3-1 回声测深原理

3）多波束测深仪

单波束测深仪只能沿测线测量水深值，而多波束测深仪是一种能够一次给出与航向垂直的剖面内几十个甚至上百个水下测点水深值的测量仪器。与传统的单波束测深仪比较，多波束测深仪具有测量范围大、速度快、精度高、记录数字化以及成图自动化等优点，它把测深技术从点、线扩展到面,并进一步发展到立体测深和自动成图,从而使水下地形测量技术发展到一个较高的水平。高精度多波束测深系统具有"水下摄影机"、"水下CT"之称。

多波束测深仪采用声呐阵列测深系统(也称条带测深系统)(图 3-2)。其工作时,换能器阵列向测船航向的垂直方向发射多个俯角不同的声波束。每个波束的水平、垂直开角都很小,目前国际上各种型号的多波束测深系统波束开角都在 1°~3.5°之间,波束个数在 16~150 个,数据采集系统记录各个波束的回波信号,计算水深。

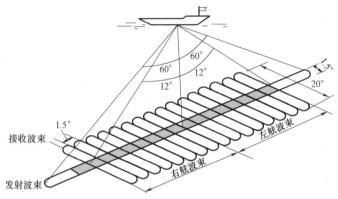

图 3-2 多波束测深仪的工作原理

4)机载激光测深(LIDAR)

激光测深的原理与双频回声测深原理相似,从飞机上向海面发射 2 种波段的激光,一种为红光,波长为 1064nm;另一种为绿光,波长为 523nm。红光被海水反射,绿光则透射到海水里,到达海底后被反射回来。这样,两束光被接收的时间差等于激光从海面到海底传播时间的 2 倍,由此可算得海面到海底的深度(图 3-3)。

激光测深的公式为:

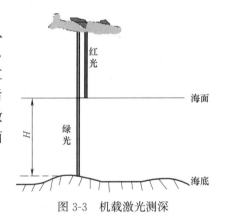

图 3-3 机载激光测深

式中:c——光速;

n——海水折射率;

Δt——所接收红外光与绿光的时间差。

机载激光测深具有速度快、覆盖率高、灵活性强等优点,可作常规海道测量之用。由于机载激光测深具有快速实施大面积测量的优点,也被海洋国家广泛用于沿岸大陆架海底地形测量。除了常规的海底地形测量之外,机载激光测深的覆盖率高决定了它还能提高探测航行障碍物的探测率。

5)无人测量船系统

某智能测量船系统由小型无人船、自动导航模块、声呐探测模块、外围传感模块、岸基操控终端、无人船专用软件等部分组成。将先进的卫星定位、传感器与智能导航控制等众多技术相结合，提出了高精度、智能化、无人化、集成化、机动化、网络化的勘测解决方案，该系统能自主航行并完成所测数据的实时传输与备份管理，可对行走区域的位置、水深、流速、水质等参数进行快速准确的测量采集，通过无人船专用软件处理后还可生成水下地形图，并计算库容或工程方量（图3-4）。

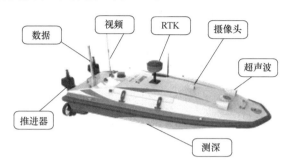

图3-4 无人测量船系统构件组成

（3）水位改正

水位改正是将测得的瞬时深度转化为一定基准上的较为稳定的数据的过程，其目的是尽可能消除测深数据中的海洋潮汐影响，将测深数据转化为以当地深度基准面为基准的水深数据。

水位观测过程中采用以"点"带"面"的水位改正方法，水位改正方法主要有单站水位改正法、线性内插法、水位分带法、时差法和参数法等。

2. 测线布设

为能够采集到测区内足够的水下地形测量数据，以能够反映水下地形地貌起伏状况，在水下地形测量之前需要设计和布设测线。

测线布设是水下地形测量技术设计的主要内容之一，测线布设主要考虑测线间距和测线方向。测线间距是水下地形测量要求的一项重要指标，测线的间隔应顾及测区的重要性、水底地貌特征和水深等因素。对单波束测深仪，原则上主测线间距图上为1cm，平坦水底可以放宽为2cm。

测线布设的方向对采用单波束测深仪或是多波束测深仪是不同的。原则上，采用单波束测量时，主测线应垂直等深线方向布设；采用多波束测深仪时，主测线应大致平行与等深线方向布设。使用单波束测深仪时，测线与等深线垂直方向布设，测线间距相同；使用多波束测深仪时，测线大致平行于等深线方向布设，测线间距一般是浅水密、深水稀。为了检查测深与定位是否存在系统误差或粗差，并以此衡量测深测量成果总的精度，需要布设检查线。检查线的方向应尽量与主测线垂直，分布均匀，并要求布设在较平坦处，能普遍检查主测深线。检查线一般应占主测线总长5%～10%。

3. 测量精度要求

水深测量的精度主要由测点的测深精度和定位精度决定，其精度必须满足相应的国家标准、行业标准或特定测量项目的精度要求。国际上权威的测深精度标准是国际海道测量组织（IHO）制定的国际海道测量标准。在我国，水深测量的现行国家标准主要是《海道测量规范》GB 12327、《海洋工程地形测量规范》GB/T 17501，现行行业标准有《水运工程测量规范》JTS 131等，这些技术标准对平面和高程控制测量的精度要求与陆地测量的要求基本相同,对测深精度的规定一般与 IHO 的要求一致。表 3-1 为国家标准《海道测量规范》GB 12327—1998 规定的深度测量极限误差。对定位精度的要求,通常是根据测图比例尺和项目的特定要求来规定,尽管存在一些细微的差别,但对测深定位精度的要求基本应满足表 3-2 的规定。定位中心应尽量与测深中心保持一致,当二者之间的水平距离超过定位精度要求的 1/2 时,应将定位中心归算到测深中心。

深度测量极限误差（95%的置信度,2σ）　　　　表 3-1

测深范围 Z(m)	极限误差(m)
$0<Z\leqslant 20$	0.3
$20<Z\leqslant 30$	0.4
$30<Z\leqslant 50$	0.5
$50<Z\leqslant 100$	1.0
$Z>100$	$Z\times 2\%$

水深测量定位点点位中误差限差　　　　表 3-2

测图比例尺	定位点点位中误差图上限差(mm)
1∶200～1∶500	2.0
＞1∶5000	1.5
≤1∶5000	1.0

3.2.3 地籍测量

地籍是记载土地的权属、位置、数量、价值、利用等基本状况的图册及数据,是土地登记、管理、征税等重要的依据,也是轨道交通工程建设征地拆迁的重要基础性数据。地籍测量又称地籍调查,是依照国家的规定通过权属调查和地籍测量核实宗地的权属、确认宗地界线、查明宗地面积、用途、等级和位置等情况,形成数据、图件、表册等调查资料,为土地登记、核发土地权属证书提供依据,是土地管理的基础工作。地籍测量包括权属调查、地籍平面控制测量、地籍勘丈、地籍图绘制等内容。

1. 土地权属调查

土地权属调查以宗地为单位进行,针对宗地权属来源及其所在位置、界址、数量、用途和等级等情况调查。通过现场指界、标定宗地界址、调查土地用途和等级,形成宗地草图、地籍调查表、土地权属界线协议书或土地权属争议原由书等土地管理所需的图册资料。

(1) 工作底图的选择与制作

工作底图比例尺宜与测绘制作的地籍图成图比例尺一致;坐标系统宜与测绘制作的地籍图成图的坐标系统一致;已有土地利用现状图和地籍图等图件也可作为调查工作底图;已有地形图和航空航天正射影像图等图件也可作为调查工作底图;无图件的地区,应在地籍子区范围内绘制所有宗地的位置关系图形成调查工作底图。工作底图上应标绘地籍区和地籍子区界线;除无图件的地区外,工作底图都应该是数字化的,并输出一份纸质的工作底图用于土地权属调查和地形要素的调绘或修补测。

（2）土地权属状况调查

调查核实土地权利人的姓名或者土地权利人的名称、单位性质、行业代码、组织机构代码、法定代表人（或负责人）姓名及其身份证明、代理人姓名及其身份证明等。调查核实土地的权属来源证明材料、土地权属性质、使用权类型、使用期限等。调查核实宗地坐落、四至，所在乡（镇）、村的名称，所在图幅等。调查核实土地的批准用途和实际用途。根据土地权属来源材料或用地批准文件确定批准用途，并现场调查确定实际用途。对集体土地不调查批准用途和实际用途，宗地内各种地类的面积及其分布直接引用已有土地利用现状调查成果。调查土地的共有共用、土地权利限制等情况。

土地权属状况与实际情况一致的，按照土地权属状况填写地籍调查表；无土地权属来源资料或土地权属来源资料缺失、不完整，以及土地权属状况与实际情况不一致的，按照实际调查情况填写地籍调查表，在地籍调查表的说明栏目中填写情况说明，必要时附由权利人提供的相关证明材料的复印件。

（3）界址调查

对土地权属来源资料合法、界址明确、经实地核实界址无变化的宗地，可直接利用已有资料填写地籍调查表，原土地权属来源资料复印件作为地籍调查表的附件。土地权属来源资料中界址不明确的宗地，以及界址与实地不一致的宗地，需要现场指界，并将实际用地界线和批准用地界线标绘到工作底图上，并在地籍调查表的权属调查记事栏中予以说明。无土地权属来源资料，根据法律法规及有关政策规定，经核实为合法拥有或使用的土地，可根据双方协商、实际利用状况及地方习惯现场指界。

调查员对指界人指定的界址点应现场设置界标，确认界址线类型、位置，并标注在调查底图上。界址点的设置应能准确表达界址线的走向。相邻宗地的界址线交叉处应设置界址点。土地权属界线依附于沟、渠、路、河流、田坎等线状地物的交叉点应设置界址点。在一条界址线上存在多种界址线类别时，变化处应设置界址点。

在界址点上应按规定设置界标，界标类型由界址线双方的土地权利人确定。设置界标有困难时（如界址点在水中），应在地籍调查表或土地权属界线协议书中，采用标注界址点位和说明权属界线走向等方式描述界址点具体位置。损坏的界标，可根据已有解析界址点坐标和界址点间距、宗地草图、土地权属界线协议书等资料，采用现场放样、勘丈等方法恢复界址点。

界址边长应实地丈量。解析法测量的界址点，每个界址点至少丈量一条界址点与邻近地物的相关距离或条件距离；未采用解析法测量的界址点，每个界址点至少丈量2条界址点与邻近地物的相关距离或条件距离。确实无法丈量界址边长、界址点与邻近地物的相关距离和条件距离时（如界址点在水中等特殊情况），应在界址标示表中的说明栏中说明原因。

（4）绘制宗地草图

经实地核查，宗地实际状况与原地籍调查表中的宗地草图一致的，无需重新绘制宗地草图；否则须现场依据实地丈量的界址边长、界址点与邻近地物的相关距离或条件距离绘制宗地草图。宗地草图是描述宗地位置、界址点、界址线和相邻宗地关系的现场记录。内容包括宗地号、坐落地址、权利人；宗地界址点、界址点号、界址边长、界址点与邻近地物的距离及界址线，宗地内的主要地物；相邻宗地号、坐落地址、权利人或相邻地物；丈量者、丈量日期、检查者、检查日期、概略比例尺、指北针等。

面积较大、界线复杂的宗地，可不绘制宗地草图，宜利用正射影像图、地形图、土地利用现状图、地籍图等绘制土地权属界线附图。

绘制宗地草图应选用适宜长期保存、使用的纸张绘制，也可直接在地籍调查表上绘制，较大宗地可分幅绘制。宗地草图上标注的界址边长、界址点与邻近地物的相关距离和条件距离等应为实地调查丈量的结果。数字注记字头向北、向西书写，注记过密的地方可移位放大表示。

（5）地籍调查表

地籍调查应填写地籍调查表，界址标示表、界址签章表、界址说明表、共有或共用宗地面积分摊表等。

（6）土地权属界线协议书或土地权属争议原由书

面积较大、界线复杂的集体土地所有权宗地和国有土地使用权宗地宜制作签订土地权属界线协议书，协议书包括的内容有：签订单位名称，签订的日期，界址说明，权属界线的附图，确定权属界线涉及的单位及调查人员的签字盖章手续等。对争议宗地，应制作土地权属争议原由书，包括权属争议原由书和土地权属争议界线示意图。

2. 地籍图测绘

可采用全野外数字测图、数字摄影测量和编绘法等方法测绘地籍图。测图的具体技术应根据测图比例尺和测图方法，按照相关的标准执行。图面必须主次分明、清晰易读。

（1）地籍图的主要内容及表示方法

地籍图的内容包括行政区划、地籍、地形、数学和图廓等基本要素。

地籍要素包括地籍区界线、地籍子区界线、土地权属界址线、界址点、图斑界线、地籍区号、地籍子区号、宗地号（含土地权属类型代码和宗地顺序号）、地类代码、土地权利人名称、坐落地址等。界址线与行政区界线相重合时，只表示行政区界线，同时在行政区界线上标注土地权属界址点，行政区界线在拐角处不得间断，应在转角处绘出点或线。地籍区界线、地籍子区界线叠置于省级界线、市级界线、县级界线、乡级界线和土地权属界线之下。叠置后其界线仍清晰可见。地籍图上，对于土地使用权宗地，宗地号及其地类代码用分式的形式标注在宗地内，分子注宗地号，分母注地类代码。对于集体土地所有权宗地，只注记宗地号。宗地面积太小注记不下时，允许移注在空白处并以指示线标明。宗地的坐落地址可选择性注记。按照标准分幅编制地籍图时，若地籍区、地籍子区、宗地被图幅分割，其相应的编号应分别在各图幅内按照规定注记。如分割的面积太小注记不下时，允许移注在空白处并以指示线标明。地籍图上应注记集体土地所有权人名称、单位名称和住宅小区名称。个人用地的土地使用权人名称一般不需要注记。可根据需要在地籍图上绘出土地级别界线，注记土地级别。

界址线依附的地形要素（地物、地貌）应表示，不可省略。可根据需要表示地貌，如等高线、高程注记、悬崖、斜坡、独立山头等。

数学要素包括内外图廓线、内图廓点坐标、坐标格网线、控制点、比例尺、坐标系统等。

图廓要素包括分幅索引、密级、图名、图号、制作单位、测图时间、测图方法、图式版本、测量员、制图员、检查员等。

（2）地籍图的测绘方法

地籍图的数据内容、数据质量、数据分层、要素代码应符合数据库建设的要求。以数字正射影像为基础，依据土地权属调查成果编绘地籍图。

1) 全野外数字测图

全野外数字测图方法用于测绘 1∶500、1∶1000、1∶2000 比例尺地籍图。全野外数字测图的测量工具主要包括全站仪、钢尺和 GNSS 接收机等。这些工具应检定合格并在有效期内方能用于作业。解析界址点测量方法按上述要求进行。明显地形要素主要采用极坐标法测量或 RTK 定位方法。不能施测的地形要素可采用角度交会法、距离交会法、直角坐标法和截距法施测。如果有相同比例尺的工作底图，则在底图上详细标注地形要素测量点的编号、属性和点与点之间的连接方式。如果没有工作底图，则应现场绘制地形要素观测草图，观测草图宜选择适当的纸张并作为测量原始资料保留。根据工作底图、土地权属调查成果和现场观测草图，在计算机上采用数字测量软件系统导入外业测量数据编辑处理生成地籍图。

2) 数字摄影测量成图

数字摄影测量方法可用于所有比例尺地籍图的测绘。界址点坐标应采用解析法施测，根据规定的内容外业调绘地形要素，将解析法测量的界址点坐标文件导入数字摄影测量系统，解析界址点与数字摄影测量的地物点实地为同一位置时，应以解析界址点坐标代替地物点坐标。根据工作底图、土地权属调查成果和地形要素调绘成果，对规定的内容和表示方法等进行编辑处理生成地籍图。

3) 编绘法成图

按照规定选择和制作工作底图。以工作底图为基础，可采用全野外数字测量方法修补测地形要素，也可采用数字摄影测量方法修补测地形要素。在工作底图上根据宗地草图的丈量数据、解析界址点坐标和修补测的地形要素，进行编辑处理生成地籍图。

3.2.4 房产测量

房产测量主要是采集和表述房屋和房屋用地的有关信息，为房产产权、产籍管理、房地产开发利用、交易、征收税费，以及为城镇规划建设提供数据和资料。房产测量包括：房产平面控制测量、房产调查、房产要素测量、房产图绘制、房产面积测算、变更测量、成果资料的检查与验收等基本内容。房产测量成果包括：房产簿册、房产数据和房产图集。

房产调查是对每个权属单元的位置、权界、权属、数量和利用状况等基本情况，以及地理名称和行政境界的调查，分房屋用地调查和房屋调查。房产调查应利用已有的地形图、地籍图、航摄像片，以及有关产籍等资料，以丘、幢为单位实地进行调查。

1. 房屋用地调查

房屋用地调查主要针对用地坐落、产权性质、等级、税费、用地人、用地单位所有制性质、使用权来源、四至、界标、用地用途分类、用地面积和用地纠纷等基本情况进行调查，绘制用地略图。房屋用地调查应以丘为单元分户进行。丘是指地表上一块有界空间的地块。一个地块只属于一个产权单元时称独立丘，一个地块属于几个产权单元时称组合丘。有固定界标的按固定界标划分，没有固定界标的按自然界线划分。

房屋用地坐落是指房屋用地所在街道的名称和门牌号。房屋用地坐落在小的里弄、胡同和小巷时，应加注附近主要街道名称；缺门牌号时，应借用毗连房屋门牌号并加注东、南、西、北方位；房屋用地坐落在两个以上街道或有两个以上门牌号时，应全部注明。用地四至是指用地范围与四邻接壤的情况，一般按东、南、西、北方向注明邻接丘号或街道名称。用地范围的界标是指地界线上的各种标志，包括道路、河流等自然界线；房屋墙体、围墙、栅栏等围护物体，以及界碑、界桩等埋石标志。房屋用地界线是指房屋用地范围的界线。包括共用院落的界线，由产权人（用地人）指界与邻户认证来确定。提供不出证据或有争议的应根据实际使用范围标出争议部位，按未定界处理。房屋用地的产权性质按国有、集体两类填写。集体所有的还应注明土地所有单位的全称。房屋用地来源是指取得土地使用权的时间和方式，比如国有的有转让、出让、征用、划拨等方式。房屋用地用途分类以土地使用功能为主导因素，兼顾其他相关因素进行划分。房屋用地的等级按照当地有关部门制定的土地等级标准执行。房屋用地的税费是指房屋用地的使用人每年向相关部门缴纳的费用，以年度缴纳金额为准。房屋用地的使用权主是指房屋用地的产权主的姓名或单位名称。房屋用地的使用人是指房屋用地的使用人的姓名或单位名称。用地略图是以用地单元为单位绘制的略图，表示房屋用地位置、四至关系、用地界线、共用院落的界线，以及界标类别和归属，并注记房屋用地界线边长。

2. 房屋调查

房屋调查主要是查清房屋坐落、产权人、产别、层数、所在层次、建筑结构、建成年份、用途、墙体归属、权源、产权纠纷和他项权利等基本情况，并绘制房屋权界线示意图。房屋调查以幢为单元分户进行，幢是指一座独立的，包括不同结构和不同层次的房屋，幢号以丘为单位，自进大门起，从左到右，从前到后，用数字1,2……顺序按S形编号。

房屋的坐落按房屋用地调查的要求进行调查。房屋层数是指房屋的自然层数，一般按室内地坪±0以上计算；采光窗在室外地坪以上的半地下室，其室内层高在2.20m以上的，计算自然层数。房屋总层数为房屋地上层数与地下层数之和。假层、附层（夹层）、插层、阁楼（暗楼）、装饰性塔楼，以及突出屋面的楼梯间、水箱间不计层数。所在层次是指本权属单元的房屋在该幢楼房中的第几层，地下层次以负数表示。房屋墙体归属是房屋四面墙体所有权的归属，分别注明自有墙、共有墙和借墙等三类。私人所有的房屋，一般按照产权证件上的姓名登记；产权人已死亡的，应注明代理人的姓名；产权是共有的，应注明全体共有人姓名。单位所有的房屋，应注明单位的全称。两个以上单位共有的，应注明全体共有单位名称。房地产管理部门直接管理的房屋，包括公产、代管产、托管产、拨用产等四种产别，公产应注明房地产管理部门的全称；代管产应注明代管及原产权人姓名；托管产应注明托管及委托人的姓名或单位名称；拨用产应注明房地产管理部门的全称及拨借单位名称。

房屋产权来源是指产权人取得房屋产权的时间和方式，如继承、分析、买受、受赠、交换、自建、翻建、征用、收购、调拨、价拨、拨用等。产权来源有两种以上的，应全部注明。在调查中对产权不清或有争议的，以及设有典当权、抵押权等他项权利的，应作出记录。房屋产别是指根据产权占有不同而划分的类别，按两级分类调查登记。房屋用途是指房屋的实际用途。一幢房屋有两种以上用途的，应分别调查注明。

房屋建筑结构是指根据房屋的梁、柱、墙等主要承重构件的建筑材料划分类别，分钢结构，钢、钢筋混凝土结构，钢筋混凝土结构，混合结构，砖木结构，其他结构。房屋建成年份是指房屋实际竣工年份。拆除翻建的，应以翻建竣工年份为准。一幢房屋有两种以上建成年份的，应分别注明。房屋权界线是指房屋权属范围的界线，包括共有共用房屋的权界线，以产权人的指界与邻户认证来确定，对有争议的权界线，应作相应记录。房屋权界线示意图是以权属单元为单位绘制的略图，表示房屋及其相关位置、权界线、共有共用房屋权界线，以及与邻户相连墙体的归属，并注记房屋边长。对有争议的权界线应标注部位。

3. 房屋建筑面积测算

（1）建筑面积的计算规则

1）计算全部建筑面积的范围

永久性结构的单层房屋，按一层计算建筑面积；多层房屋按各层建筑面积的总和计算。房屋内的夹层、插层、技术层及其楼梯间、电梯间等其高度在2.20m以上部位计算建筑面积。穿过房屋的通道，房屋内的门厅、大厅，均按一层计算面积。门厅、大厅内的回廊部分，层高在2.20m以上的，按其水平投影面积计算。楼梯间、电梯（观光梯）井、提物井、垃圾道、管道井等均按房屋自然层计算面积。房屋顶面上，属永久性建筑，层高在2.20m以上的楼梯间、水箱间、电梯机房及斜面结构屋顶高度在2.20m以上的部位，按其外围水平投影面积计算。挑楼、全封闭的阳台按其外围水平投影面积计算。属永久性结构有上盖的室外楼梯，按各层水平投影面积计算。与房屋相连的有柱走廊，两房屋间有上盖和柱的走廊，均按其柱的外围水平投影面积计算。房屋间永久性的封闭的架空通廊，按外围水平投影面积计算。地下室、半地下室及其相应出入口，层高在2.20m以上的，按其外墙（不包括采光井、防潮层及保护墙）外围水平投影面积计算。有柱或有围护结构的门廊、门斗，按其柱或围护结构的外围水平投影面积计算。玻璃幕墙等作为房屋外墙的，按其外围水平投影面积计算。属永久性建筑，有柱的车棚、货棚等按柱的外围水平投影面积计算。依坡地建筑的房屋，利用吊脚做架空层，有围护结构的，按其高度在2.20m以上部位的外围水平面积计算。有伸缩缝的房屋，若其与室内相通的，伸缩缝计算建筑面积。

2）计算一半建筑面积的范围

与房屋相连有上盖无柱的走廊、檐廊，按其围护结构外围水平投影面积的一半计算。独立柱、单排柱的门廊、车棚、货棚等属永久性建筑的，按其上盖水平投影面积的一半计算。未封闭的阳台、挑廊，按其围护结构外围水平投影面积的一半计算。无顶盖的室外楼梯按各层水平投影面积的一半计算。有顶盖不封闭的永久性的架空通廊，按外围水平投影面积的一半计算。

3）不计算建筑面积的范围

层高小于2.20m的夹层、插层、技术层和层高小于2.20m的地下室和半地下室。突出房屋墙面的构件、配件、装饰柱、装饰性的玻璃幕墙、垛、勒脚、台阶、无柱雨篷等。房屋之间无上盖的架空通廊。房屋的天面、挑台、天面上的花园、泳池。建筑物内的操作平台、上料平台及利用建筑物的空间安置箱、罐的平台。骑楼、过街楼的底层用作道路街巷通行的部分。利用引桥、高架路、高架桥、路面作为顶盖建造的房屋。活动房屋、临时房屋、简易房屋。独立烟囱、亭、塔、罐、池、地下人防干、支线。与房屋室内不相通的房屋间伸缩缝。

(2) 成套房屋建筑面积的测算

成套房屋的套内建筑面积由套内房屋的使用面积、套内墙体面积、套内阳台建筑面积三部分组成。

1) 套内房屋使用面积

套内房屋使用面积为套内房屋使用空间的面积，以水平投影面积按以下规定计算：套内使用面积为套内卧室、起居室、过厅、过道、厨房、卫生间、厕所、贮藏室、壁柜等空间面积的总和。套内楼梯按自然层数的面积总和计入使用面积。不包括在结构面积内的套内烟囱、通风道、管道井均计入使用面积。内墙面装饰厚度计入使用面积。

2) 套内墙体面积

套内墙体面积是套内使用空间周围的维护或承重墙体或其他承重支撑体所占的面积，其中各套之间的分隔墙和套与公共建筑空间的分隔墙以及外墙（包括山墙）等共有墙，均按水平投影面积的一半计入套内墙体面积。套内自有墙体按水平投影面积全部计入套内墙体面积。

3) 套内阳台建筑面积

套内阳台建筑面积均按阳台外围与房屋外墙之间的水平投影面积计算。其中封闭的阳台按水平投影全部计算建筑面积，未封闭的阳台按水平投影的一半计算建筑面积。

(3) 共有建筑面积的分摊

1) 共有建筑面积的计算方法

整幢建筑物的建筑面积扣除整幢建筑物各套套内建筑面积之和，并扣除已作为独立使用的地下室、车棚、车库、为多幢服务的警卫室、管理用房、以及人防工程等建筑面积，即为整幢建筑物的共有建筑面积。

共有建筑面积的内容包括：电梯井、管道井、楼梯间、垃圾道、变电室、设备间、公共门厅、过道、地下室、值班警卫室等，以及为整幢服务的公共用房和管理用房的建筑面积，以水平投影面积计算；以及套与公共建筑之间的分隔墙，以及外墙（包括山墙）水平投影面积一半的建筑面积。

2) 共有建筑面积的分摊方法

各套（单元）的套内建筑面积乘以公用建筑面积分摊系数，得到购房者应合理分摊的公用建筑面积，分摊的公用建筑面积＝公用建筑面积分摊系数×套内建筑面积。

将整幢建筑物的公用建筑面积除以整幢建筑物的各套套内建筑面积之和，得到建筑物的公用建筑面积分摊系数，公用建筑面积分摊系数＝公用建筑面积÷套内建筑面积之和。

住宅楼依照上述的方法，计算各套房屋分摊所得的共有建筑分摊面积。商住楼共有建筑面积，首先根据住宅和商业等的不同使用功能按各自的建筑面积将全幢的共有建筑面积分摊成住宅和商业两部分，即住宅部分分摊得到的全幢共有建筑面积和商业部分分摊得到的全幢共有建筑面积。然后住宅和商业部分将所得的分摊面积再各自进行分摊。将分摊得到的幢共有建筑面积，加上本身的共有建筑面积，按各层套内的建筑面积依比例分摊至各层，作为各层共有建筑面积的一部分，加至各层的共有建筑面积中，得到各层总的共有建筑面积，然后再根据层内各套房屋的套内建筑面积按比例分摊至各套，求出各套房屋分摊得到的共有建筑面积。多功能综合楼共有建筑面积按照各自的功能，参照商住楼的分摊计算方法进行分摊。

3.2.5 房屋拆迁测量

1. 概述

城市房屋拆迁补偿是一项比较复杂、政策性强的工作，必须做到公平、公正，而拆迁房屋面积测算是这项工作的重要环节。拆迁房屋测量是依据国家和地方相关政策，或拆迁人与被拆迁人之间的补偿协议对建筑进行测算，测绘单位提供公正、准确、可靠的房屋拆迁面积测算成果，并为测绘产品承担责任。

目前，全国还没有统一的有关房屋拆迁面积测算的标准，大多依据国家标准《房产测量规范》GB/T 17986—2000，因此，本节是以国家标准《房产测量规范》GB/T 17986—2000 的相关规定为依据介绍房屋建筑面积的测算理论和方法。通过对这本规范较为全面介绍，以便于读者充分理解房产测量的精髓，在房屋拆迁测量中得以融会贯通。

鉴于房屋拆迁补偿中存在的问题，国家出台了一系列的政策、条例，如《城市房屋拆迁管理条例》（国务院令第 305 号）、《城市房屋拆迁估价指导意见》（建住房〔2003〕234 号，以下简称《指导意见》）等。对于涉及面积测算中出现的问题，《指导意见》仅作原则性的规定。《指导意见》规定，凡拆迁当事人能就被拆迁房屋性质和面积达成一致的，可以按照协商结果进行评估。对被拆迁房屋的面积不能协商一致的，可以向依照《房产测绘管理办法》设立的房屋面积鉴定机构申请鉴定；没有设立房屋面积鉴定机构的，可以委托具有房产测绘资格的房产测绘单位测算。

应该认识到，拆迁房屋面积测算的难点在于如何确定面积全算范围、面积半算范围和不算面积范围，这不是一个单纯的测量问题，而是一个政策问题，或者是拆迁人与被拆迁人之间的合法约定问题。因此，只有在一定的政策框架下拆迁人与被拆迁人就面积测算方法达成一致，测算的结果才被双方接受。拆迁过程可能是一个讨价还价的过程，为了保证测绘成果质量，避免重复劳动，提高效率，测量单位必须规范测绘行为，尽可能地提交比较全面地反映房屋的区位、现状、用途和各功能区面积的测绘成果。

2. 房屋拆迁测量方法

房屋拆迁涉及利益关系复杂，测量内容相对于竣工测量也比较繁杂，不仅要测量永久性建筑，甚至可能测量临时性或层高小于 2.20m 的建筑。拆迁房屋大都年代比较久，或是比较破旧、不规则，人员流动频繁，权属关系单凭测量人员是很难搞清楚的。必须要通过辖区政府层面调查清楚。因此，在房屋拆迁工作中，一般来说，测量机构依据相关政策、法规侧重于房屋结构、用途、面积等项目的调查、测算，并建立实地房屋与测量成果的一一对应关系，确保测绘成果的公正、准确、可靠。

拆迁测量一般应按以下步骤进行：

（1）拆迁测量前应先收集拆迁主管部门提供的拆迁范围，确定测区范围。

（2）收集测区基本地形图作为房屋拆迁平面位置图，根据原图上建筑物分布情况和复杂程度，选择房屋拆迁测量的方法和进行作业分工。

（3）实地对照每幢建筑物，对于拆迁平面图位置中房屋变更较小的，用钢尺定点测量法进行修测；变更较大的，应先补测图根控制点，后测房屋平面。

(4) 在房屋拆迁位置平面图上,对每幢房屋进行编号,并进行实地喷号,以便对照、查阅和数据汇总。

(5) 实地对每幢房屋拍摄全景照片,以反映建筑物现状、层数及结构特征。

(6) 丈量房屋各边边长,测量层高,记录门牌号、房(层)号和建筑结构,测量附属物相关数据,数字取至厘米。

(7) 外业绘制房屋分层测量草图,草图选择合适的概略比例尺,使其内容清晰易读。图形复杂处可绘制局部放大图。遇有地下室、复式房、夹层等应另行绘制草图。

(8) 内业对当日采集的外业图形数据在计算机上进行绘图、编辑和检查,形成图形文件;当日工作结束后,应检查录入图形数据是否齐全和正确,以备次日外业复核。

(9) 内业对编辑、检查、修改后的房屋分层图在计算机上逐层取闭合线,计算各层不同结构建筑面积,累加得整幢房屋建筑面积。以此方法测算出各幢房屋建筑面积。

(10) 对测区内房屋建筑面积逐幢汇总,并按不同建筑结构进行分类统计。

(11) 对于外围轮廓复杂或不规则的房屋,应采用全站仪实测房屋拐角点坐标,反算房屋边长,绘制房屋平面图形,计算房屋建筑面积。

(12) 编制房屋拆迁平面位置总图,图中附房屋拆迁编号、门牌号等,以便查阅。

第4章 施工放样基本方法

施工放样的任务是根据施工需要将设计图纸上的建（构）筑物的平面和高程位置，按一定的精度和设计要求，用测量仪器测设在地面上，作为施工依据，以衔接和指导各工序的施工，保证建筑工程符合设计要求。

施工放样是施工的先导，施工现场上有各种建筑物、构筑物，且分布较广，往往又不是同时开工兴建。必须保证各个建筑物、构筑物的平面和高程位置都符合设计要求，互相连成同一的整体，如果放样出错且没有及时纠正，将会造成极大损失。由此可见，工程测量工作者责任重大，应该采取有效措施杜绝工作中的一切错误，为建设工程提供高精度和可靠的施工放样成果。

在放样前，测量人员首先要了解建设工程特点，熟悉建筑物的总体布置图和细部结构设计图，找出主要轴线和主要点的设计位置，以及各部件之间的几何关系，再结合现场条件、控制点的分布和现有的仪器设备，确定本工程合适的放样方法。

4.1 建筑允许偏差及施工放样精度

工程建筑物的建筑允许偏差是指建筑物竣工之后实际位置相对于设计位置的极限偏差。通常对其偏差的规定是随建筑材料、施工方法等因素而改变。按精度要求的高低排列为：钢结构、钢筋混凝土结构、毛石混凝土结构、土石方工程。按施工方法分，预制件装配式的方法较现场浇灌式的精度要求高，钢结构用高强度螺栓连接的比用电焊连接的精度要求高。

由于施工放样的精度要求取决于建筑允许偏差，因此，应了解建筑允许偏差与测量误差的关系，才能确定合理的放样精度。

4.1.1 建筑允许偏差与测量误差

工程建筑物的建筑轴线、结构和建筑物的位置等应满足设计要求，衡量其实际位置相对设计位置的关系一般用偏差表示，2倍的偏差为允许偏差，是指竣工后建筑物的实际位置相对设计位置的极限偏差。

对于相当多的工程，施工规范中没有具体对测量精度的规定。这时需要根据测量、施工、预制构件几方面按照测量误差传播规律进行分析后，才能了解测量工作应该达到的精度。

设设计允许的总误差（建筑允许偏差）为 Δ，允许测量工作的误差（测量允许误差）为 Δ_1，允许施工产生的误差（施工允许偏差）为 Δ_2，允许构件加工产生的误差为 Δ_3（如果还有其他重要的误差因素，则再增加项数）。若假定各环节产生的误差相互独立，则可写出：

$$\Delta^2 = \Delta_1^2 + \Delta_2^2 + \Delta_3^2 \tag{4-1}$$

式中只有 Δ 是已知的，Δ_1，Δ_2，Δ_3 都是待定量。在精度分配处理中，一般先采用"等影响原则""忽略不计原则"处理，然后把计算结果与实际作业条件对照或根据工程经验作些调整（即不等影响）后再计算。如此反复，直到误差分配比较合理为止。

根据"等影响原则"，假定 $\Delta_1 = \Delta_2 = \Delta_3$，则：

$$\Delta_1 = \Delta_2 = \Delta_3 = \Delta/\sqrt{3} \tag{4-2}$$

由此求得的 Δ_1 是分配给测量工作的最大允许偏差，通常把它当作测量的极限误差（允许误差）来处理，从而根据它来制定测量方案。

由"等影响原则"配赋给各方面的允许误差是相同的。这种等量配赋在实际工作中有时显得不太合理，可能对某方面来说显得太松了，而对另一方面却显得太紧了。因此常需结合具体条件或工程经验作些调整，以求配赋合理。

而另一种误差分析时采用的方法是"忽略不计原则"。若某项误差由 m_1 和 m_2 两部分组成，即 $M^2 = m_1^2 + m_2^2$，其中 m_2 影响较小，当 m_2 小到一定程度时可以忽略不计，即认为 $M = m_1$。设 $m_2 = m_1/k$，则：

$$M = m_1\sqrt{1 + 1/k^2} \tag{4-3}$$

通常取 $k = 3$，则：

$$M = 1.05 m_1 \approx m_1 \tag{4-4}$$

因而可认为 $M = m_1$。在实际工作中，通常把 $m_2 = \dfrac{1}{3} m_1$ 作为可把 m_2 忽略不计的标准。

4.1.2 工程建筑物放样精度要求

根据不同的建筑结构和用途，建筑允许偏差的取值应参照执行国家现行标准，如《混凝土结构工程施工质量验收规范》GB 50204、《高层建筑混凝土结构技术规程》JGJ 3、《建筑工程施工质量验收统一标准》GB 50300 等中的允许偏差要求。

建筑允许偏差的制定主要依据建筑物主轴线对周围物体相对位置的精度，建筑物各部分之间及各部分相对于主轴线的精度，以及结构构件安装精度和施工方法等确定。

依据建筑允许偏差，在国家标准《工程测量规范》GB 50026 对工业及民用建筑物施工放样的主要技术指标给出了明确的规定，如表 4-1 所示。

建筑物施工放样、轴线投测和标高传递的允许偏差　　表 4-1

项目	内容		允许偏差(mm)
基础桩位放样	单排桩或群桩中的边桩		10
	群桩		20
各施工层上放线	外廓主轴线长度 L(m)	$L \leqslant 30$	5
		$30 < L \leqslant 60$	10
		$60 < L \leqslant 90$	15
		$90 < L$	20
	细部轴线		2

续表

项目	内容		允许偏差(mm)
各施工层上放线	承重墙、梁、柱边线		3
	非承重墙边线		3
	门窗洞口线		3
轴线竖向投测	每层		3
	总高 H(m)	$H \leqslant 30$	5
		$30 < H \leqslant 60$	10
		$60 < H \leqslant 90$	15
		$90 < H \leqslant 120$	20
		$120 < H \leqslant 150$	25
		$150 < H$	30
标高竖向传递	每层		3
	总高 H(m)	$H \leqslant 30$	5
		$30 < H \leqslant 60$	10
		$60 < H \leqslant 90$	15
		$90 < H \leqslant 120$	20
		$120 < H \leqslant 150$	25
		$150 < H$	30

对于柱、桁架或梁的安装测量允许偏差不应超出表4-2的规定，对于构件预装测量的允许偏差不应超过表4-3的规定，对于附属构件的安装测量允许偏差则不应超过表4-4的规定。

柱、桁架或梁的安装测量允许偏差 表4-2

测量内容		允许偏差(mm)
钢柱垫板标高		2
钢柱±0标高检查		2
混凝土柱(预制)±0标高检查		3
柱子垂直度检查	钢柱牛腿	5
	柱高10m以内	10
	柱高10m以上	$H/1000$，且$\leqslant 20$
桁架和实腹梁、桁架和钢架的支承结点间相邻高差的偏差		5
梁间距		3
梁面垫板标高		2

注：H 为柱子高度（mm）。

构件预装测量的允许偏差 表4-3

测量内容	允许偏差(mm)	测量内容	允许偏差(mm)
平台面抄平	1	预装过程中的抄平工作	2
纵横中心线的正交度	$0.8\sqrt{l}$		

注：l 为自交点起算的横向中心线的长度（m），长度不足5m时，以5m计。

附属构件的安装测量允许偏差　　　　表 4-4

测量内容	允许偏差（mm）	测量项目	允许偏差（mm）
栈桥和斜桥中心线的投点	2	管道构件中心线的定位	5
轨面的标高	2	管道标高的测量	5
轨道跨距的丈量	2	管道垂直度的测量	$H/1000$

注：H 为管道垂直部分的长度（mm）。

4.2 坐标法放样

设计图纸所表示的建筑物轮廓或特征点往往是以角点坐标的形式表达的，测量放样就是要在待建的场地上确定设计坐标相对应的位置，并用标桩表示出来。

目前，坐标法放样主要采用两种方式：一种是常用的极坐标法，也就是采用经纬仪+测距仪或全站仪来放样；另一种是直接采用 RTK 法放样。

极坐标放样的基本元素为角度和距离。下面先分别介绍一下角度和距离的放样，然后再介绍坐标法点位放样。

4.2.1 角度放样

放样角度实际上是从一个已知方向出发放样出另一个方向，使它与已知方向间的夹角等于预定角值。

设地面上有两个已知点的桩位 A 与 B，待放样的角度为 β，要求在地面上设置一个点 P，使 $\angle BAP=\beta$，如图 4-1 所示。

将经纬仪安置在 A 点，用盘左瞄准 B 点，读取度盘读数；松开照准部向右旋转，当度盘读数增加 β 值后，在视线方向上定出 P' 点，然后倒转望远镜（盘右），再用上述步骤在视线方向上定出另一点 P''，取 P'、P'' 的中点 P，则 $\angle BAP$ 就是要放样的角 β。

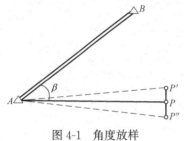

图 4-1　角度放样

4.2.2 距离放样

距离放样是将图上设计的已知距离在实地上标定出来，即按给定的一个起点和方向标定出另一个端点。当用钢尺放样时，则必须先对设计长度进行尺长 Δl、温度 Δt、倾斜 Δh 这三项改正，然后再用改正后的长度 S' 在现场标定。其改正过程正好与距离测量时相反，即：

$$S'=S-\Delta l-\Delta t-\Delta h \tag{4-5}$$

4.2.3 点位放样

工程建筑物的形状和大小，常通过其特征点在实地表示出来，如矩形建筑的四个角点、线形建筑的转折点等。因此，点位放样是建筑物放样的基础。放样点位时应有两个以上的控制点，且已知待定点坐标，通过距离和角度来放样待定点。

放样点位的常用方法有极坐标法、直接坐标法、交会法等。极坐标放样在操作上可采用经纬仪＋钢尺（或测距仪）法，也可采用全站仪直接坐标放样法。

1. 经纬仪＋钢尺（或测距仪）法

如图 4-2 所示，设 A、B 为已知点，P 为待放样点，其设计坐标为已知。在 A 点上架设经纬仪，放样一个角 β，在放样出的方向上标定一个 P' 点，再从 A 点出发沿 AP' 方向放样距离 S，即得待定点 P 的位置。用某种标志在实地表示出 P 点的位置。

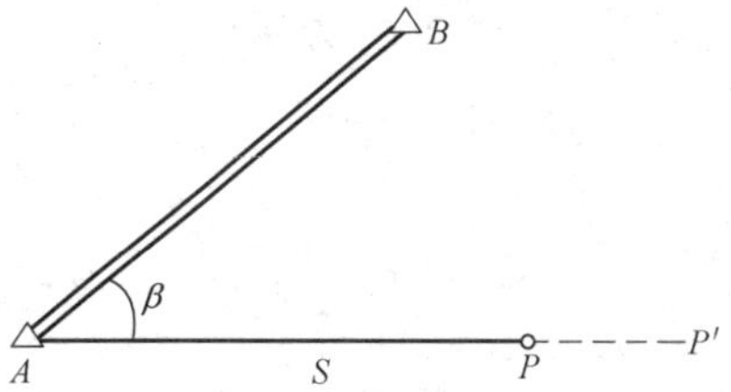

图 4-2 极坐标放样

极坐标法的两个放样元素 β 和 S，由 A、B、P 三点的坐标反算求得，即：

$$\beta = a_{AP} - a_{AB} = \arctan\left(\frac{y_P - y_A}{x_P - x_A}\right) - \arctan\left(\frac{y_B - y_A}{x_B - x_A}\right) \tag{4-6}$$

$$S = \sqrt{(x_P - x_A)^2 + (y_P - y_A)^2} \tag{4-7}$$

例：根据已知导线点 A、B，在地面放样设计点 P 的平面位置，如图 4-2 所示。已知点 A、B 和设计点 P 的坐标如下：

$$\left.\begin{array}{l} x_A = 2048.600\text{m} \\ y_A = 2086.300\text{m} \end{array}\right\}, \left.\begin{array}{l} x_B = 2220.000\text{m} \\ y_B = 2100.000\text{m} \end{array}\right\}, \left.\begin{array}{l} x_P = 2110.500\text{m} \\ y_P = 2332.400\text{m} \end{array}\right\}$$

试计算在测站 A，用极坐标法放样 P 点的数据 β 和 S。

解：
$$a_{AB} = \arctan\frac{y_B - y_A}{x_B - x_A} = 4°34'12''$$

$$a_{AP} = \arctan\frac{y_P - y_A}{x_P - x_A} = 75°52'54''$$

所以：
$$\beta = a_{AP} - a_{AB} = 71°18'42''$$

$$S = \sqrt{(x_P - x_A)^2 + (y_P - y_A)^2} = 253.765\text{m}$$

下面分析放样点位的精度。

工程测量工作中常常要做误差分析，而误差椭圆是分析点位误差的好工具。以观测值中误差为基础做出的误差椭圆称为基本误差椭圆，以 k 倍中误差为基础做出的误差椭圆称为 k 倍误差椭圆。点位误差落在不同误差椭圆中的概率 P 与 k 的关系，如表 4-5 所示。

k 倍误差椭圆及其相应的概率　　　　　　　　　　表 4-5

k	概率 P	k	概率 P
1.0	0.3935	3.0	0.9889
2.0	0.8647	3.5	0.9978
2.5	0.9561	4.0	0.9997

利用误差椭圆可以方便地求出点位在任意方向上的误差大小，它等于误差椭圆在该方向上投影长度的一半；误差椭圆在坐标轴上投影，可得到 m_x、m_y。根据解析几何定理——椭圆的任一对共轭半径平方之和是常数，则点位精度可写为：

$$M = \sqrt{m_x^2 + m_y^2} = \sqrt{a^2 + b^2} \tag{4-8}$$

式中：a——椭圆的长半轴；

b——椭圆的短半轴。

由图 4-3 的误差椭圆可以看出共轭半径：$a = \dfrac{\Delta_1}{\sin\theta}$，$b = \dfrac{\Delta_2}{\sin\theta}$，所以点位误差为：

$$M = \sqrt{a^2 + b^2} = \dfrac{\sqrt{\Delta_1^2 + \Delta_2^2}}{\sin\theta} \qquad (4\text{-}9)$$

式中：θ——共轭半径间的夹角。

对于极坐标法放样，由图 4-4 可得：$\Delta_1 = \dfrac{m_\beta}{\rho} S$，$\Delta_2 = m_s$，$\theta = 90°$，则点位 P 的精度为：

$$M_p = \sqrt{\left(\dfrac{m_\beta}{\rho} S\right)^2 + m_s^2} \qquad (4\text{-}10)$$

式中：m_s——距离放样精度；

m_β——角度放样精度。

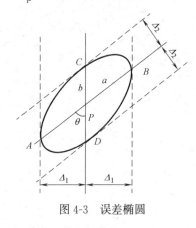

图 4-3 误差椭圆　　　　图 4-4 极坐标法定点时的误差椭圆

2. 全站仪坐标放样法

以上极坐标法放样，需要事先根据坐标计算放样元素，而放样元素的计算是要根据仪器架设位置而定的，有时现场仪器的架设位置发生变化，就要重新计算放样元素。而用全站仪坐标放样法，就不需要事先计算放样元素，只要提供坐标就行，而且操作十分方便。

全站仪架设在已知点 A 上，只要输入测站点 A、后视点 B 以及待放样点 P 的三点坐标，瞄准后视点定向，按下反算方位角的定向键，则仪器自动将测站与后视的方位角设置在该方向上。然后按下放样键，仪器自动在屏幕上用左右箭头提示，应该将仪器往左或往右旋转，这样就可使仪器到达设计的方向线上。接着通过测距离，仪器自动提示棱镜前后移动，直到放样出设计的距离，完成点位的放样。

若需要放样下一个点位，只要重新输入或调用待放样点的坐标即可，按下放样键后，仪器会自动提示旋转的角度和移动的距离。

用全站仪放样点位，可事先输入气象元素，即现场的温度和气压，仪器会自动进行气象改正。因此，用全站仪放样点位既能保证精度，同时操作又十分方便，无须任何手工计算。

3. RTK 放样法

GNSS RTK 是一种全天候、全方位的测量系统，具有其他测量仪器所不具备的优点。采用一般仪器，如全站仪测量等，既要求通视，又费工费时，而且精度不均匀。RTK 测量拥有在彼此不通视条件下远距离传递三维坐标的优势，并且不会产生误差累积。应用 RTK 直接坐标法能快速、高效率地完成测量放样任务。RTK 测量需要一台基准站接收机和一台或多台流动站接收机，以及用于数据传输的电台。

RTK 定位技术，是将基准站的相位观测数据及坐标信息通过数据链方式及时传送给流动站，流动站将收到的数据链连同自采集的相位观测数据进行实时差分处理，从而获得流动站的实时三维位置。流动站再将实时位置与设计值相比较，进而指导放样。

RTK 的作业方法和作业流程如下：

（1）收集测区的控制点资料

任何测量工程进入测区，首先一定要收集测区的控制点坐标资料，包括控制点的坐标、等级、中央子午线、坐标系等。

（2）求定测区转换参数

RTK 测量是在 WGS-84 坐标系中进行的，而各种工程测量和定位主要是在地方坐标或施工坐标上进行的，这之间存在坐标转换的问题。GNSS 静态测量中，坐标转换是在事后处理时进行的，而 GNSS RTK 则是用于实时测量的，要求当场给出实地的坐标。因此，坐标转换工作更显重要。

坐标转换的必要条件是：至少 3 个以上的控制点分别有 WGS-84 地心坐标，地方坐标或施工坐标。当 2 个坐标系间的旋转角较小时，可利用布尔莎模型求解 7 个转换参数，即：

$$\begin{bmatrix} X_i \\ Y_i \\ Z_i \end{bmatrix}_{地方} = \begin{bmatrix} X_0 \\ Y_0 \\ Z_0 \end{bmatrix} + (1+\delta\mu) \begin{bmatrix} X_i \\ Y_i \\ Z_i \end{bmatrix}_{WGS-84} + \begin{bmatrix} 0 & \varepsilon_Z & -\varepsilon_Y \\ -\varepsilon_Z & 0 & X \\ \varepsilon_Y & -\varepsilon_X & 0 \end{bmatrix} \begin{bmatrix} X_i \\ Y_i \\ Z_i \end{bmatrix}_{WGS-84} \quad (4-11)$$

式中：X_0、Y_0、Z_0——两个坐标系的平移参数；

ε_X、ε_Y、ε_Z——两个坐标系的旋转参数；

$\delta\mu$——两个坐标系的尺度参数。

在计算转换参数时，要注意两点：①已知点最好选在测区四周及中心，均匀分布，能有效地控制测区。如果选在测区的一端，应计算出满足给定的精度和控制的范围，切忌从一端无限制地向另一端外推。②为了提高精度，可利用最小二乘法选 3 个以上的点求解转换参数。为了检验转换参数的精度和正确性，还可以选用几个点不参加计算，而代入公式起检验作用，经过检验满足要求的转换参数是可靠的。

（3）工程项目参数设置

根据 GNSS 实时动态差分软件的要求，应输入下列参数：①地方坐标系（如 1954 北京坐标系）的椭球参数——长轴和偏心率；②中央子午线；③测区西南角和东北角的大致经纬度；④测区坐标系间的转换参数；⑤根据测量工程的要求，输入放样点的设计坐标，以便野外实时放样。

（4）野外作业

将基准站 GNSS 接收机安置在参考点上，打开接收机，除了将设置的参数输入 GNSS 接收机外，还要输入参考点的施工坐标和天线高，基准站 GNSS 接收机通过转换参数将参考点的施工坐标转换为 WGS-84 坐标,同时连续接收所有可视 GNSS 卫星信号,并通过数据发射电台将其测站坐标、观测值、卫星跟踪状态及接收机工作状态发送出去。流动站接收机在跟踪 GNSS 卫星信号的同时,接收来自基准站的数据,进行处理后获得流动站的三维 WGS-84 坐标,再通过与基准站相同的坐标转换参数将 WGS-84 转换为当地施工坐标,并在流动站的手簿上实时显示,再与设计值相比较,指导放样。

需要指出的是,GNSS 测出的高程是以参考椭球面作为高程起算面的大地高,而工程测量采用的高程系统是以似大地水准面为起算面的正常高,两者存在较大差异。目前,我国有的城市或地区,已建立精化似大地水准面模型,因而可以用 GNSS 取代传统的水准测量方法测定正常高,真正实现 GNSS 的三维定位功能。但对有的城市或地区,用 GNSS 只能测定平面位置,而高程仍采用传统的水准测量方法测定。

4.3 其他直接放样方法

除了本书第 4.2 节介绍的常用的坐标法放样点位外,还有距离交会法、角度交会法、任意设站定位法。

4.3.1 距离交会法

距离交会如图 4-5 所示,需要先根据坐标计算放样元素 S_1、S_2。然后在现场分别以两已知点为圆心,用钢尺以相应的距离为半径做圆弧,两弧线的交点即为待定点的位置。当距离用钢尺丈量时,待定点到已知点的距离一般不宜超过一尺段之长。

对于距离交会法,误差椭圆如图 4-6 所示,由图可得 $\Delta_1 = m_a$,$\Delta_2 = m_b$,$\theta = \gamma$,顾及式 (4-10),可得其放样点的点位精度为:

$$M = \frac{\sqrt{m_a^2 + m_b^2}}{\sin \gamma} \tag{4-12}$$

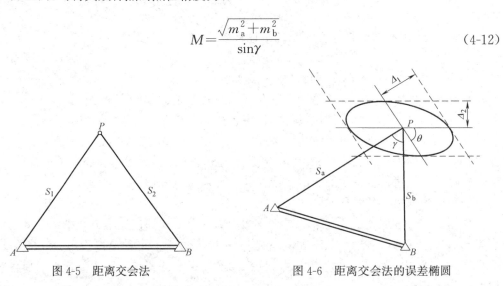

图 4-5 距离交会法　　　　　图 4-6 距离交会法的误差椭圆

4.3.2 角度交会法

角度交会法又称方向交会法,在量距不方便的场合常用此方法放样。如图 4-7 所示,放样元素是两个交会角 β_1、β_2。它们可按已知点的坐标和待定点的设计坐标求得。现场放样时,在两个已知点上架设两架经纬仪,分别放样相应的角度。两架经纬仪视线的交点即待定点 P 的平面位置。

设两角度的放样精度相同,均为 m_β。对于交会法,误差椭圆如图 4-8 所示,由图 4-8 可得:$\Delta_1 = \dfrac{m_\beta}{\rho} S_a$,$\Delta_2 = \dfrac{m_\beta}{\rho} S_b$,$\theta = \gamma$。顾及式(4-10),可得其放样点的点位精度为:

$$M = \frac{m_\beta}{\rho} \frac{\sqrt{S_a^2 + S_b^2}}{\sin\gamma} \tag{4-13}$$

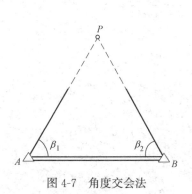

图 4-7 角度交会法

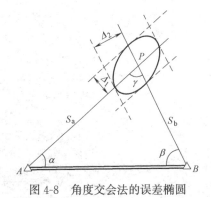

图 4-8 角度交会法的误差椭圆

4.3.3 任意设站定位法

在周围有控制点的条件下,可任意地选择便于设站的位置安置仪器,用全站仪通过对两个或两个以上控制点的测角、测边,可方便地确定设站点的平面坐标,这可在测站上快速完成。确定了测站点坐标后即可放样其他点的坐标了。目前,所有全站仪均有这样的功能。

其基本原理如图 4-9 所示,xOy 为施工坐标系,I 为控制点,P 为任意设站时的测站点,$x'Py'$ 是以 P 为原点、以仪器度盘零方向为 x' 轴的局部坐标系,α_0 为 x 与 x' 方向的夹角。当在 P 点上观测了到 I 点的距离和水平方向后,即可得出其在 $x'Py'$ 坐标系中的局部坐标:

$$\left. \begin{array}{l} x'_I = S_I \cos\alpha_I \\ y'_I = S_I \sin\alpha_I \end{array} \right\} \tag{4-14}$$

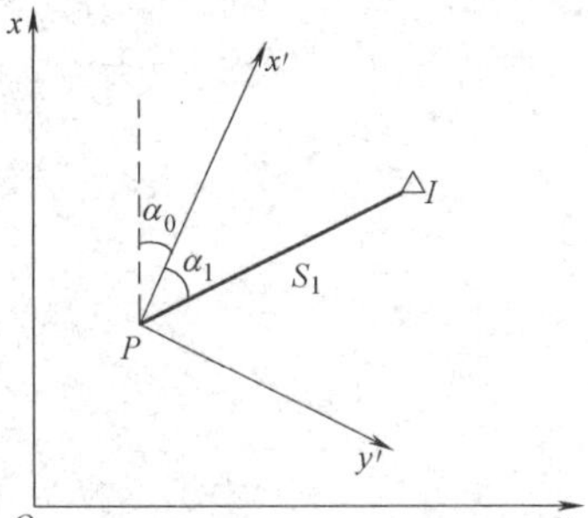

图 4-9 任意设站定位法原理

式中:S_I——PI 的水平距离;
α_I——水平方向读数。

利用坐标转换原理得:

$$\left. \begin{array}{l} x_1 = x_p + k \times \cos\alpha_0 \times x'_I - k \times \sin\alpha_0 \times y'_I \\ y_1 = y_p + k \times \sin\alpha_0 \times x'_I + k \times \cos\alpha_0 \times y'_I \end{array} \right\} \tag{4-15}$$

式中,k 为边长比例系数,令 $c = k\cos\alpha_0$,$d = k\sin\alpha_0$,并代入式(4-15),得:

$$\left.\begin{array}{l}x_1=x_p+cx'_I-dy'_I\\y_1=y_p+dx'_I+cy'_I\end{array}\right\} \tag{4-16}$$

式中，x_I、y_I、x'_I、y'_I均为已知，而x_p、y_p、c、d均为未知数，为了求出上述4个未知数，必须有4个上述方程式，即必须观测该点到两个控制点的距离和方向。当观测了两个以上控制点时，便存在多余观测。这时，可按间接观测平差原理，在$V^TPV=\min$的条件下，解出x_p、y_p、c、d，即：

$$\left.\begin{array}{l}c=\dfrac{[xx']+[yy']-\dfrac{1}{n}([x]\cdot[x']+[y]\cdot[y'])}{[x'x']+[y'y']-\dfrac{1}{n}([x']\cdot[x']+[y']\cdot[y'])}\\[2ex]d=\dfrac{[x'y]-[y'x]-\dfrac{1}{n}([x']\cdot[y]-[y']\cdot[x])}{[x'x']+[y'y']-\dfrac{1}{n}([x']\cdot[x']+[y']\cdot[y'])}\\[2ex]x_p=\dfrac{[x]}{n}-c\cdot\dfrac{[x']}{n}+d\cdot\dfrac{[y']}{n}\\[2ex]y_p=\dfrac{[y]}{n}-c\cdot\dfrac{[y']}{n}-d\cdot\dfrac{[x']}{n}\end{array}\right\} \tag{4-17}$$

上述计算工作均由全站仪中的机载程序完成。

由上述原理看出：利用该法测定测站点P的坐标时，为提高测站点的精度，必须观测两个或两个以上的控制点。在操作中，全站仪是通过交互式提示输入控制点的坐标并进行观测的。利用任意设站定位法进行放样时，确定测站点的坐标仅仅是放样的第一步，为放样其余点位，通常将设计坐标输入到全站仪中，再用坐标法放样。

为评定P点精度，任意设站法可求出控制点原始坐标与坐标变换后的坐标之间的差值，并根据它们来评定测站P点的点位精度：

$$M_p=\sqrt{\dfrac{\sum_{i=1}^n[(x'_i-x_i)^2+(y'_i-y_i)^2]}{n-2}} \tag{4-18}$$

式中：x'_i、y'_i——坐标变换后的坐标；

x_i、y_i——原始坐标；

n——控制点数。

4.4 归化法放样

对一些需要精密放样的工程，通常采用归化法放样，其思路是：先采用直接放样法确定实地标志，再对放样出的实地标志进行精确测量，求出实地标志位置与设计位置的偏差，然后根据偏差将其归化到设计位置。这个过程可以进行几次，配合精密量具和微调装置，就能高精度地将实地标志放样到设计位置。

4.4.1 归化法放样角度

如图 4-10 所示,在 A 点安置经纬仪,先用直接放样法放样 β 角后定出 P' 点,再用适当的测回数较精密地测出 $\angle BAP' = \beta'$,并量 AP' 的距离 S,然后将 β' 与设计值比较求得差数,$\Delta\beta = \beta - \beta'$,计算归化量:

$$PP' = \frac{\Delta\beta}{\rho} S \tag{4-19}$$

最后从 P' 点出发在 AP' 的垂直方向上归化 PP',即可求得待定点 P。

4.4.2 归化法放样点位

1. 距离交会归化法

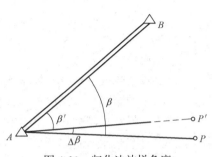

图 4-10 归化法放样角度

如图 4-11 所示,A、B 为已知点,P 为待放样点。先用直接放样法放样 P' 点,然后用距离交会法精确测得 P' 点到 A、B 的距离 S_a'、S_b'。用距离差 $\Delta S_a = S_a - S_a'$、$\Delta S = S_b - S_b'$,经归化求得 P 点的位置。式中 S_a、S_b 根据 A、B、P 三点坐标求得,规定 ΔS_a、ΔS_b 向外为正,向内为负。当 ΔS 较小时,可绘制归化图纸。其方法是在图纸上适当位置绘制一个过渡点 P',画夹角为 α 的两条直线,并在 $P'A$ 线上距 P' 点 ΔS_a 的地方做 $P'A$ 的垂线。在 $P'B$ 线上距 P' 点 ΔS_b 的地方做 $P'B$ 的垂线。两垂线的交点就是待定点 P,利用此归化图纸可在实地找到 P 的点位。

2. 角度交会归化法

设 A、B 为已知点,待定点 P 的设计坐标也已知。在放样时,应计算放样元素 β_a、β_b 及辅助量 S_a、S_b。在图 4-12 中,先放样过渡点 P',然后观测 $\angle P'AB = \beta_a'$、$\angle ABP' = \beta_b'$,并计算角差,$\Delta\beta_a = \beta_a - \beta_a'$、$\Delta\beta_b = \beta_b - \beta_b'$。当 $\Delta\beta$ 较小时,可用图解法由 P' 点求 P 点位置。其方法是在白纸上刺出 P',画夹角为 α 的两条直线,用箭头指明 $P'A$ 及 $P'B$ 方向,并按 $\varepsilon_a = \frac{\Delta\beta_a}{\rho} S_a$、$\varepsilon_b = \frac{\Delta\beta_b}{\rho} S_b$ 计算位移量 ε_a 和 ε_b。然后做 $P'A$、$P'B$ 的平行线,其间距为 ε_a 和 ε_b,其符号由 $\Delta\beta_a$ 和 $\Delta\beta_b$ 决定,它们的交点即为 P 点的位置。将图纸上的 P' 点与实地过渡点重合,并使图纸上 $P'A$ 方向与实地方向重合,用 $P'B$ 方向作为校核,

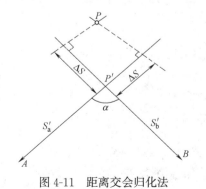

图 4-11 距离交会归化法

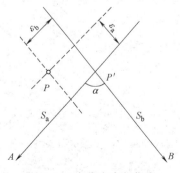

图 4-12 角度交会归化法

这时图纸上 P 点的位置就是实地 P 的设计位置。

4.4.3 构网联测归化法放样

施工控制网的作用在于限制施工放样时测量误差的累积，使整个建筑区的建筑物在平面及竖向方面正确衔接，以便对工程总体布置和施工定位起到宏观控制作用，也便于在不同作业区同时施工。

在施工放样中，控制网的精度不像测图控制网那样要求均匀，而要求保证某一方向或某几个点相对位置的高精度。因此，在施工现场的控制网不一定要具有方格的形状，完全可以用导线、导线网、三角网、边角网等灵活的形式建立。点位可以较自由地选择在便于保存和便于使用的地方。

在高精度的施工放样中，控制点通常采用带有强制对中盘的观测墩。通过构网联测平差后，求出各控制点与设计位置的偏差，再将控制点归化到某一特定的方向或几个特定位置，便于架设仪器直接放样。同样也可以将控制点与直接放样点一起构网联测，经平差后，求得各直接放样点的归化量，再将放样点归化到设计位置。

4.5 高程放样方法

4.5.1 水准仪法放样

在工程建筑施工中，需要放样由设计所指定的高程。如挖基坑时要求放样坑底高程；平整场地需按设计的要求放样一系列点的高程；为了控制房屋基础面的标高、各层楼板的高度及平整度，需随着施工的进展做大量高程放样工作。

高程放样一般用水准仪。高程放样时，地面有水准点 A，其高程已知，设为 H_A；待定点 B 的设计高程为 H_B；要求在实地定出与该设计高程相应的水平线或待定点顶面。如图 4-13 所示，a 为水准点上水准尺的读数。待放样点上水准尺的读数 b 可由下式算得：

$$b=(H_A+a)-H_B \tag{4-20}$$

当待放样的高程 H_B 高于仪器视线时（如放样地铁隧道管顶标高），可以把尺底向上，即用"倒尺"法放样，如图 4-14 所示，这时，$b=H_B-(H_A+a)$。

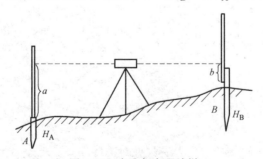

图 4-13 水准仪高程放样

当放样的高程点与水准点之间的高差很大时（如向深基坑或高楼传递高程），可以用悬挂钢尺代替水准尺放样设计高程。悬挂钢尺时，零刻划端朝下，并在下端挂一个重量相

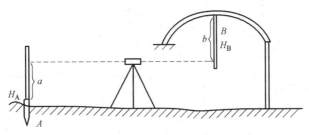

图 4-14 倒尺法放样

当于钢尺鉴定时拉力的重锤,在地面上和坑内各放一次水准仪,如图 4-15 所示。设地面安置仪器时,A 点尺上的读数为 a_1;钢尺的读数为 b_1;在坑内安置仪器时,钢尺读数为 a_2,则 B 点尺上的应有读数为 b_2。由 $H_A - H_B = h_{AB} = (a_1 - b_1) + (a_2 - b_2)$

得

$$b_2 = a_2 + (a_1 - b_1) - h_{AB}。$$

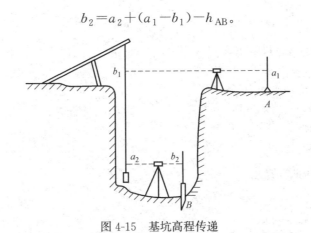

图 4-15 基坑高程传递

用逐渐打入木桩或在木桩上画线的方法,使立在 B 点的水准尺上读数为 b_2,这样就可以使 B 点的高程符合设计要求。

当对高程放样精度要求较高时,宜在待放样高程处埋设高度可调整的标志,如图 4-16 所示。放样时,调节螺杆可使标志顶端精确地升降,一直到标志顶面高程达到设计标高时为止,然后旋紧螺母以限制螺杆的升降;为了更加牢固,往往还需采用点焊等方法使螺杆不再升降。

4.5.2 全站仪无仪器高作业法放样

对一些高低起伏较大的工程放样,如大型体育馆的网架、桥梁构件、厂房及机场屋架等,用水准仪放样就比较困难,这时可用全站仪无仪器高作业法直接放样高程。

如图 4-17 所示,为了放样目标点 B 的高程,在 O 处架设全站仪,后视已知点 A(设目标高为 l,当目标采用反射片时,$l=0$),测得 OA 的距离 S_1 和垂直角 α_1,从而计算 O 点全站仪中心的高程:

$$H_O = H_A + l - \Delta h_1 \tag{4-21}$$

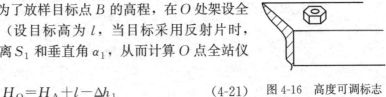

图 4-16 高度可调标志

然后测得 OB 的距离 S_2 和垂直角 α_2，并顾及式（4-21），从而计算 B 点的高程：
$$H_B = H_O + \Delta h_2 - l = H_A - \Delta h_1 + \Delta h_2 \tag{4-22}$$

将测得的 H_B 与设计值比较，指挥并放样出 B 点高程。从式（4-22）可以看出：此方法不需要测定仪器高，因而用无仪器高作业法同样具有很高的放样精度。

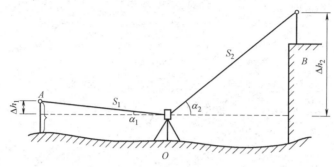

图 4-17　全站仪无仪器高作业法

必须指出：当测站与目标点之间的距离超过 150m 时，以上高差就应该考虑大气折光和地球曲率的影响，即

$$\Delta h = D\tan\alpha + (1-k)\frac{D^2}{2R}$$

式中：D——水平距离；

　　　α——垂直角；

　　　k——大气垂直折光系数，$k=0.14$；

　　　R——地球曲率半径，$R\approx 6370\text{km}$。

4.5.3　GNSS RTK 法放样

GNSS RTK 法测量可以直接得到以参考椭球面为起算面的大地高，而我国所采用的高程是相对于（似）大地水准面的正高或正常高。在工程应用中，三者的关系如图 4-18 所示，并表示为

$$H = h + N \tag{4-23}$$

式中：H——以参考椭球面为起算面的大地高；

　　　h——以（似）大地水准面为起算面的正高或正常高；

　　　N——大地水准面差距或高程异常。

随着 GNSS 定位技术的广泛应用，人们已经能够简捷而精确地获得所测点位的平面位置，但却一直未能以相应的精度求解点的高程，原因是虽然 GNSS 能给出高精度的大地高，但却由于没有一个具有相应精度高分辨率的似大地水准面模型，致使 GNSS 大地高到 GNSS 海拔高的转换中精度严重降低。为此通过精化该地区具有厘米级精度的似大地水准面，使 GNSS 所测大地高通过数学模型直接转换为具有厘米级精度的正常高，从而代替传统水准作业模式，以提高工作效率。

GNSS 技术结合高精度高分辨率大地水准面模型，可以取代传统的水准测量方法测定正高或正常高，真正实现 GNSS 技术对几何和物理意义上的三维定位功能。

由于大地水准面模型的精度还难以满足工程测量应用的需要，其适用范围仍然受到限

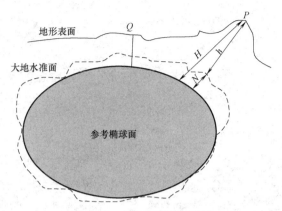

图 4-18 大地水准面示意图

制。目前比较通行的做法是在 GNSS 网中用水准测量或三角高程测量的方法施测一定数量的高程控制点，然后利用高程控制点的大地高和正常高求得高程异常值，并据此拟合出局部似大地水准面，进而推算出测区内其他 GNSS 点的高程异常和正常高。

第 5 章　高架结构施工测量

跨座式单轨交通工程与其他的轨道交通工程比较，大部分采用高架结构（图 5-1），工程建设中需要进行高架结构施工测量。对于很少部分的地面或隧道内的线路，除了桥墩的墩身外，也需要在底板上施做盖梁和预埋锚箱、预留锚栓孔或临时支撑，与高架结构施工测量方法类似，因此，其内容也纳入高架结构施工测量中。

为保证跨座式单轨的最终线形满足单轨列车通车运营后的乘坐舒适性要求，相邻墩位、相邻轨道梁之间的相对精度要求比较高。因此，必须在工程建设中的每个阶段、每个环节掌握施工关键点，完善和加强施工测量工作，为工程提供有力的测量保障。

图 5-1　跨座式单轨交通高架结构

高架结构施工测量应包括桥墩基础与墩柱施工测量和盖梁与预埋锚箱、预留锚栓孔或临时支撑施工测量。进行施工测量时，利用地面施工定线的中线控制点或二等、三等平面控制网点和一等、二等水准点等测量控制点作为起算点，进行高架结构施工测量。测量前应对起算点进行检核。当起算控制点的密度不能满足施工放样需要时，应加密控制点；加密控制点的施测应执行三等平面控制网点测量和二等水准测量的相关技术要求。

5.1　桥墩基础施工测量

桥墩基础包含基础桩和基础承台。基础桩可以是单桩，也可以是单排桩或者多排桩的群桩。单桩基础通常采用大直径桩，以承受和传递上部结构墩柱的荷载的独立基础。群桩基础是由两根及以上基桩组成的桩基础，由基桩和连接桩顶的承台共同组成；承台作为过渡构件，完成墩柱与桩之间的荷载传递。基础桩、基础承台和墩柱关系，如图 5-2 所示。

5.1.1　基础桩放线

1. 基础桩施工方法分类

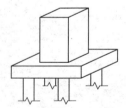

图 5-2　基础桩、基础承台和墩柱关系图

基础桩施工分为人工挖孔桩、机械旋挖桩；人工挖孔桩成孔一般为圆形（图 5-3）或方形（图 5-4），机械旋挖桩成孔为圆形（图 5-5）；按照结构分类，可以分为单桩和群桩（图 5-6）。

图 5-3 人工挖孔桩（圆形）

图 5-4 人工挖孔桩（方形）

图 5-5 机械旋挖桩（圆形）

图 5-6 群桩

2. 测量放线

（1）施工测量的准备

在进行测量放线前，首先必须熟悉施工图纸和施工方案，了解桩基的布置特点和难点，核对施工图纸与其说明内容是否有矛盾，根据业主提供的施工控制点或经监理复核认可的施工加密控制点，对照设计图上的桩基坐标点和各控制点的距离和角度，做好放样数据计算和整理，作为工程测量放线的依据。若为圆形桩，计算各桩位中心平面坐标；若为方桩，还应计算出各个角点坐标；若为群桩，还应该计算出轴线和各桩之间的相互关系，用于相对关系检核。

（2）仪器校准

所用的全站仪、GNSS RTK、水准仪、钢卷尺、线锤等测量工具均应经法定的计量检测站检定、校准，合格后方可使用。在使用过程中，应经常检查仪器的常用指标，一旦偏差超过允许范围，应及时校准来保证测量精度。

（3）测量复核

放样前，对将要使用的施工控制点进行测量复核；如果现有的施工控制点密度不满足桩基放样条件，还需要进行控制点加密。复核无误后，方可进行桩基放样。

（4）桩基定位

施工中应根据桩基形式进行桩基定位。若为圆形桩基，根据每孔桩圆心坐标，测放出每一个桩中心点，并用钢尺和测线按桩的直径放出桩轮廓线（图 5-7）；若为方形桩基，则测放出桩中心点和四个角点或桩轮廓线（图 5-8）；若为群桩，则放出纵横轴线，轴线交点即为桩中心，根据圆形桩基或方形桩基放样方法测放出各桩开挖轮廓线（图 5-9），也可以用单桩放样方法逐个放样出桩中心点和轮廓线,以中心点连线形成纵横轴线,还应该计算出轴线与各桩之间的相互关系,以备用于相对关系检核。纵、横向放样中误差为 5mm。放样完成后应对相邻点和相邻桥墩间的几何关系进行检核,桥墩间距的测量中误差为 5mm,各跨的纵向累积测量中误差为 $5n$ mm(n 为跨数)。基础桩定位的同时,应测设基础桩的施工控制桩,施工控制桩中的一条连线应垂直于线路方向,每条线的两侧应至少测设 2 个控制桩,以便于基础桩施工过程中进行校验。

桩基放样常使用全站仪采用极坐标法放样;现在 GNSS RTK 精度不断提高,在 GNSS 信号良好的地方,采用 RTK 放样桩基各要素点,更为方便。施工控制桩要做成牢固的标志,同时用白灰撒出桩轮廓线或设置十字线。

图 5-7 圆形桩基放样

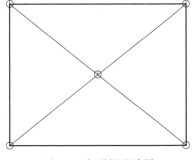

图 5-8 方形桩基放样

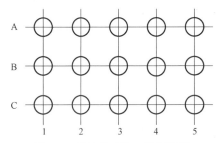

图 5-9 群桩基础施工控制轴线

图 5-10 桩基锁口测量

(5)水准点的引测及标高控制测量

桩基定位中应依据业主提交的水准点将高程引测到附近的加密高程控制点上,并将桩控制标高放到孔口部位或标注在桩基锁口上(图 5-10),用于控制桩基底部高程和成桩长度,高程测量中误差为 10mm。

(6)机械旋挖桩施工测量

机械旋挖桩施工,一般要进行护筒埋设。护筒用钢板制作,其内径大于钻孔桩直径 20cm,高度一般为 2.5~3m(根据现场实际条件确定)。其底部埋置在原土下不小于 1m,护筒顶高出地面 30cm。护筒埋设一般采用挖埋法,即用挖掘机挖除或人工开挖所要埋设护筒的土层后,将护筒放入其中回填黏土并夯实。埋设应准确、水平、垂直、稳固。护筒中心与设计桩位中心的偏差控制在 50mm;钢护筒的垂直度偏差不大于 1.0%,保证钻机沿着桩位垂直方向顺利工作。

采用机械旋挖桩施工时,受地质条件、场地平整程度及施工操作水平等因素影响,容易发生桩位偏位问题；因此，当钻孔深度达 0.5～1.0m 时，应再次复核桩中心平面位置。

钻孔深度达到设计标高后，应对孔深、孔径进行检查，符合要求后方可清孔。

3. 桩基成型质量检测

桩孔施工完成后，首先复核基础桩中心平面位置、开挖面或锁口高程，再使用测绳配合吊锤测量桩孔深度，以确定是否达到设计桩底标高，并测量桩孔垂直度（图 5-11）。

基础桩混凝土浇筑完成并凿除桩头后，应测定桩顶高程和桩基中心的平面坐标，并与设计值进行比较，确保偏差满足标准要求（图 5-12）。

图 5-11 桩孔成型质量检测

图 5-12 桩头凿除

5.1.2 基础承台放线

1. 基础承台的分类

承台指的是为承受、分布由墩身传递的荷载，在桩基顶部设置的联结各桩顶的钢筋混凝土平台。按照承台与桩基的裸露程度，分为低桩承台和高桩承台：低桩承台一般埋在土中或部分埋进土中，高桩承台一般露出地面或水面；低桩承台一般用于工业与民用房屋建筑物，高桩承台一般用于港口、码头、海洋工程及桥梁工程。基础桩施工完成后，进行承台施工；桩头一般伸入承台 0.1m，并有钢筋锚入承台；承台上再建柱或墩，形成完整的传力体系。低桩承台和高桩承台示意如图 5-13 所示。

2. 测量放线

（1）施工测量的准备

在进行测量放线前，首先必须熟悉施工图纸和施工方案，了解承台施工环境，核对施工图纸与其说明内容是否有矛盾，找出或计算出承台基坑开挖上下边线、基底标高、垫层标高、承台中心、各角点坐标点、轴线关系以及承台完成面标高，做好放样数据计算和整理，作为工程测量放线的依据。

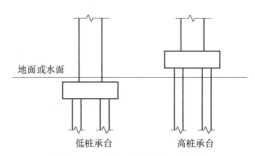

图 5-13 低、高桩承台示意图

（2）仪器校准及控制点复测、加密

应确定所使用的仪器设备均在有效检定期内，测量前进行必要的校准。在测量前，还应该对所使用的施工控制点进行复核，密度不足时，需要再行加密。

(3) 承台基坑

承台基坑开挖前,要对开挖场地可能影响的道路及场内的临时设施做好定位标记,以备施工监测;并准备好木桩、白灰材料。使用全站仪或RTK在地表测放出开挖边线并用白灰标记,测放出主要轴线点或角点,用木桩标记,并做好保护措施。如果采用放坡开挖的,要确认放坡系数、基地开挖轴线、基地标高等数据(图5-14);如果有围护结构的,要准备好围护结构的放样数据,包括轴线、中心点、标高等(图5-15);如果设有排水沟槽的,要测放出排水沟槽的开挖线。

承台基坑开挖过程中,根据需要对开挖情况进行测量检查。基坑开挖完成后,要检查基坑成型效果,包括开挖边线、基底标高、放坡、围护结构等。

图5-14 采用放坡开挖的基坑

图5-15 采用围护结构的基坑

(4) 垫层

承台基坑开挖完成后,检查基底标高是否满足垫层施工条件。在基底测放出垫层的各个角点钉入木桩或钢筋等,将设计完成高程控制线标注在木桩或钢筋上,用以控制垫层浇筑厚度;对尺寸较大的承台,还可以在垫层的中间加密木桩或钢筋(图5-16)。

图5-16 垫层施工测量

图5-17 承台放样

(5) 承台

垫层施工完成后,应测量垫层标高,然后进行承台放样。首先,使用全站仪或RTK测放出承台中心及各个角点,并测放出承台模板安装的边(轴)线;接着,使用墨线或白灰对各边线进行标记;最好在承台模板安装边(轴)线以外安置边(轴)线桩,以便于施工和检查。测量完毕后,用钢尺检核四个角点的距离及对角线的长度(图5-17)。

承台钢筋绑扎前，清理桩基预留钢筋并检查破除桩头后的桩基中心。按照垫层上的放样边（轴）线开始钢筋施工。钢筋施工完成后，要检查钢筋顶面标高（图 5-18）。

图 5-18 承台钢筋绑扎

图 5-19 承台模板放样

承台模板安装时，需要测设出模板位置，模板安装位置测量中误差为 7.5mm（图 5-19）；模板安装完成后，测设出基础承台混凝土浇筑完成面标高和预留墩柱钢筋平面位置，用钢尺测量侧面预留钢筋保护层厚度，高程测量中误差为 5mm，预留墩柱钢筋平面位置测量中误差为 5mm（图 5-20）。

基础承台施工完成后，应进行承台成型质量检测，测量内容包括：承台中心和轴线、平面尺寸、承台顶面标高及预留墩柱钢筋的平面位置（图 5-21）。

图 5-20 混凝土浇筑完成面标高放样

图 5-21 承台成型质量检测

5.2 墩柱施工测量

墩柱是土木工程中用于承载上部结构物的下部承重物，墩柱截面多为圆形，也有椭圆形、方形、曲线形、抛物线形等异形墩柱。在公路桥、铁路桥、立交桥、天桥及城市轨道交通高架结构等工程中是重要的组成部分。

5.2.1 墩柱的分类

跨座式单轨交通高架结构常用的墩柱采用等截面的方形单柱（图 5-22），受地形地质及周边环境限制的特殊地段有时采用异形结构，比较突出的如重庆轨道交通二号线中采用的T形墩（图5-23）、Y形墩（图5-24）、门形墩和倒L形墩（图5-25），及多线路高架区段的墩上墩（图5-26），特高墩柱在分级施工时，各级墩柱截面也有逐级缩小的情况（图5-27）。

图5-22　一般墩柱

图5-23　T形墩

图5-24　Y形墩

图5-25　门形和倒L形墩

图5-26　墩上墩

图5-27　多截面特高墩

5.2.2　测量放线

1. 施工测量的准备

在进行测量放线前，首先必须熟悉施工图纸和施工方案，核对施工图纸与其说明内容是否有矛盾，特别是施工平面图和立面图中的关联数据是否冲突。根据图纸，找出或计算出墩柱中心坐标或各角点坐标、截面尺寸、前进方位角、墩底和墩顶设计标高等数据，做好放样数据计算和整理，作为工程测量放线的依据。

2. 仪器校准及控制点复测、加密

同前所述，应确定所使用的的仪器设备均在有效检定期内，测量前进行必要的校准。在测量前，还应该对所使用的施工（加密）控制点进行桩位复核，密度不足时，需要再行加密。

3. 墩柱模板安装

（1）钢筋绑扎

墩柱钢筋绑扎前，应对承台顶标高和预留墩柱钢筋平面位置进行检核测量；钢筋绑扎完成后，即进行墩柱模板安装；较高墩柱通常采用分段多次绑扎钢筋、模板安装和混凝土浇筑。

（2）模板安装准备

模板安装前，如果是预制模板，应进行各节模板预拼装，使用仪器或钢尺检查模板尺寸是否满足设计要求。

（3）模板安装

在承台面上将墩柱轮廓控制线测放出来并延长及弹线，作为立模的依据；待墩柱模板初装完成后，用钢尺配合吊锤检查模板的垂直度，进行调模。模板安装完成后，测量模板顶口平面位置和尺寸，中心平面位置测量中误差为 5mm，尺寸测量中误差为 5mm；采用全站仪或吊锤测量墩柱模板垂直度，垂直度测量中误差为 0.5‰，且不大于 5mm；采用水准测量或三角高程方法测量混凝土浇筑完成面的高程，高程测量中误差为 5mm。模板安装示意如图 5-28 所示。

图 5-28　墩柱模板

5.2.3　墩柱浇筑过程中的模板倾斜监测

混凝土浇筑过程中，模板容易产生倾斜，需要对其进行实时监测。此时，受施工影响，使用垂球测量垂直度极不安全，应使用全站仪观测，观测方法如下：

1. 观测点的设置

混凝土浇筑前，在模板线路方向和法线方向各选择一个面，在模板竖向中线顶端和底端附近设置观测点。

2. 仪器架设

根据现场条件，尽量在线路纵、横方向上的适当位置各架设一台全站仪；如果受现场条件限制，也可以选择适当的位置架设仪器，对模板倾斜或变形进行实时监测。

3. 监测方法

（1）参考面法

用架设在法线方向的全站仪瞄准法线方向模板面上的底端观测点，再抬高视线，观察同一面顶端观测点是否与底端观测点在同一竖直面上，如果是，则模板在前后（线路）方向上无倾斜；同理，用架设在法线方向的另一台全站仪观测和判断左右（法线）方向上是否有倾斜。

如果同一面上底端和顶端的观测点不在同一竖直面上,则模板有倾斜;根据两观测点的平面夹角和到测站的水平距离判断模板倾斜方向,并计算出模板顶部倾斜值。

(2) 坐标法

用全站仪直接测量模板同一面上观测点的平面坐标,根据法线和线路方向的坐标增量判断模板倾斜方向并计算出模板顶部倾斜值。

4. 垂直度要求

模板顶部倾斜值还应满足整个墩柱垂直度的要求:$1‰H$（H 为墩柱高度）且不大于 10mm。

5. 混凝土浇筑

混凝土浇筑过程中,施工技术人员应密切关注模板底口位移和模板变形情况。如果模板有明显的底口位移或变形,测量人员应及时测量并提供纠偏数据。

5.2.4 墩柱成品测量

墩柱施工完成后,应对墩柱成品质量进行检查测量,测量内容包括:墩柱尺寸、中心平面位置、墩顶标高和墩身垂直度,以确定是否达到设计要求。

(1) 墩柱尺寸可以使用钢（卷）尺测量。

(2) 墩柱中心平面位置一般使用全站仪测量,根据设计坐标将墩柱中心点放样在墩顶面上,使用钢（卷）尺测量中心点到墩顶四边的距离,计算并判断墩柱中心的偏移情况;也可以使用全站仪测量墩顶面实际中心坐标,通过与设计中心坐标比较,计算并判断墩柱中心的偏移情况。

(3) 墩顶标高一般使用水准测量方法,也可以使用精密三角高程测量方法。

(4) 墩身垂直度一般采用全站仪或吊锤测量。

5.3 盖梁施工测量

墩柱施工完成后,进行盖梁施工。盖梁设计复杂,除内部钢筋外,简支梁体系的还要预埋锚箱,连续刚构体系的要预留锚栓孔或设置临时支撑,这些预埋件是架设轨道梁的关键部件,直接影响轨道梁安装后的轨道整体线形,因此,安装精度要求高。盖梁整体如图 5-29 所示。

图 5-29 盖梁全景图

图 5-30 盖梁混凝土浇筑作业图

盖梁施工前，应复核墩柱中心平面位置、墩顶标高和相邻墩柱间距是否准确；在支架上测设出盖梁底模标高的控制线，在底模铺设完成后复核底模标高，若偏差值过大，则对支架顶托高度进行调整，直至底模标高符合设计要求；然后，以施工控制点为依据，采用极坐标法等，使用全站仪配合钢尺测设模板中心平面位置和轴线，采用水准测量方法测设盖梁顶部混凝土浇筑完成面的标高，以指导模板安装调试。中心平面位置和轴线测量中误差为 3mm，高程测量中误差为 2mm。

盖梁模板安装完成后，在模板内进行预埋锚箱、预留锚栓孔或临时支撑的安装。以施工控制点为依据，使用全站仪配合钢（卷）尺测设预埋件中心平面位置、轴线及控制标高，并将其标定在盖梁侧面模板上，中心平面位置和轴线测量中误差为 5mm，高程测量中误差为 1.5mm。

预埋锚箱、预留锚栓孔或临时支撑安装精调完成后，最后进行盖梁整体混凝土浇筑（图 5-30）。

5.4 预埋锚箱或预留锚栓孔或临时支撑施工测量

5.4.1 预埋锚箱测量

采用简支梁体系的，盖梁模板安装完成后，在其内部进行预埋锚箱的安装。安装测量内容主要包括：锚箱顶面（基座板）中心、轴线及四角高程。

在线路曲线上，因存在超高，基座板中心与抗剪榫中心不重合，必须根据超高计算出抗剪榫的中心坐标，并且宜采用先高程后平面的精调程序；在线路直线上，高程和平面可以不分先后次序。锚箱结构及浇筑前后效果，如图 5-31、图 5-32 所示。

图 5-31　锚箱混凝土浇筑前　　　　　　　图 5-32　锚箱混凝土浇筑后

1. 预埋锚箱安装测量方法

锚箱施工平面放样主要采用极坐标法，高程测量主要采用水准测量方法。

2. 预埋锚箱安装测量步骤

预埋锚箱安装测量可分为初测、精调和检核测量三个环节。施工测量步骤如下：

（1）锚箱支架及锚箱安装固定后，用相邻墩柱（或盖梁）上引测的标高测量基座板四角标高，计算出与设计的差值，根据其差值用锚箱支架上的标高调节螺杆调节基座板四角的标高。由于基座板四角的标高精度要求为 −5～0mm，因此，可将标高调整至 −2.5mm

左右，以便后续工序影响时不至于使标高超限。

（2）根据基座板法方向的两个标记点坐标和基座板中心坐标（线路曲线上，可用计算出的抗剪榫的中心坐标）计算出的到盖梁切线和法线的距离，用钢尺量取各控制点到切线和法线的距离，并根据其差值用锚箱支架上的平面调节螺杆反复调整锚箱支座平面位置。

（3）重新检查基座板四角标高，若有变动，重复上述步骤进行调整。满足要求后，方可进行混凝土浇筑工作。

（4）混凝土凝固成型后，应再一次检查基座板中心、法方向及高程和盖梁中心坐标。

3. 预埋锚箱安装测量允许偏差

精调后的锚箱基座板四角高程允许偏差为 $0\sim-5mm$、较差不应大于 $2mm$；纵横向定位孔平面位置允许偏差应为 $+5mm$，基座板平面角度放样中误差应为 $3‰rad$。

5.4.2 预留锚栓孔测量

采用连续梁体系及预留螺栓孔工艺的盖梁模板安装完成后，在其内部进行预留锚栓孔的安装（图 5-33），待轨道梁线调整完毕且测量合格后，再进行预留锚栓孔重力灌浆，使轨道梁与下部结构有效相连。安装测量内容主要包括：预埋套管的中心平面位置、顶面高程、预埋深度和管身垂直度。中心平面位置和轴线测量中误差应为 $3mm$，高程测量中误差应为 $3mm$，管身垂直度测量中误差为 $0.5‰$。

5.4.3 临时支撑测量

采用连续刚构体系及使用临时支撑工艺的，盖梁模板安装完成后，在梁与梁之间湿接缝内部进行临时支撑的安装（图 5-34），用于临时稳定轨道梁，防止发生轨道梁倾覆，待轨道梁线调整完毕后，浇筑湿接缝混凝土。安装测量内容主要包括：临时支撑的中心平面位置、轴线、预埋深度和顶部标高。中心平面位置和轴线测量中误差应为 $1.5mm$，高程测量中误差应为 $1mm$。

图 5-33 预留锚栓孔

图 5-34 临时支撑

第 6 章　隧道施工测量

6.1　隧道施工测量概述

跨座式单轨交通工程以高架线路为主，但在一些城市还是存在地下线路，如重庆轨道交通 3 号线总里程 67.09km，其中约 20km 和 45 座车站中的 11 座车站在地下。因此国家标准《跨座式单轨交通设计规范》GB 50458—2008 中涉及了明挖法隧道和暗挖法隧道施工方法，国家标准《跨座式单轨交通工程测量标准》GB/T 51361—2021 中也规定了明挖隧道和暗挖法隧道的施工测量要求。

隧道施工测量是在隧道工程施工阶段所进行的测量工作，主要包括联系测量、隧道施工控制测量、隧道掘进测量以及隧道贯通后的相关测量工作。为保证隧道能按规定的精度正确贯通及相关的建筑物与构筑物的位置正确，在施工阶段，根据隧道施工要求的精度和施工顺序进行相应的测量。首先根据隧道线路的形状和主洞口、竖井位置进行洞口控制网的布设及施测，通过联系测量将地面平面坐标和高程导入隧道内，再进行隧道内控制测量。随着隧道向前延伸而阶段性地将洞内基本控制网向前延伸，施工控制网也向前延伸，并不断进行施工控制导线的布测和中线的施工放样，指导并保证不同工作面之间以预定的精度贯通。贯通后进行实际贯通误差的测定和线路中线的调整，施工过程中进行隧道纵横断面测量等。

进行隧道施工测量工作的主要目的是保证隧道两个或两个以上开挖面相向施工后，施工中线在贯通处能够按照设计规定的精度正确地衔接，并保证各结构物及隧道净空不侵入限界。

6.2　联系测量

跨座式单轨交通在地下工程施工中，应通过与地下空间联系的平硐、斜井及竖井将地面的坐标系统及高程基准传递到地下，使地面与地下建立统一的坐标系统和高程系统，该项地下起始数据的传递工作称为联系测量。

联系测量包括平面联系测量和高程联系测量。平面联系测量是以地面近井点为依据，确定井下近井导线起算边的坐标方位角和起算点的坐标所进行的测量工作，简称定向测量。高程联系测量是以地面近井水准点为依据，确定井下近点起始点的高程所进行的测量工作，简称传递高程或导入高程测量。

6.2.1　通过平硐、斜井的联系测量

通过平硐、斜井的联系测量，只需通过平硐或斜井敷设导线和水准线路，将地面坐标

和高程导入隧道内,对地面和井下进行联测即可。其平面联系测量采用导线测量方法,高程联系测量采用水准测量法。

导线测量按三等平面控制网测量方法实施。由于施工现场观测条件差,为减小误差在测量过程的影响,应采取如下措施:

(1) 仪器和觇牌安置宜采用强制对中,或者采用三联脚架法;
(2) 导线边长应根据现场情况尽量布设长边,如果平硐、斜井距离正线隧道较远,宜布设导线网;
(3) 测回间检查仪器和觇牌气泡偏离情况,严格保证气泡居中,必要时可重新整平;
(4) 采用具有双轴补偿的全站仪;
(5) 各点之间的垂直角控制在30°以内。

水准测量按二等水准测量方法实施。由于高差较大,有条件可使用3m铟钢尺,减少设站次数。

6.2.2 竖井联系测量

竖井联系测量是通过竖井进行平面定向测量和高程传递测量。定向测量的方法很多,根据跨座式单轨交通工程和线路特点,仅介绍联系三角形测量、陀螺经纬仪定向,高程传递测量仅介绍悬挂钢尺法。最后介绍了一种任意设站平面坐标和高程同步传递测量方法。

1. 联系三角形定向测量

联系三角形测量亦称一井定向测量,通过将地面上的近井点和地下近井点,分别与悬挂在竖井中的两根钢丝连接成具有公共边的两个三角形,通过测定近井点与钢丝的距离、角度及钢丝间距,将地面坐标和方位角传递至隧道内的测量方法。联系三角形定向测量示意,如图6-1所示。

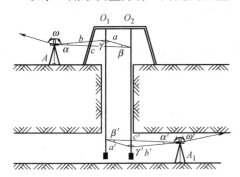

图6-1 联系三角形定向测量示意图

(1) 外业测量

联系三角形定向测量需要通过钢丝将地面坐标和方位传递至隧道内,测量前在竖井内悬吊两根钢丝O_1、O_2,如图6-1所示,钢丝底部挂有重锤并放入盛有油类液体的桶中,以保持钢丝稳定。钢丝不得与竖井中任何物体和桶壁(底)接触,并自由悬挂。同时在地面近井点A和井下连接点A_1设站,而且地面和地下的全站仪与两根钢丝尽量调成一条直线观测角度ω、α、ω'、α'和距离a、b、c、a'、b'、c'。距离测量时分别在钢丝上粘贴反射片,直接用全站仪测量设站点至钢丝的距离;也可采用钢尺直接量测。

(2) 内业计算

内业计算时,首先对全部记录进行检查,然后根据图6-2,解算三角形的相关角度和边长。按下式解算地面近井点与两根钢丝组成的三角形的各角度:

$$\left.\begin{aligned} \sin\beta &= \sin\alpha \cdot \frac{b}{a} \\ \sin\gamma &= \sin\alpha \cdot \frac{c}{a} \end{aligned}\right\} \quad (6\text{-}1)$$

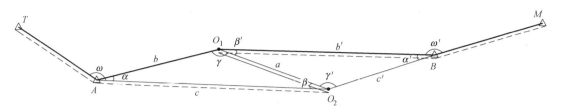

图 6-2　联系三角形法井上、井下连接测量示意图

连接三角形的三内角和 $\alpha+\beta+\gamma=180°$，若尚有微小残差时，则可将其平均分配给 β 和 γ。计算时，应对两钢丝间距进行检查。设 $a_丈$ 为两钢丝间距的实际丈量值，$a_计$ 为其计算值，则：

$$\left.\begin{aligned}a_{计}^{2} &= b^2+c^2-2bc\cos\alpha \\ d &= a_丈 - a_计\end{aligned}\right\} \quad (6\text{-}2)$$

如果 d 不等于零，则可在丈量的边长中分别加入下列数，以消除其差值：

$$\left.\begin{aligned}v_a &= -\frac{d}{3} \\ v_b &= -\frac{d}{3} \\ v_c &= +\frac{d}{3}\end{aligned}\right\} \quad (6\text{-}3)$$

采用同样方法计算井下连接点与两根钢丝组成的三角形的各角度和距离。然后按经过小角 β 和 β' 路线 $T\to A\to O_2\to O_1\to B\to M$ 推算各边和各点的方位角和坐标。

(3) 双联系三角形定向测量

联系三角形测量，每次定向应独立进行 3 次，取 3 次平均值作为定向成果。这就要求定向时各次联系测量之间要移动重锤，重新调整钢丝关系和等待钢丝稳定，这样所用时间就比较长。为了提高联系测量时的工作效率，测量工作者在实践中总结出了双联系三角形定向测量方法。该方法是在竖井中同时悬吊 3 根铜丝，组成 2 个联系三角形，实现一次观测，2 组数据，减少测量时间和工作量，其测量示意图如图 6-3 所示。

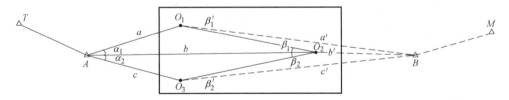

图 6-3　双联系三角形定向测量示意图

进行定向测量时，在地面和井下近井点分别测量近井点至 3 根钢丝 O_1、O_2、O_3 的间距 a、b、c、a'、b'、c' 和钢丝 O_1O_2、O_2O_3 间距，近井点与钢丝间的角度 α_1、α_2、α_1'、α_2'。然后根据观测数据，分别以近井点和钢丝 O_1、O_2，O_2、O_3 组成 2 组联系三角形，分别进行解算，求出下近井点的坐标和方位。

(4) 联系三角形的有利图形

在竖井定向测量中，以高精度传递方位角是定向测量的关键，因此，下面以图 6-2 联系三角形布设形式,从传递方位角这个角度来分析联系三角形的有利图形。竖井定向测量时,在近井点与两根钢丝组成的联系三角形中测量 a、b、c 三条边长和角 α。为提高传递方位角精度,除了提高 a、b、c 三条边长和角 α 的测量精度外,还要保证 β 的精度。

当 α 与 β 都是小角时,可用下式计算 β:

$$\beta = \alpha \cdot \frac{b}{a} \tag{6-4}$$

微分式(6-4)可得:

$$\frac{d\beta}{\beta} = \frac{d\alpha}{\alpha} + \frac{db}{b} + \frac{da}{a} \tag{6-5}$$

由此可得中误差关系式为

$$\left(\frac{m_\beta}{\beta}\right)^2 = \left(\frac{m_\alpha}{\alpha}\right)^2 + \left(\frac{m_b}{b}\right)^2 + \left(\frac{m_a}{a}\right)^2 \tag{6-6}$$

式(6-6)右边可分为两部分,一部分为测角误差的影响,即 $\left(\frac{m_\alpha}{\alpha}\right)^2$,另一部分为量边误差的影响,即:$\left(\frac{m_b}{b}\right)^2 + \left(\frac{m_a}{a}\right)^2$。

令:

$$\frac{m_{\beta 1}}{\beta} = \frac{m_\alpha}{\alpha} \tag{6-7}$$

$$\frac{m_{\beta 2}}{\beta} = \sqrt{\left(\frac{m_b}{b}\right)^2 + \left(\frac{m_a}{a}\right)^2} \tag{6-8}$$

由式(6-7),并考虑式(6-4)可得:

$$m_{\beta 1} = \frac{\beta}{\alpha} \cdot m_\alpha = \frac{b}{a} \cdot m_\alpha \tag{6-9}$$

由此可见,为了缩小实测角误差 m_α 对待定角 β 的影响,应在布网时尽量缩小比值 $\frac{b}{a}$,一般应使 b 在场地许可的条件下尽量短些,但必须大于仪器望远镜的盲区。a 取决于竖井的口径大小,应尽可能大些。当竖井直径大于 5m 时一般可争取使 $\frac{b}{a} \leq 1$,这时有 $m_{\beta 1} \leq m_\alpha$。如果设:

$$\frac{m_a}{a} \approx \frac{m_b}{b} \approx \frac{m_s}{S} \tag{6-10}$$

代入式(6-8)后可得:

$$\frac{m_{\beta 2}}{\beta} = \sqrt{2} \cdot \frac{m_s}{S} \tag{6-11}$$

或:

$$m_{\beta 2} = \sqrt{2} \cdot \frac{m_s}{S} \cdot \beta \tag{6-12}$$

一般来说,受竖井直径限制,丈量两根悬挂钢丝间距离的相对精度不容易提高,实际工作中一般要求满足式(6-13)和式(6-14)的要求。

$$\frac{m_s}{S} \approx \frac{1}{3000} \sim \frac{1}{10000} \qquad (6\text{-}13)$$

$$m_{\beta 2} \approx \left(\frac{1}{2000} \sim \frac{1}{7000}\right)\beta \qquad (6\text{-}14)$$

为了减少量距误差对推算待定角 β 的影响，应该在布设图形时使 β 角尽可能小些。这意味着联系三角形应具有直伸三角形的形状，即三角形三点宜近似在一条直线上。例如，当 $\beta \approx 1°$，则 $m_{\beta 2}$ 可望小于 $1''$。如果让 $\beta \approx 3' = 180''$，则 $m_{\beta 2}$ 将小于 $0.1''$，而且 $m_{\beta 2}$ 远小于 $m_{\beta 1}$。因此当 $\beta < 1°$ 时有：

$$m_\beta \approx m_{\beta 1} = \frac{b}{a} \cdot m_\alpha \qquad (6\text{-}15)$$

综上所述，联系三角形测量的精度，取决于测站点和钢丝悬挂点位置的选择，分析上述误差公式可得出如下结论：

1）连接三角形最有利的形状为锐角 α，α' 不大于 $1°$ 的直伸三角形。

2）计算角 β（或 β'）的误差，随 α 角的误差增大而增大，随比值 b/a（或 b'/a）的减小而减小。故在联系测量时，应尽量使连接点 A 和 B 靠近最近的钢丝线，并精确的测量角度 α。

3）两钢丝线间的距离 a 越大，则计算角的误差就越小。

4）在直伸三角形中，量边误差对定向精度的影响较小。

2. 陀螺经纬仪、铅垂仪（钢丝）组合定向测量

陀螺经纬仪、铅垂仪（钢丝）组合定向法，利用陀螺经纬仪测定真北方向的原理，通过进行子午线收敛角等改正，得到井下定向边的坐标方位角，并结合铅垂仪（钢丝）传递至隧道内的坐标，完成平面定向。其测量示意图如图 6-4 所示。

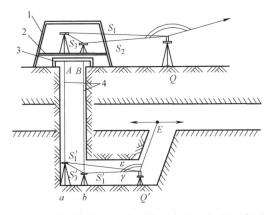

图 6-4 陀螺经纬仪 | 铅垂仪组合定向方法示意图
1—井架；2—站台；3—井台；4—视线

（1）外业测量

坐标传递工作可采用铅垂仪或悬吊钢丝，如图 6-4 所示，利用铅垂仪将地面点 A、B 坐标投影至井下 a、b；或者在竖井口悬挂两根钢丝，将地面坐标传递至井下。

地下定向边陀螺方位角测量采用陀螺经纬仪，按"地面已知边—地下定向边—地面已知边"的测量程序进行。具体操作过程可概括为以下几个步骤：

1) 在地面已知方位边上测定仪器常数；
2) 在待定边上测定陀螺方位角；
3) 在地面已知方位边上重新测定仪器常数。

陀螺经纬仪定向时，测前、测后各三测回测定的陀螺经纬仪常数平均值较差小于 $15''$，地下定向边的陀螺方位角较差小于 $20''$。

（2）内业计算

陀螺经纬仪测定的是观测边的陀螺方位角，而实际使用的是观测边的坐标方位角，所以内业需要将测得的陀螺方位角转换成坐标方位角。陀螺方位角、坐标方位角关系如图 6-5 所示。

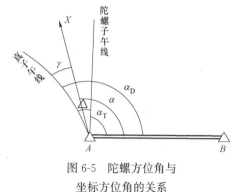

图 6-5 陀螺方位角与坐标方位角的关系

1) 子午线收敛角计算。子午线收敛角是地球椭球体面上一点的真子午线与位于此点所在的投影带的中央子午线之间的夹角，即在高斯平面上的真子午线与坐标纵线的夹角，通常用 γ 表示。此角有正、负之分：以真子午线北方向为准，当坐标纵轴线北端位于以东时称东偏，其角值为正；位于以西时称西偏，其角值为负。某地面点此角的大小与此点相对于中央子午线的经差 l 和此点的纬度 B 有关，计算公式为：

$$\gamma = l \cdot \sin B \tag{6-16}$$

2) 仪器常数计算。由于许多综合因素作用于仪器，从而造成在对某一固定边定向时，陀螺经纬仪读数设备读出的陀螺方位角与其地理方位角之间存在差异，这个差值就是仪器常数。其计算公式为：

$$\Delta = \alpha_D - \alpha_T = \alpha + \gamma - \alpha_T \tag{6-17}$$

式中：Δ——仪器常数；
α_D——地理方位角；
α_T——陀螺方位角；
α——陀螺方位角；
γ——子午线收敛角。

如果测定仪器常数在与地下定向边较近的地面已知边上进行，由于已知边距定向边较近，可认为井上、井下的子午线收敛角影响相同，在这种情况下可不考虑子午线收敛角的影响，式（6-17）可简化为：

$$\Delta = \alpha - \alpha_T \tag{6-18}$$

仪器常数经过一段时间后，可能会发生变化，因此，在进行定向观测前后，应分别在同一条已知边上进行多次（测前、测后各三测回）的测定，取其均值，作为仪器常数。当仪器长途搬运、震动、撞击后，以及更换悬挂带后，仪器常数可能有较大变化，应及时进行检测观测。地区与地区之间，由于地理方位角的测定精度不同，对仪器常数也有影响，因此，各地区不能通用一个常数，应分别独立测定。

3) 坐标方位角计算。由式（6-17）可得，定向边的坐标方位角计算公式：

$$\alpha = \alpha_T + \Delta - \gamma \tag{6-19}$$

3. 悬挂钢尺法高程传递测量

跨座式轨道交通埋深一般在 20~30m 之间，所以悬挂钢尺法是常用的高程联系测量方法，其测量示意图如图 6-6 所示。

如图 6-6 所示，将钢尺通过竖井放至竖井底部，挂上与钢尺检定时重量相同的重锤，使之成为自由悬垂状态。分别在地面与井下安置水准仪，同时进行观测。设地面水准仪在 A 点尺上读数为 a_1，在钢尺上读数为 b_1；地下水准仪在钢尺上读数为 a_2，在 B 点尺上读数为 b_2。钢尺读数必须同时观测，而观测时应量取地面及井下的温度。由图 6-6 可得 B 点高程：

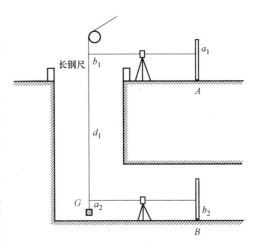

图 6-6 悬挂钢尺法高程联系测量

$$H_B = H_A + a_1 - [(b_1 - a_2) + \Delta t + \Delta k] - b_2$$
$$= H_A - (b_1 - a_1) - (b_2 - a_2) - (\Delta t + \Delta k) \quad (6\text{-}20)$$

式中：Δt——钢尺的温度改正数；

Δk——钢尺的检定改正数。

而：

$$\Delta t = \alpha l (t_{均} - t_0) = \alpha (b_1 - a_2)(t_{均} - t_0) \quad (6\text{-}21)$$

式中：α——钢尺的膨胀系数，一般取 0.0000125/℃；

$t_{均}$——地上温度与地下温度的平均值；

t_0——钢尺检定时的温度。

悬挂钢尺传递高程时，应独立观测三测回，测回间应变动仪器高，三测回测得地上、地下水准点间的高差较差应小于 3mm。高差应进行温度、尺长改正，当井深超过 50m 时应进行钢尺自重张力改正。

4. 任意设站导线网坐标和高程的同步传递测量

近年来，由于智能型自动全站仪（测量机器人）的出现，在轨道交通隧道工程测量中出现了一种基于测量机器人的全站仪边角交会法联系测量，这种测量方法被称为任意设站导线网坐标和高程的同步传递测量。该方法定向测量时，全站仪架设在竖井底部，利用机载的自动观测程序对竖井口的数个坐标和高程为已知的反射棱镜进行观测，从而得到测站的坐标、定向角和高程。

这种方法之所以适用于跨座式单轨隧道工程测量，是因为跨座式单轨隧道一般埋深较浅，部分施工的竖井空间较大，竖井底部可以直接和井口通视，另外全站仪双轴补偿功能的完善使得俯仰角较大时水平角观测精度能够得到保证，全站仪自动观测技术能够大大减轻人的劳动强度并提高观测效率。该方法占用井口、井筒时间短，对施工影响较小。一般完成全部外业需 40~90min；坐标、高程同时传递，大量减轻测量作业强度，显著提高联系测量作业效率。其测量示意图如图 6-7 所示。

（1）外业测量

该方法需要在竖井口布设不少于 3 以上的连接点，连接点可以在竖井口布设临时点，

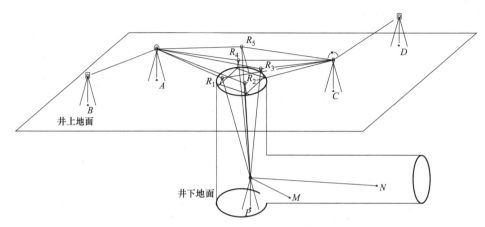

图 6-7 任意设站导线网坐标和高程的同步传递测量示意图

也可以在竖井壁上直接埋设杆件，安装观测棱镜，连接点要与地面近井点和井底通视。

测量时应采用具有双轴补偿、自动照准目标功能的Ⅰ级精度的全站仪，测量水平角、垂直角和距离。水平角和垂直角各观测2测回，距离观测2测回，互差应小于3mm。首先布设近井导线和近井水准线路，将三维坐标传递至地面近井点 A、C。然后分别在地面近点 A 或 C 及井下自由设站点 P 采用测量机器人观测竖井口连接点 R_1、R_2、R_3、R_4、R_5，将地面近井点坐标和高程经竖井同时传递到地下隧道内控制点 M 和 N 上。

（2）内业计算

任意设站导线网坐标和高程的同步传递测量的数据处理与一般工程测量控制网平差没有什么区别，都是按边角网进行最小二乘平差。使用大部分测量平差软件均可进行计算。

另外，由于边角网中存在两类不同的观测值，也可按照 Helmert 方差分量估计法进行平差。

（3）精度分析

任意设站导线网坐标和高程的同步传递测量的定向精度与井口的各过渡点点位精度有关，也与井下控制点 M 上的交会图形有关。被定向边的方位角精度如何，可以按照模拟法进行精度估算。

控制网按坐标进行间接平差时，误差方程式的形式如下：

$$V = AX + L \text{（权阵为 } P\text{）} \tag{6-22}$$

式（6-22）中 A 为误差方程式的系数矩阵，因为 A 和控制点的图形有关，所以有时被称为图形矩阵。

根据广义传播律，未知数 X 的权逆阵为：

$$Q = N^{-1} = (A^T P A)^{-1} \tag{6-23}$$

而平差后被定向边的方位角是坐标未知数的函数：

$$F_\alpha = \alpha_{MN} = \text{arctg} \frac{y_N - y_M}{x_N - x_M} \tag{6-24}$$

式（6-24）按泰勒公式展开：

$$F_\alpha = \text{arctg} \frac{y_N^0 - y_M^0}{x_N^0 - x_M^0} + \frac{1}{S_{MN}^0}\rho\sin\alpha_{MN}\delta x_M - \frac{1}{S_{MN}^0}\rho\cos\alpha_{MN}\delta y_M -$$

$$\frac{1}{S_{MN}^0}\rho\sin\alpha_{MN}\delta x_N + \frac{1}{S_{MN}^0}\rho\cos\alpha_{MN}\delta y_N \quad (6\text{-}25)$$

式中，$S_{MN}^0 = \sqrt{(y_N^0 - y_M^0)^2 + (x_N^0 - x_M^0)^2}$，而 x_N^0, y_N^0, x_M^0, y_M^0 分别是 M、N 的近似坐标。

令：

$$\left. \begin{array}{l} f_0 = \text{arctg} \dfrac{y_N^0 - y_M^0}{x_N^0 - x_M^0} \\ a = \dfrac{1}{S_{MN}^0}\rho\sin\alpha_{MN} \\ b = \dfrac{1}{S_{MN}^0}\rho\cos\alpha_{MN} \end{array} \right\}$$

则式（6-25）可写为：

$$F_\alpha = f_0 + a\delta x_M - b\delta y_M - a\delta x_N + b\delta y_N \quad (6\text{-}26)$$

写成矩阵形式有：

$$F_\alpha = f_0 + f^T \delta X$$

上式中 $f^T = [a \quad -b \quad -a \quad b]$，$\delta X = [\delta x_M \quad \delta y_M \quad \delta x_N \quad \delta y_N]^T$

f_0 为与精度无关的常量，令：

$$\Delta F = F_\alpha - f_0 = f^T \delta X \quad (6\text{-}27)$$

式（6-27）即 M-N 坐标方位角的权函数式。按广义传播律，M-N 方位角的权倒数为：

$$Q_{FF} = f^T Q f \quad (6\text{-}28)$$

设单位权中误差为 m_0，则被定向边 M-N 的方位角中误差为：

$$m_\alpha = \pm m_0 \sqrt{Q_{FF}} \quad (6\text{-}29)$$

下面就几种后视点的分布图形用模拟法来估算被定向边的方位角精度，由于测站到井口过渡点的边长较短，方向观测的精度不会很高，假设这些短边的方向观测中误差为 $10''$，而被定向边一般是长边，方向观测精度较高，设长边方向观测中误差为 $5''$，距离观测中误差为 $2mm$；单位权中误差为 $10''$，则短边方向观测的权：

$$P_\beta = \frac{10^2}{10^2} = 1$$

长边方向观测的权：

$$P_\beta = \frac{10^2}{5^2} = 4$$

距离观测的权：

$$P_S = \frac{(10)^2}{(2)^2} = 25 \quad \text{单位：}('')^2/mm^2$$

1) 两个后视点的坐标传递

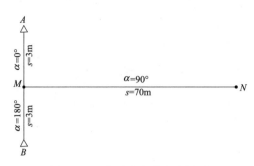

图 6-8 两个过渡点的交会图形

由图 6-8 中数据计算的被定向边 M-N 的方位角权倒数：

$$Q_{FF}=f^TQf=0.75$$

被定向边方位角中误差：

$$m_\alpha=m_0\sqrt{Q_{FF}}=10''\times\sqrt{0.75}=8.66''$$

2）三个后视点的坐标传递

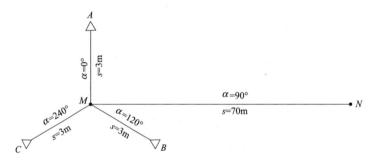

图 6-9 三个过渡点的交会图形

由图 6-9 中数据计算的被定向边 M-N 的方位角权倒数：

$$Q_{FF}=f^TQf=0.5833$$

被定向边方位角中误差：

$$m_\alpha=m_0\sqrt{Q_{FF}}=10''\times\sqrt{0.5833}=7.64''$$

3）四个后视点的坐标传递

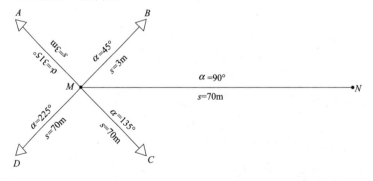

图 6-10 四个过渡点的交会图形

由图 6-10 中数据计算的被定向边 $M\text{-}N$ 的方位角权倒数：
$$Q_{\mathrm{FF}} = f^{\mathrm{T}} Q f = 0.5$$

被定向边方位角中误差：
$$m_\alpha = m_0 \sqrt{Q_{\mathrm{FF}}} = 10'' \times \sqrt{0.5} = 7.07''$$

4）五个后视点的坐标传递

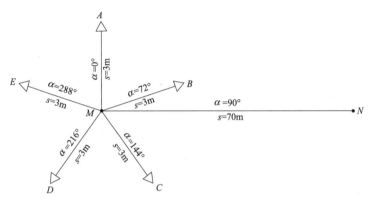

图 6-11　五个过渡点的交会图形

由图 6-11 中数据计算的被定向边 $M\text{-}N$ 的方位角权倒数：
$$Q_{\mathrm{FF}} = f^{\mathrm{T}} Q f = 0.45$$

被定向边方位角中误差：
$$m_\alpha = m_0 \sqrt{Q_{\mathrm{FF}}} = 10'' \times \sqrt{0.45} = 6.71''$$

由上述模拟法精度估算结果可知，当设置 3 个以上的井口后视点且均匀分布时，被定向边的方位角精度小于 $8''$。另外，增加井口过渡点的数量可以提高定向的精度。

为了提高被定向边坐标方位角的精度，一方面应提高被定向边方向观测值的精度，另一方面应提高测站定向角的观测精度。为了提高被定向边方向观测值的精度，可采用在 M 点和 N 点使用强制对中装置、增加测回数等措施。

测站定向角的精度与边长及方向的观测精度有关，也与后视点的分布图形和后视点的点位精度有关。由于测站到后视点的边长较短，且观测时俯仰角比较大，受观测条件及仪器精度的限制，观测精度不可能无限制的提高。因此在观测精度既定的情况下只能通过优化后视点的分布图形及提高后视点的点位精度来提高定向角的精度。

由上面的模拟计算可以得到后视点布置的两个原则：
1）增加后视点可以提高定向角的精度；
2）后视点应尽可能均匀布置。

在进行以上估算时，为了简化问题，将后视点假设是没有误差的，事实上后视点同样存在误差，而且后视点的误差也会对定向精度造成影响，但是因为现场情况千变万化，在考虑后视点误差情况下进行精度估算来找出最优网形几乎是不可能的，因此在布置定向测量的控制网图形时应提前进行技术设计，针对每一具体情况进行精度估算，以确认所布置的控制网图形能够满足定向精度要求。

6.3 隧道施工控制测量

隧道施工控制测量是通过联系测量在隧道内建立起一套与地面平面和高程系统一致的地下平面和高程测量控制网，指导隧道掘进施工和各设施的放样等。隧道施工控制测量主要包括平面控制测量和高程控制测量。

6.3.1 平面控制测量

隧道施工平面控制测量与地面平面控制测量相比，在测设方法和技术要求方面有很多共同之处，但地下平面控制仍有其特殊性。由于在地下隧道中测量施工面狭窄，可供利用的空间有限，施工干扰也很大，故不能像地面那样布设三角网或边角网，只能设立支导线或导线网作为地下平面测量控制，所有地下平面控制测量实际上就是导线测量。同时隧道内条件较差，影响测量精度的条件较多，导线网形不像地面布设自如，根据跨座式单轨交通工程特点，平面控制测量可分为明挖隧道控制测量和暗挖隧道控制测量。

1. 平面控制网布设原则

（1）明挖隧道控制网布设

明挖隧道施工平面控制测量是以线路一等、二等平面控制点为起算依据，采用附合导线或结点导线网的形式布设，布设时主要考虑隧道埋设深度对导线测量俯仰角的影响。如果俯仰角大于30°，应采用联系测量的方法将地面平面坐标和方位传递至隧道的底板或边墙上，然后再进行隧道内控制网测量。

施工控制网测量技术要求参照地面三等控制网制定，见表6-1。

明挖隧道平面控制网测量的技术要求　　　　表6-1

平均边长(m)	闭合环或附合导线总长度(km)	每边测距中误差(mm)	测角中误差(″)	方位角闭合差(″)	全长相对闭合差	相邻点的相对点位中误差(mm)
150	3	3	2.5	$5\sqrt{n}$	1/35000	8

注：1. n 为导线的角度个数，不应超过12个；
　　2. 附合导线路线大于3km时，应布设结点导线网，结点间角度个数不应超过8个；
　　3. 布设地下精密导线时，受地形条件限制，平均边长、相邻点的相对点位中误差较地面控制网进行了放宽。

（2）暗挖隧道控制网布设

1）减少隧道内导线测量的影响因素

测量所使用的全站仪、温度计及气压计和觇牌及三脚架等在使用前应进行检校、检定以及调整等，减弱对测量精度的影响。

在隧道导线测量过程中测量温度、气压，创造良好的测量条件，注意隧道内水汽、粉尘和旁折光的影响，都是提高测量精度的有效方法。

2）控制网布设

暗挖隧道平面控制测量受隧道开挖方式影响，在施工期间一般可采用支导线或双导线网的形式布设，随着隧道不断开挖向前伸展。在隧道贯通前的地下控制是一条支导线，这条导线起着指示隧道掘进方向的作用。当施工竖井间隧道贯通后，为了提高导线精度，增加检合条件，则将控制点构成附合导线。在隧道间有联络通道连接时，应通过联络通道构成附合路线或结点网。

对于较长的隧道,仅用重复测量方法进行检核和防止横向贯通误差增大是不行的,因为支导线端点横向误差是由角度观测误差引起的,计算公式为:

$$m_Q = \sum_{i=1}^{n} S_i \frac{m_\beta}{\rho} \sqrt{\frac{n+1.5}{3}} \qquad (6-30)$$

式中:S_i——导线边长;
$\quad\quad n$——测角数;
$\quad\quad m_\beta$——测角中误差。

显然,在总长度一定的情况下,每条边的长短对$\sum S_i$无影响,但导线边越短,n越大。如果测角精度m_β不变,支导线总长$\sum S_i$也不变,但采用较长的导线边,就可以减少测角数n,从而减少端点的横向误差。为了充分利用这一性质,保证正确的横向贯通,可以根据隧道的长度、形状和使用的仪器等情况,把地下导线分为两级布设。一级为边长较短的施工导线,一级为边长较长的控制导线。

在隧道掘进初期,为了满足指导隧道施工的要求布设施工导线,施工导线边长相对较短,主要是为了方便施工放样;当隧道向前掘进距离超过一定距离后,布置洞内控制导线。布设控制导线时,既要考虑到贯通面处的横向贯通误差不能超限,又要考虑到能满足施工开挖时放样精度和测设方便的要求。当隧道单向贯通距离大于1500m时,应通过加测陀螺方位角或地面钻孔投点等方法,提高控制导线精度。

一般情况,隧道单向贯通长度小于1km,可采用支导线形式布设隧道控制导线,如果长度超过1km,宜采用双导线形式布设控制导线网(图6-12),也可采用任意设站后方边角交会方法进行隧道内控制导线网的布设(图6-13),以便增加检核条件,提高测量精度。

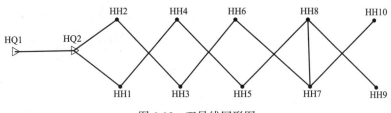

图6-12 双导线网形图

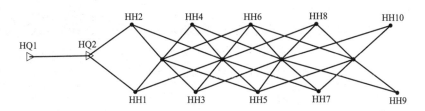

图6-13 自由设站后方边角交会网形图

3)控制点埋设

地下平面控制导线点的埋设形式根据施工方法和隧道结构形状确定,一般导线点可埋设在隧道结构的底板或边墙上,埋设形式如图6-14、图6-15所示。

图 6-14　隧道结构底板上的施工控制点标志图

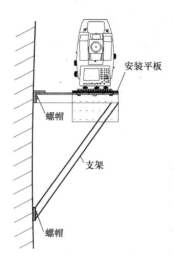

图 6-15　隧道结构边墙上壁嵌式强制归心标志

由于隧道内观测条件较差，控制点埋设位置应尽量避开比较强的光源、热源、淋水等地方，控制点间视线距隧道结构边墙一般应大于 0.5m，并交叉埋设在隧道结构两侧边墙上，以避免或减弱旁折光的影响。

4）测量方法及精度要求

地下控制导线测量应按国家标准《跨座式单轨交通工程测量标准》GB/T 51361—2021 三等平面控制网观测技术要求执行。

在作业时注意导线边长及通视情况，条件允许时尽可能使导线边长增长，减少测站。条件困难时，可采用不同时间段或采用经分析研究能有效克服测量误差的方法作业，以提高测量质量，保障测量精度。另外，由于隧道处在土层中，受其自身施工及外界环境的影响，所设置的地下导线点有可能发生位移，因此，在发现隧道内控制点坐标或边角关系发生变化时，应及时进行复测，以确定其正确可靠。

6.3.2　高程控制测量

1. 高程控制网布设原则

（1）明挖隧道高程控制测量

明挖隧道高程控制网应以线路二等高程控制点为起算依据，采用附合水准路线或结点水准网的形式布设，施工高程控制网测量应符合表 6-2 的测量技术要求。

明挖隧道高程控制网测量的技术要求　　表 6-2

水准测量等级	每千米高差中数中误差(mm)		环线或附合水准路线最大长度(km)	水准仪等级	水准尺	观测次数		往返较差、附合或环线闭合差(mm)
	偶然中误差 M_Δ	全中误差 M_W				与已知点联测	附合或环线	
二等	2	4	40	DS1	因瓦尺	往返测各1次	往返测各1次	$8\sqrt{L}$

注：1. L 为往返测段、附合或环线的路线长（以 km 计）；
　　2. 电子水准仪测量技术要求与同等级光学水准仪测量技术要求相同。

（2）暗挖隧道高程控制测量

暗挖隧道高程控制网一般布设在隧道的底板或边墙上，也可利用地下导线点标志作为高程控制点，每间隔 200m 埋设一个高程控制点，水准路线布设可与地下施工导线测量路线相同。

在隧道没有贯通前，地下水准路线均为支水准路线，需要加强测站检核，并进行往返观测。在隧道间有联络通道连接或相邻竖井、车站间隧道贯通后，应把支水准路线连接起来，使地下高程控制点构成结点水准网或附合水准路线。

暗挖隧道高程控制网技术要求与明挖隧道相同。

2. 控制点埋设

高程控制点的埋设形式有多种，在暗挖法施工的隧道中，可直接在隧道边墙或底板埋设水准点；也可在隧道平面控制点上焊接螺栓扣作为高程控制点。选择水准点的埋设位置时，要注意能使水准尺直立。不同隧道结构水准点的埋设位置和形式如图 6-16 所示。

3. 高程控制测量的方法和精度

高程控制测量应按国家标准《跨座式单轨交通工程测量标准》GB/T 51361—2021 二等水准测量相关技术要求和测量方法施测。

在高程控制测量时，与平面控制测量一样，高程控制网也是随着隧道的延伸逐步建立起来的，在隧道贯通前需要进行不少于 3 次的全面复测和检测。一般地下高程控制点复测与联系测量和地面控制点检测同时进行。重复测量的高程点间的高程较差应小于 5mm，满足要求时，取逐次平均值作为控制点的最终成果指导隧道掘进。

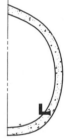

图 6-16　高程控制点的埋设示意图

6.4　隧道掘进测量

在隧道掘进过程中，隧道掘进测量贯穿整个施工过程，它指导隧道施工的每一步。只有在测量准确的条件下，后续的施工工序才能正常、有效进行。

6.4.1　明挖隧道掘进测量

明挖隧道是按照隧道的宽度和高度，包括必要的施工操作余量，从地面开挖出一个基坑，并在其中修筑钢筋混凝土箱涵，做外防水，再进行回填的施工隧道。明挖隧道的结构形式主要有直墙式、单跨式、双跨式及多跨式。明挖法是目前我国城市轨道交通工程车站采用最多的一种施工方法。对埋深不大、地面无建（构）筑物、地面交通和环境保护无特殊要求的区间隧道通常采用该方法。

明挖法通常分为无支护放坡开挖和基坑支护开挖两种形式。放坡开挖的优点是不必设置支护结构，而且主体结构施工时场地较大，便于施工布置；缺点是开挖工程量相对较大，而且占用场地大，适合在旷野采用明挖法修建的地下工程。在场地条件受限的情况下，如城市地下工程施工，常采用基坑支护开挖方法。通常，为保证基坑侧壁稳定及邻近建筑物的安全,需采取基坑侧壁的支护加固措施,即设置基坑围护结构,包括支护桩墙、支撑系统、围檩、防渗帷幕、土钉及锚杆等。基坑围护结构安全与否,不仅直接关系到所建工程的成败,而且关系到邻近已建工程的安危。

1. 基坑围护结构施工测量

基坑围护结构形式一般有连续墙、钻孔桩、人工挖孔桩、SMW工法桩、工字钢桩和钢板桩围堰等形式。不同围护结构施工测量基本方法相同,但是考虑到不同围护结构的施工工法,测量放样要求也有差异。

(1) 地下连续墙围护结构施工测量

连续墙施工前,一般在施工场地内布设和施测施工控制导线。施工控制导线边长应不低于150m,导线应进行严密平差,其精度不应低于城市一级导线的精度。

根据基坑外布设的控制导线点,采用极坐标法放样各主轴线控制点,然后用全站仪引测出各条轴线。施工过程中,对导线、轴线控制点定期进行复测,特别是在基坑外围控制点可能因为连续墙位移而变动、挖土结束及底板浇筑完成后,也应根据变形区外稳定的控制点对施工场区的导线、轴线基准控制点进行复核、调整,并在底板布设轴线控制检测点。

连续墙放样实际上是对其导墙进行放样。放样时,先按照设计图纸的坐标,计算出连续墙两侧导墙与施工控制导线点的距离和方位角,然后按照连续墙的每幅长度(一般每幅长度为6～8m),每2～3幅放一个点。此外,在导墙的起点及终点约5m外各测定2个导墙控制点,以便在施工过程中对机械移动位置进行检查。导墙放样可采用双极坐标测量的方法。

连续墙槽施工一般采用间隔式开挖,槽段挖至设计高程后,为避免导墙底部侵入结构限界,应及时进行槽位、槽深、槽宽和垂直度检查测量。垂直度偏差测量可使用全站仪进行导墙顶边和对应底脚处的三维坐标测量,并利用三维坐标计算垂直度偏差。

采用地下连续墙围护基坑时,其施工测量技术要求应符合下列规定:

1) 连续墙的中心线放样中误差应为10mm;
2) 内外导墙应根据连续墙中心线放样,且平行于连续墙中线;
3) 连续墙槽施工中应测量其深度、宽度和铅垂度;
4) 连续墙竣工后,应测定其实际中心位置与设计中心线的偏差,其偏差值应小于30mm。

(2) 护坡桩围护结构施工测量

护坡桩测设与地下连续墙施工测量类似,测量人员应根据现场实际情况,设计好放样点位和测设路线。放样时以施工控制点为基准,首先在钻孔桩中线的延长线上测设2个控制点,控制点经过检查满足精度要求以后,在控制点上架设仪器,按照10根或者20根桩的间隔测定一个点,然后在两点之间拉一根直线,用钢尺进行放样,并将每个钻孔桩的中心位置标定出来。

桩位放样后应检核桩点位之间的相互关系,以确保放样无误。桩成孔后可采用测斜仪等测量钻孔垂直偏差。

护坡桩围护结构施工测量技术要求应符合下列规定:

1) 依据线路中线控制点或导线点进行放样,放样允许误差纵向不应大于100mm,横向应在0～+50mm;

2) 桩孔成孔过程中，应测量孔深、孔径及其铅垂度；
3) 采用预制桩施工时，应监测桩的铅垂度；
4) 护坡桩竣工后，应测定各桩位置及与轴线的偏差，其横向允许偏差值应在 0～+50mm。

2. 基坑开挖施工测量

明挖隧道基坑开挖前，测量人员应认真阅读设计图纸，按设计要素计算出基坑轮廓点的坐标，根据施工现场已有的测量控制点，以极坐标法测设这些基坑轮廓点以确定开挖范围。

同时，以附合水准测量的方法，从高程控制点引测至施工场地条件较好的位置，设立 2～3 个临时高程点。

基坑开挖过程中，使用坡度尺或采用其他方法检测边坡坡度、坡脚距隧道结构的距离以满足设计要求。接近基底时，要求把高程引测至基底，以便控制开挖的标高。

基坑开挖至底部后，应采用附合导线将线路中线引测到基坑底部。基坑底部线路中线纵向允许误差应小于 10mm，横向允许误差应小于 5mm。

高程传入基坑底部可采用水准测量方法或光电测距三角高程测量方法。光电测距三角高程测量应对向观测，垂直角观测、距离往返测距各两测回，仪器高和觇标高量至毫米。水准测量和光电测距三角高程测量精度要求满足相关规定。

3. 结构施工测量

明挖隧道的施工，一般是分段施工，即开挖一段，主体结构做一段，由于跨座式单轨交通工程隧道在线路的平顺连接和结构相对关系方面要求较高，所以结构施工测量精度要求也比一般建筑物要求高。

(1) 结构底板施工测量

底板垫层施工完成后，在垫层上使用全站仪采用极坐标法直接测设边墙、结构柱等结构轮廓点的具体位置，同时做好标记，用墨斗弹出墨线，形成实地施工依据，指导现场施工。明挖隧道结构底板绑扎钢筋前，也应依据线路中线，在底板垫层上标定出钢筋摆放位置，放线允许误差应小于 10mm。

(2) 结构柱施工测量

结构柱在钢筋绑扎之前，应对已放样的结构柱位置进行检核。施工过程中，结构柱的垂直度用全站仪控制，全站仪安置在控制点上，结构柱模板固定后，检测模板的中心位置和垂直度。模板安装垂直度应小于 3‰，结构柱和垫层浇筑完成后，利用施工控制点在垫层上测设线路中线，车站还需测设主要控制轴线，测设方法同线路测量，测设完成后还需检核各点位的相互关系。

(3) 结构边墙、中板及梁施工测量

结构边、中墙模板支立前，应按设计要求，依据线路中线放样边墙内侧和中墙两侧线，放样允许误差应在 0～5mm。

顶板模板安装过程中，应将线路中线点和顶板宽度测设在模板上，并应测量模板高程，其高程测量允许误差应在 0～10mm，中线测量允许误差应为 10mm，宽度测量允许误差应在 -10～+15mm。

结构施工完成后，应对设置在底板上的线路中线点和高程控制点进行复测，测量方法和精度要求应满足有关规定要求。

采用盖挖逆作法的结构施工测量时，按下述方法进行测量：

1) 顶板立模前，应在连续墙或桩墙的顶面，每 5m 测量一个高程点并标定其位置，同时在连续墙或桩墙的侧面标出顶板底面设计高程线，其测量允许误差应在 0~10mm；

2) 中板施工前，应对顶板上的线路中线控制点和高程控制点进行检测，并通过顶板上的预留孔或预留口将这些控制点的坐标和高程传递到中板的基坑面上，作为支立中板模板和钢筋的测量依据；在浇筑混凝土前应对标定在模板上的线路中线控制点和高程点进行检核，其中线测量允许误差应小于 10mm，高程允许误差应在 0~10mm；

3) 底板的施工测量方法同中板，其中线允许误差应小于 10mm，高程允许误差应在 -10~0mm。

采用盖挖顺作法的隧道结构施工测量方法与暗挖隧道的施工测量方法相同。

6.4.2 暗挖隧道掘进测量

暗挖法是采用在地下挖洞方式的施工方法。

暗挖隧道掘进施工测量是在隧道控制测量的基础上，依据施工设计给定的隧道开挖方向和标高控制线，进行现场测设，以指导隧道按设计要求正确开挖。隧道开挖方向和标高控制线标定不同于地面定线，地面定线可一次定出整个线路，而地下隧道则是随隧道向前开挖，不断向前延伸逐点进行标定的。暗挖隧道施工测量应包括施工导线测量、施工高程测量、区间隧道施工测量和贯通误差测量等。

1. 施工导线和施工高程测量

在进行施工导线测量时，施工导线边数不应超过 3 条，总长不应超过 180m。施工导线点宜设置在线路中线或隧道中线上，也可埋设在其他位置。施工导线测量技术要求应符合表 6-3 的规定。

施工导线测量技术要求　　　　　　表 6-3

仪器等级（全站仪）	测角中误差（″）	测距中误差（mm）	测回数
Ⅱ	2	2	1
Ⅲ	6	5	2

在进行施工高程测量时，地下施工高程测量一般采用水准测量方法，水准点宜每 50m 设置一个。施工高程测量可采用不低于 DS3 级水准仪和区格式木制水准尺，并按城市四等水准测量技术要求进行往返观测，其闭合差应在 $\pm 20\sqrt{L}$ mm（L 以 km 计）之内。

2. 隧道掘进施工测量

暗挖隧道掘进主要采用中线法指导隧道开挖方向，即在掌子面确定中线及隧道轮廓线，供架设临时支撑和扩大开挖等。一般隧道中线点的间距都很短，在直线上 10m 一点，在曲线上 5m 一点。当延伸长度在直线地段大于 30m、在曲线地段不大于 20m 时，可以采用串线法测定中线点的位置。

(1) 串线法

1) 串线法测设直线

如图 6-17 所示，在掌子面附近用全站仪或经纬仪在中线方向上钉 3 个点，并挂上 3

根细麻线，用三点一线的方法在掌子面上定出中线，如图 6-17 中点 A、B、C。每次开挖之前，观测者在 A 点后用 A、B 垂线形成的视准面在隧道掌子面上定出 C 点。洞内光线较暗，如瞄准过程中麻线看不清时，可用手电筒将麻线照亮再用肉眼串线。

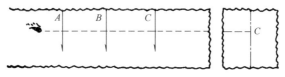

图 6-17 串线法测设直线示意图

2) 串线法测设曲线

串线法测设曲线一般多用于缓和曲线和圆曲线延伸。曲线如图 6-18 所示，串线法是由已经测定的三个临时中线点 A、B、C，在 AB 延长方向上量出方向距 Bb 定设 b 点，利用 b、C 两点串出 CD 的方向，待弦长达到 s_3 长度时，定出临时中线点 D。

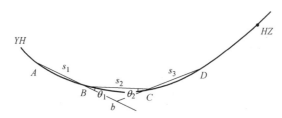

图 6-18 串线法测设曲线示意图

① 缓和曲线上的方向距计算如下：

$$Bb = s_2 \frac{\sin\theta_2}{\sin(\theta_1+\theta_2)} \quad (\text{由 } A \text{ 向 } D \text{ 延伸}) \tag{6-31}$$

$$Cb = \frac{s_2 \sin\theta_1}{\sin(\theta_1+\theta_2)} \quad (\text{由 } D \text{ 向 } A \text{ 延伸}) \tag{6-32}$$

$$\begin{aligned}\theta_1 &= \delta_{B\text{前}} + \delta_{B\text{后}} \quad (\text{即 } B \text{ 点上两偏角之和}) \\ \theta_2 &= \delta_{C\text{前}} + \delta_{C\text{后}} \quad (\text{即 } C \text{ 点上两偏角之和})\end{aligned} \tag{6-33}$$

式中：Bb、Cb——方向距；

$\delta_{\text{前}}$、$\delta_{\text{后}}$——计算点的前、后偏角。

等弦进测时，方向距可采用近似公式计算：

$$Bb = s \frac{m_2}{m_1+m_2} \quad (\text{由 } A \text{ 向 } D \text{ 延伸}) \tag{6-34}$$

$$Cb = s \frac{m_1}{m_1+m_2} \quad (\text{由 } D \text{ 向 } A \text{ 延伸}) \tag{6-35}$$

式中：s——等弦长；

m_1、m_2——分别为 B 点和 C 点至 ZH（HZ）的测站。

② 圆曲线上的方向距计算如下：

$$Bb = s_2 \frac{\sin\theta_2}{\sin(\theta_1+\theta_2)} \tag{6-36}$$

$$Cb = \frac{s_2 \sin\theta_1}{\sin(\theta_1 + \theta_2)} \qquad (6\text{-}37)$$

$$\theta_1 = \frac{s_1 + s_2}{2R} \qquad (6\text{-}38)$$

$$\theta_2 = \frac{s_2 + s_3}{2R} \qquad (6\text{-}39)$$

式中：θ_1、θ_2——弦偏角（弧度）；

s_1、s_2、s_3——分别为弧 AB、BC、CD 之弦长。

等弦进测时，方向距可采用近似公式计算：

$$Bb = \frac{s}{2} \qquad (6\text{-}40)$$

式中：s——等弦弦长。

（2）切线支距法

采用切线支距法进行隧道延伸测量时，利用切线上的临时点用串线的方法在掌子面上确定切线方向点，然后根据掌子面距曲线起始点的距离计算 Y 坐标，从所标切线方向点向曲线内侧移动外值，即为开挖中线。切线支距法是以过 ZH 或 HZ 点的切线为 x 轴，过切线 ZH 或 HZ 点的垂线为 y 轴，则曲线上任一点 m 可由切线上的相应点 m_x 及其支距 y_m 定出。曲线各点的坐标计算公式如下：

$$\begin{aligned} x &= l - \frac{l^5}{40R^2 l_0^2} \\ y &= \frac{l^3}{6R l_0} \end{aligned} \qquad (6\text{-}41)$$

式中：R——圆曲线半径；

l_0——缓和曲线全长；

l——ZH（HZ）至测点之曲线长。

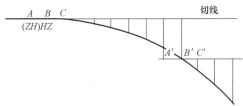

图 6-19 曲线上任一点坐标示意图

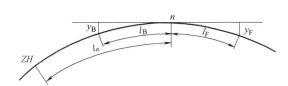

图 6-20 缓和曲线上任一点坐标示意图

当 y 值增大、切线方向落到坑壁上时，可将切线平移一个距离，如图 6-19 所示。缓和曲线中间任一点的切线至缓和曲线上其他各点的支距可按下式近似计算（图 6-20）：

$$\begin{aligned} y_B &= \frac{l_B^2}{6R l_0}(3l_n - l_B) \\ y_F &= \frac{l_F^2}{6R l_0}(3l_n - l_F) \end{aligned} \qquad (6\text{-}42)$$

$$x_F^B = l_F^B - \frac{y_F^2 B}{2 l_F^B} \text{ 或 } x_F^B \approx l_F^B$$

(3) 弦线偏距法

如图 6-21 所示，A、B 为曲线上用仪器测设的两个中线点，欲向前定出弦长为 s_2 新点 C 时，可用如下测量方法：延伸已知的弦 AB，量出弦延线长度 $BC'=d_2$ 定出 C' 点，然后在 C' 点以弦线偏距 t_2 为半径划弧，与从 B 点量出的弦长 s_2 相交于 C 点即为所测中线点。再顺序如法延弦和偏距测设其余各点。

(4) 激光准直仪的应用

现在隧道施工中，激光准直仪得到越来越广泛的应用，人们利用激光准直仪的激光器发射出的可见激光束指导隧道掘进。当测量人员

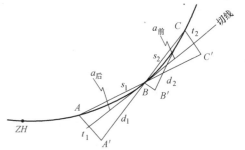

图 6-21　弦线偏距法中线点测量示意图

将激光指向仪安置到所需要的开挖方向后，施工人员通过观察靶（或光电接收靶）上光点的位置即可确定开挖机械的方向和位置。激光准直仪的使用，大大提高了隧道施工的质量和速度。

激光准直仪既可以安置在隧道顶部，使激光光束和隧道中线重合；也可以安置在隧道边墙上，使激光光束和隧道中线平行。

在直线地段掘进时，将激光束调整在中线上并平行于线路的坡度即可，激光束的光点落在观察靶的固定点上（一般在靶的中心），即表示掘进方向和位置正确。在曲线地段掘进时，激光光束与隧道中线不平行，平面控制一般采用切线支距法等。

利用激光指向仪指导直线隧道掘进时，应满足下列要求：

1) 激光指向仪设置的位置和光束方向，应根据中线和高程控制线设定；
2) 仪器设置必须安全牢固，激光指向仪安置距工作面的距离不应小于 30m；
3) 隧道掘进中，应经常检查激光指向仪位置的正确性，并对光束进行校正。

6.4.3　隧道贯通后的测量

1. 贯通测量概念

跨座式单轨交通工程隧道掘进一般分段进行，各段隧道先后挖通后形成衔接面，即为贯通面。由于测量误差等原因，贯通面不能按设计位置相衔接而产生的偏差称为贯通误差。贯通误差在垂直于中线方向上的投影长度称为横向贯通误差；沿中线方向上的投影长度称为纵向贯通误差；在高程方向的投影长度称为竖向贯通误差，即高程贯通误差。测量贯通误差的工作过程称为贯通测量。

国家标准《跨座式单轨交通工程测量标准》GB/T 51361—2021 规定：横向贯通中误差为 50mm，高程贯通中误差为 25mm。因极限误差（限值）等于 2 倍中误差，由此得到横向贯通误差、高程贯通误差限值分别为 100mm 和 50mm。

2. 贯通误差测量

(1) 中线法贯通测量

采用中线法贯通的隧道，当隧道贯通之后，应从相向测量的两个方向各自向贯通面延伸中线，并各钉一个临时桩 A 和 B，如图 6-22 所示。量测出两临时桩 A、B 之间的距离，即得到隧道的实际横向贯通误差；A、B 两临时桩的里程之差，即为隧道的实际纵向贯通误差。

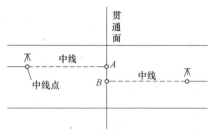
图 6-22 中线法贯通误差测量示意图

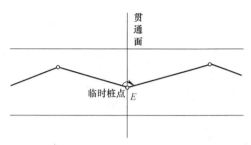
图 6-23 坐标法贯通误差测量示意图

以上方法对于直线隧道与曲线隧道均适用，只是曲线隧道贯通面方向是指贯通面所在曲线处的法线方向。

(2) 导线法贯通测量

如果采用导线作为平面控制贯通的隧道，可在实际贯通点附近设一个临时桩点 E，如图 6-23 所示，分别由贯通面两侧的导线测出其坐标。由进口一侧测得的 E 点坐标为 x_j、y_j；由出口一侧测得的 E 点坐标为 x_c、y_c，则实际贯通误差为：

$$f=\sqrt{(x_c-x_j)^2+(y_c-y_j)^2} \quad (6-43)$$

如果是直线隧道，通常是以路线中线方向作为 x 轴，此时横向、纵向贯通误差分别为：

$$f_{横}=y_c-y_j$$
$$f_{纵}=x_c-x_j \quad (6-44)$$

如果是曲线隧道，如图 6-24 所示，设贯通面方向与实际贯通误差 f 的夹角为 φ，可按下式计算：

$$\varphi=\tan^{-1}\frac{y_c-y_j}{x_c-x_j}-\alpha_{贯} \quad (6-45)$$

式中：$\alpha_{贯}$——贯通面方向的坐标方位角，可根据贯通点在曲线上的里程计算。在 φ 角算得后，即可计算横向、纵向贯通误差：

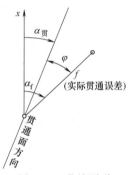
图 6-24 曲线隧道 φ 角示意图

$$f_{横}=f\cos\varphi$$
$$f_{纵}=f\sin\varphi \quad (6-46)$$

6.4.4 二衬施工测量

隧道二衬结构施工测量是在贯通测量后，相邻施工隧道的地下控制导线和水准线路形成附合线路并进行严密平差后进行的。

隧道二衬结构施工测量应符合下列要求：

(1) 以平差后的地下控制点作为二衬施工测量依据，进行中线和高程控制线测量。

(2) 在隧道未贯通前必须进行二衬施工时，为避免出现较大贯通误差，影响隧道衔接，应采取增加控制点重复测量次数、钻孔投点以及加测陀螺方位等方法，提高现有控制点的精度。同时应预留长度不小于 150m 的隧道不得进行二衬施工，作为贯通误差调整段。待预留段贯通并进行贯通误差调整后，应以平差后的控制点为依据进行二衬施工测量。

(3) 用台车浇筑隧道边墙二衬结构时，台车两端的中心点与中线偏离允许误差应在 5mm 之内。曲线段台车中线与其相应曲线的矢距不大于 5mm 时，台车长度可代替曲线长度。台车两端隧道结构断面中心点的高程，应采用直接水准测设，与其相应里程的设计高程较差应小于 5mm。

6.5 限界测量

跨座式单轨交通隧道结构的建筑限界是在设备限界基础上，考虑了设备和管线安装尺寸后的隧道最小有效横断面，是工程建设、管线和设备安装位置等必须遵守的依据。

限界测量就是确定隧道结构的建筑限界是否满足设计要求所进行的测量工作。

限界测量在隧道二衬施工完成后进行。利用隧道内二衬施工完成后布设的控制点进行隧道结构限界测量。

6.5.1 隧道断面形式

跨座式单轨交通工程隧道施工主要采用明挖法和暗挖法施工，其断面形式如图 6-25 所示。

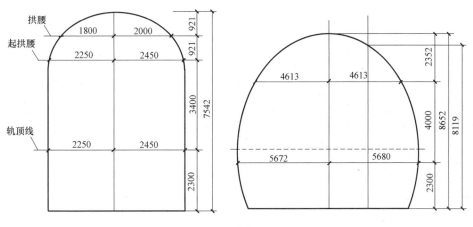

图 6-25 隧道横断面形式

6.5.2 限界测量的技术要求

(1) 以贯通平差后的施工平面和高程控制点及调整后的线路中线点为依据，按设计或工程需要测量结构横断面及底板纵断面。一般直线段每 6m、曲线段每 5m 测量一个横断面和底板高程点。结构横断面变化处和施工偏差较大段应加测断面。

(2) 限界测量点的位置应为建筑限界控制点或设计指定位置的断面点，对于不规则断面，还应加测隧道突出处的断面和断面上的突出点。

(3) 限界测量完成后，应对结构限界测量成果进行检核，结构尺寸异常的断面应现场复测，并按设计要求的数据格式编制和提供限界测量成果表。

6.5.3 限界测量方法

结构限界测量一般采用支距法、全站仪解析法、三维激光扫描仪法等,下面对常用的限界测量方法进行简单介绍。

1. 支距法

采用支距法进行断面测量,首先需要用全站仪放出某里程处的线路中线桩,然后依据设计给定的高度,用尺子直接量取中线到隧道两侧的横距和隧道底板中线点到拱顶的高差。如图 6-26 所示。

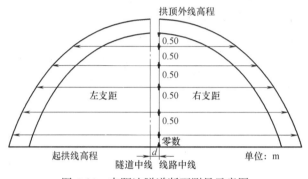

图 6-26 支距法隧道断面测量示意图

从外拱顶点高程起,沿断面中线向下每隔 0.5m 量出两侧外拱线的横向支距,各支距端点的连线即为断面开挖的轮廓线。直线隧道左、右支距相等;曲线隧道内侧支距比外侧支距大 $2d$(d 为线路中线至隧道中线的距离)。

此方法简单、直观,但是由于测量工具简陋,对隧道环境要求较高,每一断面限界控制点又需直接测量,个别点测量困难,所以劳动强度大、测量精度低。该方法适用于洞径较小、测量精度要求较低的断面测量。内业数据处理时,需要手工将外业填写的数据逐个录入计算机的电子表格,供设计人员使用。

2. 全站仪解析法

采用全站仪解析法进行限界测量时,将全站仪安置在隧道线路中线点上或导线控制点上,直接测取隧道断面上限界控制点的三维坐标,并记录在全站仪的数据采集器内,如图 6-27 所示。

图 6-27 全站仪解析法测量示意图

全站仪解析法外业测量完成后，内业需要利用编制的软件进行数据计算，计算完成后，依据计算结果绘制横断面图，并提供限界控制点坐标、横断面尺寸以及与设计值的比较成果等一系列所需成果资料。其内业处理主要流程如下：

（1）推算断面里程

断面里程的推算包含直线段线路和曲线段线路里程推算。直线段任一点的里程，可直接通过坐标反算和三角形解算得到该点与起点的里程差（图6-28），利用起点里程推算该点的里程。曲线段任一点里程求算如图6-29所示，P为断面上一个测点，首先计算出曲线起点O的坐标及切线方位，通过计算起点O与任意点P的坐标反算出他们连线的方位，这样差值ΔV_1就可算得，解算$\triangle OBP$，算得OB的长度，将OB的长度加上起点里程，得到新起点A的里程，同样的方法算得AC的长度，然后加上A点的里程得到下一个新起点，继续重复迭代，直到计算得到的切线长度为零，停止迭代，得到任意点P对应中桩P'的里程。

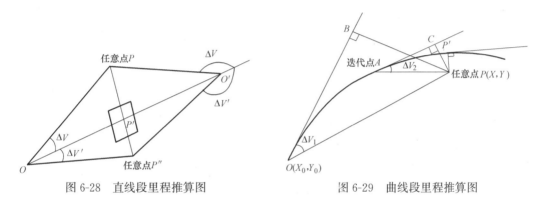

图6-28　直线段里程推算图　　　　图6-29　曲线段里程推算图

（2）根据里程求相应的设计值（X、Y、Z、切线方位）

根据反求得到的P点对应正线里程，可计算出对应点P'的线路中心坐标和隧道中心坐标、切线方位角。

（3）横距计算

横距计算指计算断面上测点P偏离线路中线的距离。首先，我们设想一个特例：假设隧道是正南正北方向，那么测得断面上测点的横距计算只需要计算测点P与线路中桩点P'的Y坐标差值即可，断面坐标系可以由Y、Z两个坐标轴构成。由此启发，如果P点对应的线路中桩P'点的切线方位为0（正北方向），如图6-30所示，P点的横距也可以很方便地计算出来。

接下来，沿P'点的切线方向建立新坐标系$X'P'Y'$（图6-31），将P点的坐标由原坐标系$XP'Y$转换到新坐标系$X'P'Y'$，便可算出P点对应的横距。

（4）高差计算

高差计算相对简单，根据里程求得对应的设计轨面高，实测点P的高程与之相减，得到P点距设计轨面的距离。

（5）断面图的绘制

求出上述隧道断面测点的横距和高差，就可以在以设计线路中线为纵轴，以设计轨面为横轴，纵、横轴交点为原点的坐标系中绘制断面图，并进行限界断面分析。图6-32为

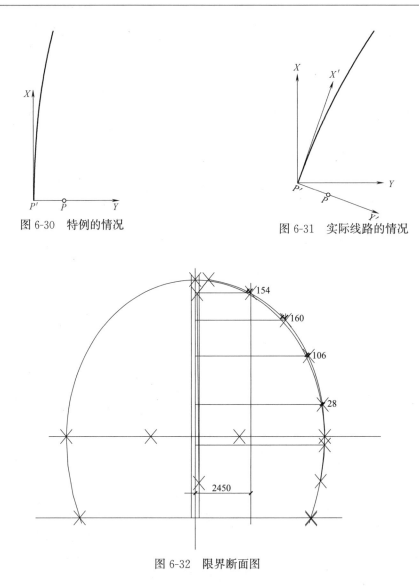

图 6-30 特例的情况　　　　　图 6-31 实际线路的情况

图 6-32 限界断面图

限界断面图,图中隧道中线与设计的线路中线一致,这样更方便对隧道限界点进行检查分析。

3. 三维激光扫描仪法

作为有效的非接触测量系统,三维激光扫描仪可以收集大面积的三维空间数据,具有测量速度快、精度高、点云空间密度大等特点,并且该系统测量的点云数据还整合了被量测物体的 RGB 颜色信息,该信息不仅有利于进一步研究测量对象,还有利于后期数据建模等。三维激光扫描仪不仅改变传统测量的作业模式,还使断面测量数据多元化,后期可按要求进行多种加密处理。在传统测量作业模式下,如果需要对隧道断面进行加密测量,则需要重新进行实地测量,这无形中增加了额外的工作量;而三维激光扫描因为获取了隧道高密度三维点云数据,在需要加密的时候,可直接在内业从三维点云模型中进行量测,无需实地测量,减轻了工作负担,使断面测量工作一步到位。

三维激光扫描技术是利用激光测距的原理,通过外业现场扫描记录被测物体表面大量密集点的三维坐标、反射率和纹理等信息，可快速复建出被测目标的三维模型及线、面、体等各种数据。仪器通过两个同步反射镜快速而有序地旋转，将激光脉冲发射体发出的窄束激光脉冲依次扫过被测区域，通过测量每个激光脉冲从发出经被测物表面再返回仪器所经过的时间（或者相位差）来计算距离，同时内置精密时钟控制编码器，同步测量每个激光脉冲横向扫描角度观测值 α 和纵向扫描角度观测值 θ，因此，任意一个被测云点 P 的三维坐标为：

$$\begin{cases} X_P = S \cdot \cos\theta \cdot \cos\alpha \\ Y_P = S \cdot \cos\theta \cdot \sin\alpha \\ Z_P = S \cdot \sin\theta \end{cases} \quad (6\text{-}47)$$

激光扫描系统的原始观测数据除了两个角度值和一个距离值，还有扫描点的反射强度 I，用来给反射点匹配颜色。拼接不同站点的扫描数据时，需要用公共点进行变换，以统一到同一个坐标系统中，公共点多采用球形目标。

三维激光扫描技术进行隧道限界测量工作的工作流程分为数据采集、数据预处理、数据分析三个部分，流程图如图 6-33 所示。

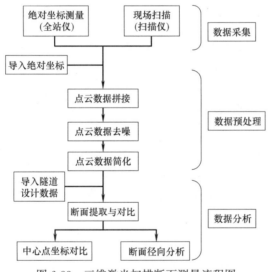

图 6-33 三维激光扫描断面测量流程图

（1）数据采集

跨座式单轨交通工程隧道区间距离长，采用三维激光扫描仪法进行断面测量时，需要多站扫描后将点云数据拼接到同一个坐标系下再进行断面量测。根据隧道现场环境复杂度以及不同仪器本身有效工作范围的不同，合理设置测站和标靶球的位置，以保证点云拼接精度。点云拼接通常通过控制点进行，因此在进行激光扫描时需要布设控制点，控制点可采用隧道内贯通后的联测控制点。在实际作业中，根据测量精度要求设置扫描分辨率，便于后期进行数据处理。扫描分辨率可通过距离和时间两种方法确定，其中距离方法为：设仪器高为 $H(\text{m})$，测量斜距为 $S(\text{m})$，要求的采样间隔为 $r(\text{mm})$，则扫描时参数设置的分辨率为 rH/S；时间方法为：以不同的分辨率对已知区域进行扫描，并记录相应的扫描时间，扫描后分别量测实际的分辨率，并根据扫描时间得出一个用时间控制分辨率的经验公式。

(2) 数据预处理

测站扫描后得到的是一个个三维点云数据集，必须经过一系列后续处理才可以生成断面。在点云后处理软件中，根据测站间共有的标靶球拼接各个测站的点云数据。原始的点云数据中存在噪声点及其他无用数据，比如工作人员、各类障碍物等，这些都需要在后处理软件中剔除。

(3) 数据分析

在专业软件中，根据点云确定出隧道的中心线，并沿其法线方向按一定间隔截取隧道的断面图。将生成的断面点云数据导入 AutoCAD，按截取的断面图输出成 DWG 格式文件，以方便其进行量测分析，并记入相应成果表格中。

第7章 轨道梁的制作与安装测量

7.1 轨道梁的制作与安装概述

跨座式轨道交通系统的轨道梁集多种功能于一体，他不仅是承重的桥梁结构，同时也是支承和约束车辆行驶的轨道，还是牵引电网的载体。轨道梁的结构和功能决定了其要有足够的强度和加工精度。为了保证线路质量，轨道梁断面、梁长、支座位置以及轨道梁安装线形都比一般混凝土梁精度要求高。

轨道梁的制作中，采用的轨道梁制造模具应具有可横向弯曲、扭转，竖向可调整性，模具的刚度和稳定性应能保证梁体的尺寸精度。制作时要严格按设计要求将模具调到梁体初始形状，通过变形计算，计算出各阶段轨道梁的形状，各阶段（脱模、3d、14d、28d、出厂）都有效控制与检测轨道梁的各项指标，最终保证梁体最终形状与设计要求相符。

轨道梁安装中为保证轨道梁安装后的线形状态质量满足设计要求，保证车辆运行的安全和舒适，严格控制安装程度，精细完成好每一个安装工艺环节是非常重要的技术措施。

7.2 轨道梁制作测量

7.2.1 轨道梁制作技术标准

轨道梁规格和制作精度要求，如表7-1所示。

轨道梁规格和制作精度要求　　　　　　表7-1

项目名称	规格	简支梁允许偏差	连续梁、连续刚构梁允许偏差
梁高(mm)	1300~2200	10	10
梁宽(mm)	690、700、850	梁端:2;梁中:4	3
梁长、梁跨长(mm)	0~30000	10	12
走行面垂直度 δ(rad)	—	3/1000	3/1000
梁端面倾斜度 θ(rad)	—	5/1000	6/1000
两端面中心线夹角(rad)	—	3/1000	3/1000
局部不平度(mm)	—	2	3
梁体工作面线形(mm)	—	≤$L/2000$	≤$L/2000$

注：L 为梁长。

7.2.2 轨道梁制作工序测量

1. 轨道梁制作工序测量流程

（1）简支梁制作工序测量流程

简支梁制作工序测量流程：底模台车放线测量→支座（支座预埋件）安装测量→安装底部预埋件测量→钢筋制作、混凝土垫块制作、内模制作、钢筋绑扎、内模、波纹管安装测量→安装端模测量→梁体钢筋质量检测→调整侧模测量→浇筑混凝土、二次抹面测量→脱侧模测量→第一批张拉后测量→存梁测量→第二批张拉前的尺寸检测→第二批张拉后的尺寸检测→28d尺寸检测→出厂测量。

（2）连续刚构梁制作工序测量流程

连续刚构梁制作工序测量流程：底模放线测量→钢筋制作、混凝土垫块制作、内模制作、钢筋绑扎、内模、波纹管安装测量→安装端模测量→梁体钢筋质量检测→调整侧模测量→浇筑混凝土、二次抹面测量→脱侧模测量→第一批张拉后测量→存梁测量→第二批张拉前的尺寸检测→第二批张拉后的尺寸检测→28d尺寸检测→出厂测量。

2. 主要工序制作测量

（1）底模台车放线测量

1）用测量工具放出底模台车的横纵向中心线。

2）用钢卷尺以台车横向中心线为基准，放出钢筋笼底部边界线，然后根据底模台车放线技术要求，如表7-2所示，进行放线和检测。

底模台车放线技术要求　　　　　　　　　表7-2

序号	检验项目	允许偏差(mm)	检测工具	检查频次
1	全长	2	钢卷尺、拉力器	全检
2	跨度	2	钢卷尺、拉力器	全检
3	梁宽	1	钢卷尺	抽检两端、$L/4$、$L/2$、$3L/4$共5处（L为梁长）
4	预埋件	2	钢卷尺、拉力器、钢直尺	全检

（2）支座安装测量

支座分为固定支座和活动支座两种，有直线形和曲线形。它是轨道梁与墩柱连接在一起的构配件，承担着传递竖向力、横向力和扭转力以及防止梁倾覆、安装时调整线形和设置超高的作用，因此支座安装是关键工序。

1）支座在预制厂进行安装，支座进场后，安排专人对支座的纵横向中心线进行检查（纵横向中心线应由支座厂商在支座上刻注），安装前根据图纸核实支座型号。

2）安装曲线支座时必须注意支座尺寸较厚一侧安装在梁体曲线外侧；固定支座通常安装在线路下坡端，在施工前应对图纸进行审核。

3）将支座吊装就位，用吊线锤放出梁体纵向中心线，再用钢直尺和直角尺根据台车放线时计算出的支座中心线与台车两端边线的距离和支座中心与梁体中心线的距离，采用支座调整机构，使支座上摆顶面的纵横向中心线满足设计要求。

4）调节水平调整螺栓，用水平尺使支座顶面与台车面水平后固定螺栓。

5）固定支座后安装挡浆板，用水平尺或水准仪调整挡浆板与支座顶面水平，挡浆板靠近台车边处调整为高于台车面3mm。挡浆板与支座沿边间隙采用玻璃胶密封以防止灌注时漏浆。

6）安装完成后，进行支座中心线距离复测。

支座安装技术要求如表7-3所示。

支座安装技术要求　　　　　　　　　　　　　　　表7-3

序号	检验项目	允许偏差（mm）	检测工具
1	支座纵横向中心线偏差	1	钢直尺、游标卡尺
2	支座纵向中心线与梁体中心线偏差	1	钢直尺
3	支座顶面与台车面高差	1	水平尺、塞尺
4	两支座中心距与设计值偏差	2	钢卷尺、拉力器
5	接缝处密封良好，无漏浆可能	良好	

（3）钢筋加工检测

钢筋加工技术要求如表7-4所示。

钢筋加工技术要求　　　　　　　　　　　　　　　表7-4

序号	检验项目及方法	允许偏差	检查频次
1	冷弯及抗拉试验	合格	每200个接头制作冷弯、抗拉试件各一组
2	接头偏心（轴线偏移）(mm)	$\leqslant 0.1d$ 且$\leqslant 2$（d为钢筋直径）	抽检10%
3	接头弯折（轴线夹角）(°)	$\leqslant 4$	抽检10%
4	接头表面裂纹	无	全检
5	钢筋在焊接机夹口无烧伤	良好	全检
6	钢筋下料(mm)	10($\geqslant$5m) 5(<5m)	抽检10%
7	钢筋成型尺寸误差(mm)	5	抽检10%
8	成型后钢筋外观无锈蚀、裂纹等	良好	全检

（4）内模制作测量

内模制作技术要求如表7-5所示，内膜骨架布置如图7-1所示。

内模制作技术要求　　　　　　　　　　　　　　　表7-5

序号	检验项目及方法	允许偏差	检查频次
1	全长(mm)	10	每节内模测上、下两边
2	宽(mm)	$-5\sim0$	每节内模检查两端及中心共3处
3	高(mm)	$-10\sim0$	每节内模两端
4	曲线矢高(mm/节)	3	每节内模

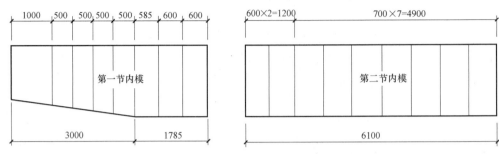

图 7-1　内模骨架布置图

(5) 钢筋绑扎

钢筋绑扎技术要求如表 7-6 所示。

钢筋绑扎技术要求　　　　表 7-6

序号	检验项目	允许偏差(mm)
1	波纹管顺直,且与任何方向的偏差	≤5
2	钢筋与设计位置偏差	≤10
3	钢筋混凝土保护层与设计偏差	5
4	钢筋搭接长度	≥30d(d 为钢筋直径)
5	钢筋搭接绑扎或段焊	不少于 3 处,双结绑扎,段焊牢固
6	混凝土垫块间距	500~800
7	内模安装位置偏差	任何方向≤10
8	钢筋绑扎或点焊点牢固	良好

(6) 预埋件的安装

1) 指形板板座安装

指形板板座安装在端模上。板座与端模之间采用钢板制作成同指形板板座相同尺寸的模型定位。

2) 简支梁电缆桥架预埋件安装

电缆桥架预埋件,其安装位置按轨道梁预埋件设计位置在底模台车顶面作出预埋件位置(底模台车放线时)。

3) 简支梁绝缘子支持螺栓预埋护套安装

根据供电系统预埋件布置图中绝缘子支持螺栓预埋护套的位置,选择模板上预留孔,将绝缘子支持螺栓预埋护套安装在相应的孔中,并用绝缘子支持螺栓将其固定。安装过程中注意预埋件的预埋角度及高度。

4) 简支梁车体接地板固定预埋套管安装

① 根据供电系统预埋件布置图中车体接地板固定预埋套管的位置,选择中模板上预留孔。

② 将车体接地板固定预埋套管安装在相应的孔中。

③ 允许偏差:预埋件埋入间隔 1000±10mm,与梁侧面相对的埋入角度±3°,相邻预

埋件间的高低偏差 2.5/1000，安装位置中心距安装面边缘距离 2.5mm。

5）简支梁车体接地电缆保护管及避雷器电缆保护管安装

① 根据供电系统预埋件布置图，将车体接地电缆保护管及避雷器电缆保护管位置标识在底模上。

② 将车体接地电缆保护管放置在标识的位置上，然后将其固定钢筋绑扎在底部钢筋和侧面箍筋上，将其定位。

③ 预埋件位置允许偏差为 30mm。

6）简支梁馈线电缆保护管安装

① 根据图 7-2 馈线电缆保护管安装图，将馈线电缆保护管位置标识在底模上。

② 将馈线电缆保护管放置在标识的位置上，然后将其固定钢筋绑扎或点焊在底部钢筋和侧面箍筋上，将其定位。馈线电缆保护管定位必须满足进口端背向最近绝缘子的距离大于 500mm，顺向最近绝缘子的距离大于 1100mm，如图 7-2 所示。

③ 预埋件位置允许偏差为 30mm。

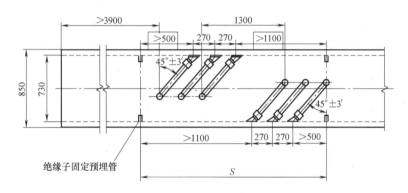

图 7-2　馈线电缆保护管安装示意图

7）简支梁信号系统预埋件安装

根据图纸要求，在钢筋绑扎时将信号系统与梁体钢筋进行多点焊接或绑扎固定。简支梁信号系统预埋件安装精度要求，如表 7-7 所示。

简支梁信号系统预埋件安装精度要求　　　　　表 7-7

序号	检查项目		允许偏差
1	绝缘子支持螺栓预埋护套	上部预埋件距梁顶(mm)	5
		上、下部预埋件间隔(mm)	1.5
		预埋件与梁侧面相对的埋入角度(°)	3
		相邻预埋件间的高低误差	1/1000
2	供电环网电缆桥架预埋件(mm)		10
3	车体接地板固定预埋套管	预埋件埋入间隔(mm)	1000±10
		预埋件与梁安装面的埋入角度(°)	3
		相邻预埋件间的高低误差	2.5/1000
		安装位置中心距安装面边缘距离(mm)	2.5

续表

序号	检查项目	允许偏差
4	馈线电缆保护管位置(mm)	30
5	避雷器电缆保护管位置(mm)	30
6	车体接地电缆保护管位置(mm)	30
7	信号系统预埋件(mm)	纵向10、横向2

8) 连续梁、连续刚构梁接触轨预埋件安装

① 根据供电系统预埋件布置图中接触轨预埋件的位置，选择在侧模板上预留槽道安装孔。

② 将槽道预埋件安装在相应的孔中，并用螺栓将其固定。安装过程中注意预埋件的预埋角度及高度。

③ 槽道预埋间距标准为3m，最大间距不超过3.5m，且轨道梁曲线半径小于300m的区段，槽道预埋间距不大于3m。

④ 预埋件允许误差：预埋件距梁顶±2mm，相邻预埋件间的高低误差$L\pm10$mm，槽道竖直方向应和轨道梁走形面垂直，一端偏移误差不大于2mm。

连续梁、连续刚构梁接触轨预埋件安装要求，如图7-3所示。

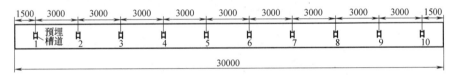

图7-3 连续梁、连续刚构梁接触轨预埋件安装要求

9) 连续梁、连续刚构梁接触轨电缆保护管安装

① 根据供电系统预埋件布置图，将接触轨电缆保护管位置标识在底模上。

② 将电缆保护管放置在标识的位置上，然后将其固定钢筋绑扎在底部钢筋和侧面箍筋上，将其定位。

③ 预埋件位置允许误差为30mm。

连续梁、连续刚构梁接触轨电缆保护管安装要求，如图7-4所示。

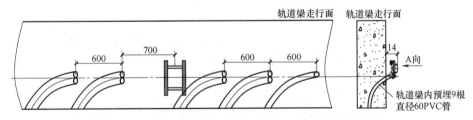

图7-4 连续梁、连续刚构梁接触轨电缆保护管安装要求

10) 连续梁钢横梁预埋钢板安装

① 根据轨道梁构造图钢横梁预埋件位置对其进行定位。

② 将钢横梁预埋件锚筋与钢筋笼箍筋进行焊接并将其固定。

③ 合模时，应保证钢横梁预埋件钢板与钢模板密贴，不得有间隙。

钢横梁预埋钢板精度控制要求，如表 7-8 所示。

钢横梁预埋钢板精度控制要求 表 7-8

规格(mm)	设计值			
	整体高度(mm)	预埋板尺寸(mm)	平面度(mm)	防腐层厚度(μm)
400×310×20	620±2	(310±2)×(400±2)×20	≤2	≥120

(7) 端模安装检测

由于轨道梁的弯曲弧形会随线路的曲线半径不同而产生变化，所以端模在底模台车上的相对位置也会发生变化。通过 4 个对称布置的双扣螺杆可将端模在底模台车上精确定位，满足轨道梁的精度要求。

1) 端模装配

① 先安装固定指形板预埋件铁座，再安装指形板预埋件，需检测预埋件与相应的预埋件铁座必须贴合紧密，四周接缝采用玻璃胶密封，防止砂浆渗入；铁座表面螺孔内加注黄油脂用胶带封口，防止锈蚀和砂浆渗入。拆模后及时清理指形板预埋件及铁座表面。

② 将支承板用螺栓固定在端模上。

③ 用螺栓将锚具支承板（喇叭管）与端部连接。

④ 用扎丝将梁体最端部的钢筋与指形板预埋螺栓绑扎固定。

2) 端模安装测量要求

端模安装要求，如表 7-9 所示。

端模安装要求 表 7-9

序号	检验项目	允许偏差
1	梁长(顶部测 2 组值，底部测 2 组值，取平均值)(mm)	5
2	端模倾角、转角与梁体中心线夹角误差(rad)	2/1000
3	端模预埋件应紧贴密合，且垂直于端模	无间隙

(8) 侧模调整测量技术要求

侧模调整测量技术要求，如表 7-10 所示。

侧模调整测量技术要求 表 7-10

序号	检验项目	允许偏差
1	梁长(顶部 2 个值，底部 2 个值)(mm)	2
2	跨端模倾角、转角与梁体中心线夹角误差(rad)	2/1000
3	端模预埋件应紧贴密合，且垂直于端模	良好
4	跨中处线形板台面与台车面高差(mm)	3
5	各设计位置预留反拱值与设计值偏差(mm)	2
6	各节中模两端至相应线形板台面距离偏差(mm)	2
7	各中模接缝处密封良好，无漏浆可能	良好

(9) 脱模检测

梁体脱侧模后，需检测的项目如表 7-10 所示。

(10) 存梁检测

第一批张拉后，可将轨道梁吊离底模台车，转存到存梁区，需检测项目：支墩的平整度、存梁支点范围（距梁端1.6m以内）、双层存梁梁体中心线上下需重合。

(11) 第一批张拉后检测

梁体预应力施工分两期进行，在梁体混凝土强度达到75%设计强度及相应的弹性模量后，且混凝土龄期4d后进行第一批张拉，第一批张拉后检测项目如表7-11所示。

(12) 第二批张拉后检测

在梁体混凝土强度达到100%设计强度及相应的弹性模量后，且混凝土龄期14d后可进行第二批张拉，第二批张拉后检测项目与第一批张拉相同。

(13) 28d检测

混凝土龄期达到28d后，检测项目如表7-11所示。

(14) 出厂检测

轨道梁出厂检测项目，如表7-11所示。

轨道梁检测项目　　　　　　　　　　　　　表7-11

		检测时间				
	检测项目	脱模后	第一批张拉后(4d)	第二批张拉后(14d)	28d	出厂
1	梁长	●	●	●	●	●
2	跨度	●	●	●	●	●
3	梁高	●				
4	梁宽	●				
5	走行面垂直度	●				
6	梁体端面倾斜角	●	●	●	●	●
7	两端面中心线夹角	●				
8	顶面工作面线型	●	●	●	●	●
9	侧面工作面线型	●				
10	指形板与梁体表面高差	●				●
11	局部不平整度	●	●	●		●
12	预埋件	●				●

7.2.3　成品轨道梁检测

轨道梁的梁体线形与预埋件位置必须每榀梁逐一检查，应保证梁体各部形状尺寸及预埋件位置准确；且为保证梁体与桥墩施工检测的一致性，轨道梁检测与桥墩检测工具、仪器必须统一。轨道梁的梁长、跨度、梁体端面倾斜度及工作面线形的尺寸按设计要求分五个阶段——脱模后、4d、14d、4周（28d）、出厂前进行检验。检测内容及检测方法如下：

1. 梁宽

(1) 检测部位：横向、纵向位置，如图7-5所示，纵向取各加力器截面。

(2) 检测方法：脱模后，在梁体表面标出各测点位置，将等高块置于梁顶各截面位置，再将U形尺置于等高块上，用钢直尺量出梁表面至U形尺内侧距离，再用U形尺内侧间距减去尺读数，即得出梁宽值（$900-d_1-d_3$），用钢直尺读数时，在U形尺同一侧读数，且U形尺的横梁应与轨道梁侧垂直，如图7-5所示。

（3）检测频次：每次均检测2次，检测数据合格后，再进行下一步检测。

（4）检验数量：每榀梁内外侧各加力器处。

（5）检验工具：钢尺、U形尺（U形尺内侧间距900mm）。

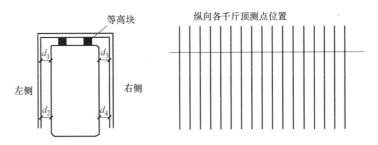

图7-5 梁宽检测示意图

2. 跨度

（1）检测器具：钢卷尺、管式测力器。

（2）检测部位：两支座中心距，分别测内、外两侧。

（3）检测方法：在拉力器配合下用钢卷尺测两支座中心距离。曲线梁时，内侧测量弦长，外侧测量弧长。

（4）检测频次：每次均检测2次，检测数据合格后，再进行下一步检测。

（5）检验数量：每榀梁内侧、外侧。

跨度检测如图7-6所示。

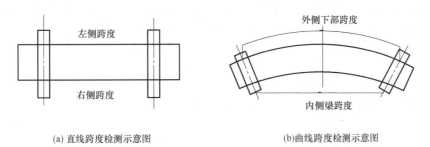

(a) 直线跨度检测示意图　　(b) 曲线跨度检测示意图

图7-6 跨度检测示意图

3. 梁长

（1）检测器具：钢卷尺、管式测力器。

（2）检测部位：梁体两侧上、下部。其中，曲线梁外侧梁长测量弧长，内侧梁长测量弦长。

（3）检测方法：梁长检测如图7-7所示。脱模后，分别在梁体两侧作垂线，分别与两支座中心及梁中心重合，脱模后直接用钢直尺测出 $L_1 \sim L_4$、$L_1' \sim L_4'$，在拉力器配合下，用钢卷尺测出 $L_5 \sim L_6$、$L_5' \sim L_6'$（$L_1 \sim L_6$ 指右侧梁长、$L_1' \sim L_6'$ 指左侧梁长），则右侧底部梁长＝$L_2+L_4+L_6$，右侧顶部梁长＝$L_1+L_3+L_5$；左侧底部梁长＝$L_2'+L_4'+L_6'$，左侧顶部梁长＝$L_1'+L_3'+L_5'$。

（4）检测频次：每次均检测 2 次，检测数据合格后，再进行下一步检测。

（5）检验数量：每榀梁内侧、外侧。

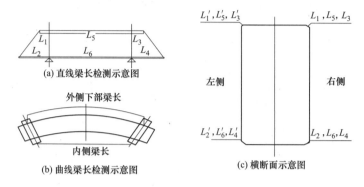

图 7-7 梁长检测示意图

4. 走行面垂直度

（1）检验数量：每榀梁千斤顶处。

（2）检验方法：钢尺、U 形尺。

5. 梁体端面倾斜角

（1）检测器具：钢尺、吊线锤。

（2）检测部位：分别测量梁体两侧上下倾斜差值 arctan $(L_2-L_1)/h$，其中 h 为端部梁高。

（3）检测频次：每次均检测 2 次，检测数据合格后，再进行下一步检测。

（4）检验数量：每榀梁两个端头。端面倾斜角检测，如图 7-8 所示。

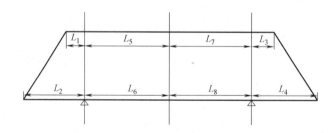

图 7-8 端面倾斜角检测示意图

6. 梁高

（1）检测器具：直角尺、钢卷尺。

（2）检测部位：梁体两侧跨中、每加力器对应截面及支座中心截面。由于组合曲线梁内外侧梁高不同，故用 h_1、h_2 表示。

（3）检测方法：直接用钢卷尺量测。

(4) 检测频次：每次均检测 2 次，检测数据合格后，再进行下一步检测。

(5) 检验数量：每榀梁千斤顶处。

7. 两端面中心线夹角

(1) 检测器具：经纬仪、钢直尺（或铅垂、钢直尺）。

(2) 检测部位：梁体两端部。

(3) 检测方法：两端面中心线夹角检测如图 7-9 所示，作出梁端面中心线，用钢直尺测出经纬仪竖轴视线与中心线上、下部距离 d_1、d_2，该端面中心与铅垂线夹角为 $\mathrm{arctg}(d_1-d_2)/h$（$h$ 为上下两测点距离），按此方法测验出另一端面夹角，两个值比较即得两端面中心线夹角。

(4) 检测频次：每次均检测 2 次，检测数据均合格后，再进行下一步检测。

(5) 检验数量：每榀梁两端。

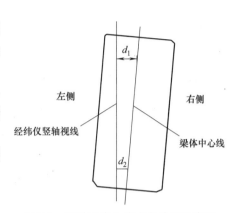

图 7-9 两端面中心线夹角检测示意图

8. 梁体工作面线型

(1) 检测器具：水准仪、钢直尺、经纬仪。

(2) 检测部位：纵、横向同梁宽检测部位见图 7-5 梁宽检测，增加支座截面。顶面为中心线两侧 200mm 处。

(3) 检测方法：

顶面：用水准仪、钢直尺或水准尺测顶面线型。

侧面：用经纬仪、钢直尺测侧面线型。

(4) 检测频次：每次根据检测要求均检测 2 次，检测数据均没问题后，达到设计要求及精度要求后再进行下一步检测。

(5) 检验数量：每榀梁千斤顶处。

9. 局部不平度

(1) 检测器具：水平尺、塞尺。

(2) 检测部位：顶面，各加力器对应截面；侧面，导向面与稳定面。

(3) 检测方法：将水平尺置于梁体表面，用塞尺测出水平尺与梁体表面最大间隙。

(4) 检测频次：每次根据检测要求均检测 2 次，满足设计要求及精度要求后再进行下一步检测。

(5) 检验数量：每榀梁顶面与侧面。

10. 预埋件检测

(1) 模板上有预留孔的预埋件

1) 检测部位：每个预埋件逐一检查。

2) 检测方法：脱模后检查预埋件是否牢固、有无破损。

(2) 模板上无预留孔的预埋件

1) 检测器具：直角尺、钢直尺。

2) 检测部位：每个预埋件逐一检查。

3) 检测方法：脱模后尺量检测。

7.3 轨道梁安装测量

7.3.1 轨道梁安装主要技术要求

(1) 梁端伸缩缝间距为10mm。
(2) 轨道梁走行面横坡调整误差不大于7/1000rad。
(3) 梁端两指形板间高差不大于2mm。
(4) 伸缩缝处轨道梁中心线间距误差为0～+25mm。
(5) 伸缩缝处轨面高程误差为-15～+30mm。

7.3.2 轨道梁架梁方式

轨道梁架梁方式分为架桥机架设、汽车吊架设、钢导梁架设、人工移梁架设、组合方式架梁。

7.3.3 线形调整

1. 简支梁线形调整

轨道梁的线形调整分为三次调整。第一次调整为线形初调，在架梁过程中进行，保证架运设备的安全通过；第二次线形调整，达到运营标准；第三次线形终调在试运营之后进行，根据运营车辆舒适性及线路检测情况进行微调，调整完成后对楔形块进行焊接。

线形调整就是对已架梁的轨面高程、轨面横坡、梁缝、错台、线间距等尺寸进行调整。

(1) 线形初调

1) 梁片落到盖梁上后，对轨道梁进行初步调整，步骤同线形调整，使得架运设备能安全通过。

2) 锚固螺栓紧固和指形板安装

在对已架轨道梁线形进行初步调整后，要对锚固螺栓进行锚固和安装指形板，预紧力矩800～840N·m，指形板螺栓预紧到150～160N·m。

(2) 第二及第三次线形调整工艺流程

线形调整一般按照区间进行调整，每架设完一个区间梁片后，从一端向另一端顺序调整，具体调整工艺如图7-10所示。

1) 初测

初测时，首先应根据已调的梁片与待调梁片之间的高程差、梁缝、错台及线间距，测量轨面横坡，根据实测值确定调整方向和实际需要的调整量。

2) 调整准备

① 拆卸指形板、锲紧块

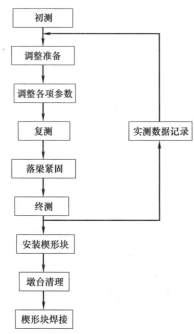

图7-10 线形调整工艺流程图

用套筒扳手将轨道梁顶面和两侧面的指形板拆除。将抗剪榫四周的锲紧块震松取出。

② 拧松锚固螺栓

拧松锚固螺栓,直至千斤顶可顶升 25mm 时停止(不要将锚固螺栓拧掉)。

③ 垂直安放千斤顶

先将抗剪榫上安放垫块,再将千斤顶放在垫块上,并确定千斤顶安放垂直于垫块及平稳,如图 7-11 所示。

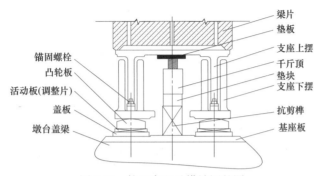

图 7-11　轨面高程及横坡调整图

注:利用千斤顶顶起梁片更换活动板(调整片),以达到调整高程、轨面错台和横坡的目的。

④ 顶起梁片

利用手动泵顶升千斤顶,千斤顶的顶升高度不得大于 20mm,顶升到可以增减调整片的高度即可。

3) 调整各项参数

① 轨面高程、梁片顶面错台和横坡的调整

根据设计的轨面高程、横坡以及调整前的测量值,确定活动板(调整片)数量的增减及规格的变化。

调整片的选择:

$$T = G_S - G_D - G_L - S_凸 - S_盖 \tag{7-1}$$

式中:T——活动板(调整片)的厚度;

G_S——设计高程;

G_D——基座板顶面高程;

G_L——梁片高度(含支座);

$S_凸$——凸轮板厚度;

$S_盖$——盖板厚度。

调整过程中先调整轨面高程和梁片顶面错台,再调整横坡。

调整时一榀梁的两端同时进行调整,进行高程调整时要注意已调好梁片相邻端顶面的指形板高度差($|\sigma| \leqslant 2mm$)。在高程与顶面指形板的高度差(σ)相矛盾时,以满足顶面指形板的高度差为准,即 $|\sigma| \leqslant 2mm$。在增加调整片时,调整片的最大厚度不得超过 30mm。

② 调整梁缝

根据待调梁片两支座中心距、梁长、两盖梁上的抗剪榫中心距和已调梁片的位置确定梁缝值。将千斤顶放置在锲紧块上方（梁体两端同时进行），并顶起千斤顶使千斤顶稳定为止，如图7-12所示。利用手动泵顶升千斤顶，致使梁片纵向移动。千斤顶的顶升距离最大不得超过25mm。

③ 调整横向错台及线间距

根据提供的墩台上左线与右线中心的实测距离和设计值确定左右两线的线间距，横向错台调整值需根据已调整好梁片端的端头尺寸和待调梁片端的端头尺寸以及调整前的实测错台值确定。

调整过程中先调整横向错台再调整线间距。

调整时顶升千斤顶，使千斤顶推动锲紧块，从而使梁片产生纵向或横向移动。

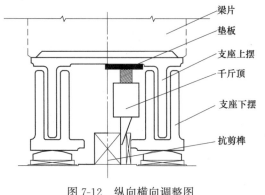

图7-12 纵向横向调整图

调整时在已调整梁端以已调梁为基准调整，在另一端则以基座板上的十字刻线（顺桥方向刻线）为基准调整。

4）复测

① 测量轨面高程、梁片顶面错台和垂直度

轨面高程和轨面横坡采取水准仪测量，顶面指形板高度差采用尺规测量。轨面横坡也可采取线锤测量，在梁片两端距端面425mm位置放置线锤，在线锤标识相距1000mm的两个点，同时用钢板尺测量线锤上的标识点与梁体侧面之间的距离，距离差值没有达到设计要求时，增减活动板（调整片）来调整轨道梁的垂直度，在有横向超高时，测量距离要考虑横向超高的值，如图7-11、图7-12所示。

② 测量梁缝

利用钢板尺在调整梁缝时随时进行测量，调整到位后拆除千斤顶和活动端的木楔。

③ 测量横向错台及线间距

在调整过程中随时对线间距及错台进行测量，直至达到规定的调整值时停止顶升，取掉千斤顶。

线间距测量采用钢卷尺，错台的测量采用尺规。

5）落梁紧固

① 落梁

落梁前先将活动支座下摆调到中位，自然气温为20℃时，摆针保持垂直，随着气温的不同，摆针作相应的调整，梁片两端千斤顶同时同步下落，并取出千斤顶。

② 安装调整锲紧块

将锲紧块安放在同移动方向同侧的抗剪榫与支座之间。

③ 安装指形板

将已调整好的梁片端的指形板安装到梁片上。指形板螺栓采用200N·m的力矩扳手，拧紧至150～160N·m，在紧固螺栓时，先对角拧紧，然后按顺序紧固，直至所有螺栓的拧紧力矩达到要求。

④ 紧固锚固螺栓

紧固时需使用锚固螺栓头部扁方垂直于轨道梁纵向方向，用手锁紧螺母至与球面垫圈接触，转动锚固螺栓时应能感觉到扁方卡入连接板槽中，此时方可锁紧螺母。采用套筒力矩扳手，拧紧至800～840N·m，在紧固螺栓时，先对角拧紧，然后按顺序紧固，直至所有螺栓的拧紧力矩达到要求。

6) 终测

重新对锚固好的梁片进行高程、错台、梁缝、垂直度的测量，以确定其是否已达到精度要求；调整结果确认后，及时填写线调检查表。

7) 安装锲紧块

安装抗剪榫四周的锲紧块，先安装顺桥方向的锲紧块，再安装横桥方向的锲紧块，锲紧块放置好后同时敲紧。

抗剪榫与支座下摆方孔的单边最小间隙不能小于15mm，如小于15mm，必须征得业主同意。

锲紧块锲紧下摆后，锲紧块突出抗剪榫上平面的高度应在5～30mm。

8) 墩台清理

调整完成后对墩台上的工具及杂物进行清理归整。

9) 楔形块焊接

楔形块在试运营后，根据线路的检测情况进行第三次线形调整，微调完成后，进行抗剪榫处楔紧块焊接。

2. 连续刚构梁线形调整

连续刚构轨道梁架设完成后，由于没有正式支座，线形调整必须一步到位，此时线形调整主要利用盖梁两侧的调整支撑来实现轨道梁的纵横向偏位和倾角调整。调整完成后将轨道梁预埋件与墩身预埋件进行刚性连接，随后进行后浇段施工。先浇筑中墩墩顶现浇段，待墩顶现浇段混凝土达到设计强度100%，且龄期不小于7d时，张拉并锚固纵向钢束。先后张拉并锚固盖梁钢束，浇筑完成盖梁封端混凝土。然后浇筑边墩墩顶现浇段，先后张拉并锚固盖梁钢束，浇筑完成盖梁封端混凝土。

(1) 第一次精调

线形调整是个系统的过程，墩柱垫石的施工测量控制、轨道梁架设及轨道梁落梁之后精确线形调整，都属于线形调整的范畴。

1) 梁体架设完成后，体系转换前，需进行第一次精调。根据设计线形，调整梁顶标高、梁体中心位置、梁顶超高、纵坡、梁端位置、支座坐标等参数，如图7-13所示。

2) 调整顺序应从每个区间圆曲线位置开始分别向两端顺序进行线形调整，然后调整与缓和曲线相连接的直线段，再调整直线段，以消除横坡累计误差。

3) 上下行线路应同时进行，有利

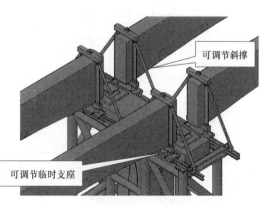

图7-13 后浇段位置线形调整临时加固

于兼顾保证线形调整时的线间距、垂直度误差和平面横坡超高误差。

4）最小架设调整单元段要求：线形调整以每一榀轨道梁为节点，以每一联为调整单元，曲线段要求全曲线段整体调整，不宜分段。直线段建议至少保证三联梁及以上整体进行调整。

5）在施工过程中随时复测，保证调整精度，较少累计误差。

（2）安装永久支座

1）在架梁前，应做好以下准备工作：

① 轨道梁采用 KGZZ 拉力支座，支座根据活动形式分为固定支座和活动支座，根据支座处于线路的位置分为曲线段支座和直线段支座，按照设计要求，根据梁型、方向、直曲线选择匹配的安装支座。除大里程侧边支点采用纵向活动支座，其余各支座均采用固定支座。

② 支座选型以相邻跨度中的最大跨度为基准进行选择。一联梁中任一位置处于缓和曲线或圆曲线图上，则该联梁的支座均选用曲线支座型号。

③ 复核边墩、中墩支承垫石套筒预留孔位置。

④ 安放边墩两侧支座下底座。

2）吊装预制梁，将梁落在中墩可调节临时支座上或边墩永久支座上，通过临时约束调整梁体位置及标高。

3）完成架梁后，安装边墩支座，用螺栓穿过梁底支座预埋上座板的螺栓孔，旋入套筒并拧紧，上座板与梁底预埋钢板间不得留有间隙，如有空隙，应采取注浆方式予以填充，如图 7-14 所示。

4）精调线形，当单元段梁体调整结束后，将中墩永久支座吊放与墩顶，调整支座位置和标高，并校准相对位置，满足施工要求，如图 7-14 所示。

5）最后采用重力式灌浆方式，灌注支座下部及锚栓孔处，保证支座与支撑垫石浇筑密实。

（3）后浇带施工

后浇带施工如图 7-15 所示，施工前对预留后浇段进行清扫，并对梁体预留钢筋清洁除锈处理。注意清扫、除锈过程中不能损坏预埋连接钢筋及钢板。如施工造成预留钢筋偏弯，及时校正对齐，保证套筒连接顺利。

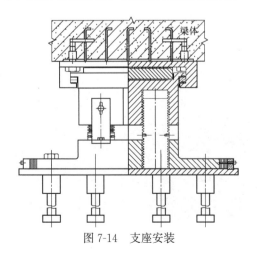

图 7-14 支座安装

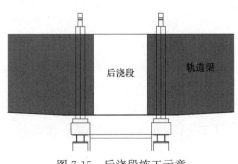

图 7-15 后浇段施工示意

后浇段施工及模板安装测量定位应符合下列要求：

1) 后浇段钢筋连接，浇筑梁体混凝土时对伸长钢筋位置进行加固，防止产生位移，用加锁母直螺纹套筒连接牢固，连接过程中不能损坏、弄偏预留钢筋。对过长接头钢筋进行打磨处理，保证接头位置连接紧密。

2) 绑扎后浇带其他普通钢筋。

3) 后浇段钢结构连接钢板焊接，焊接前应查验板材、焊接材料是否符合设计要求，保证焊接质量和平整度。

4) 底模、侧模安装，底膜需预留中心切口嵌套支座上座板，安装好梁底预埋钢板并检验相关标高及位置。

5) 检验合格后，浇筑墩顶混凝土，混凝土浇筑到设计标高后，需要处理保证混凝土顶面粗糙度、平整度及线形满足设计要求。

6) 对浇筑完成的后浇段做好养护措施。

(4) 第二次精调

第二次线形精调是轨道梁线路调整的最后一道工序，当简支梁变成一联连续梁后，因体系转换或墩顶施工扰动，会影响梁体安装施工精度，因此要进行第二次精调，如图 7-16 所示。

1) 测量施工部署：根据设计给定的每段轨道梁的坐标点和高程、轨面超高率、线间距，进行详细的测量复核。

2) 根据落梁之后实际测量的线形误差以及轨道梁本身的生产误差，通过可调节临时支座进行顺桥向、横桥向、竖向三个方向的精确调整。这时因为有永久支座参与，临时支撑装置和支座的调节需要同步进行。

3) 在平曲线段，应从圆曲线位开始分别向两端顺序进行线形调整，特别是曲线段，必须先从圆曲线段向两端的缓和曲线段延伸进行，其次调整与缓和曲线相连接的直线段，以消除横坡累计误差，把横坡值控制在设计范围内，保证每一联线形平顺、圆滑，保证相邻两联的线形能够顺接。

4) 通过线形调整，线路横坡超高符合设计技术要求；通过纵向和横向移动轨道梁，达到调整线路的线间距、伸缩缝、后浇段钢结构安装间隙符合设计技术要求，安装指形板和支座符合设计技术要求。

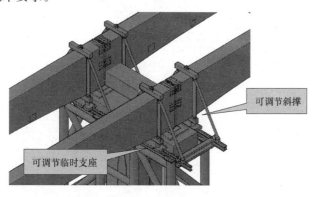

图 7-16 简支变连续线形调整临时加固

(5) 横系梁施工

对于双线轨道梁，当精调结束后，进行横系梁施工。横系梁有墩顶混凝土横系梁现浇施工和跨中钢横系梁安装施工。将两片独立的轨道梁通过横系梁连接成一个整体，提高系统整体刚度。单线轨道梁没有该步骤。

1) 墩顶混凝土横系梁施工

施工前需复测两片轨道梁预留横系梁接口位置、预埋钢筋以及横系梁尺寸，确保二者满足精度要求，然后在墩顶安装模板，绑扎钢筋，现浇施工。

2) 跨中钢横系梁施工

安装施工前，校核左右线混凝土梁线路内侧预埋件位置是否满足安装精度要求，然后吊装钢横系梁并焊接。

(6) 安装指形板

完成第二次线形调整后，线路的线间距、伸缩缝宽度、线路超高等均符合设计技术要求，安装指形板。

(7) 拆除临时支撑

轨道梁通过后浇段钢结构连接、后浇带浇筑，完成横系梁施工，待混凝土达到设计强度、线形稳定之后，拆除模板及可调节临时支座，使其固定在永久支座上，完成体系转换，如表7-12所示，即可拆除临时支撑和托架平台，重复进入下一阶段循环。

轨道梁体系转换　　　　　　　　　　　　　　表7-12

序号	结构形式（简支变连续）
1	双线两跨
2	双线三跨
3	双线四跨

(8) 运营后的核调

在车辆试运行3个月以上进行线路的线形综合检测，轨道梁线路如有不符合要求影响行车舒适性时，通过可调支座进行线形调整。

该调整主要针对由于桥墩发生不均匀沉降、支座压缩变形、混凝土收缩徐变等其他原因造成局部线形不平顺的地方。

上下行线路宜同时进行，有利于兼顾保证线形调整时的线间距、轨道梁垂直度误差和平面横坡超高误差。

7.3.4 轨道梁安装质量检验与检查

1. 检验方法

(1) 检测工具：全站仪、水平仪、水准仪、锤球、锤子、尼龙线、深度游标卡尺、钢卷尺、力矩扳手等工具。

(2) 检测频次：根据具体的分部、分项工程确定。

(3) 检测方法：

1) 支座及指形板安装检测：目视、锤子敲击、钢尺卷、力矩扳手检测螺母力矩是否满足要求，深度游标卡尺检测错台等。

2) 后浇带检测：钢尺卷、深度游标卡尺检测后浇带施工位置、线形、标高、坐标、尺寸、焊接钢板平整度、现浇混凝土平整度等。

3) 线间距：用钢尺测量相对应的每个 PC 轨道梁跨中、桥墩支点处左右线路中心间距。

4) 线路中心：用钢尺测量相对应的每个 PC 轨道梁支座安装位置的中心偏移，用仪器测量每个轨道梁连接处线路中心坐标。

5) 轨面标高：用水平仪测量每个轨道梁连接处轨道面实际标高。

6) 水平和竖向线形：用尼龙线、钢卷尺检测每个轨道梁连接处走行、导向面规定长度的折线量。

7) 线路界限：用钢尺或专业检测机具检测线路与相邻建筑界限。

2. 轨道梁安装前准备工作检查

(1) 轨道梁架设安装前总体要求

1) 施工作业队伍应经过专业培训并考核合格，作业人员应持证上岗。

2) 轨道梁后浇带安装施工图、轨道梁线路平面布置图、纵断面布置图、支座安装图、指形板安装图及相关技术文件应齐全。

3) 设计单位已向施工单位进行技术交底。

4) 经现场检查确认，轨道梁及安装配套组件符合设计技术要求和国家现行有关标准的规定，产品合格证和检验报告资料已具备。

5) 安装轨道梁的墩台、垫石及螺栓孔应施工完毕，经复测后满足设计要求，并检查验收合格，并应有合格证明材料。

6) 安装轨道梁的墩台位置与相邻其他构筑物的限界距离应符合设计要求。

7) 轨道梁安装所使用的测量仪器、工具应经具有国家相关资质的检测单位检测鉴定，并应有合格证明。

8) 轨道梁宜使用平板拖车运输，运输时应有可靠的专用工装支垫防护措施，并应防止意外冲撞损伤梁体。

9) 应具有能防止损伤梁体的专用吊装工具。

10) 应有符合安全要求的进出场道路、作业场地。

11) 使用汽车式起重机方式或其他方式吊装，应具备该线路架设轨道梁的条件。

12) 架设前应根据正式施工图和跨座式单轨交通轨道梁架设安装作业指导书制定具体详细的施工组织和架设措施，且能满足设计要求。

(2) 轨道梁架设安装前检查的项目和内容

1) 轨道梁架设安装时，墩台盖梁基座板表面应光洁平整，支座及预埋件内应排水畅通、无积水、洁净；本工序应作为隐蔽工程记录。

2) 在轨道梁架设安装的墩台基座板面上，应标出安装中心十字线及其延长线的标记。

3) 在架设安装前，应采取可靠措施防止损伤梁体表面及支座、支座配套组件、指形板座和板表面防腐层。

4）支座与上下垫板接触的表面应光洁平整。

5）支座各组件相互接触的表面应光洁平整。

6）支座锚固螺栓配件组装以及锚固螺栓顶上的方向指示块与支座的组装方向应符合支座安装要求。

7）梁两端支座的各个受力点应均匀接触受力，不得出现某支座不受力的情况。

8）在对轨道梁架设安装之后，应该根据正式版施工图，按照设计线形进行调整并验收合格后，方可进行后浇带的现浇施工。

3. 建筑限界检查

轨道梁线路周边的其他建筑能满足跨座式单轨线路建筑限界的要求是确保车辆安全营运的基本条件，所以轨道梁在架设和线形调整过程中，应严格检查轨道梁线路左右侧、上下周边建筑的限界是否满足标准要求。

7.3.5 施工质量要求

1. 现浇轨道梁支座安装精度

现浇轨道梁支座安装精度应符合表 7-13 的要求。

现浇轨道梁支座安装精度要求　　　　　　　　　　　表 7-13

序号	检查项目	允许精度	检查数量	检查方法
1	支座上锚垫板水平方向(°)	1/8	全部	用尺测量
2	支座下锚垫板水平方向(°)	1/8	全部	用尺测量
3	支座高度(mm)	3	全部	用尺测量
4	横向位置(mm)	<5	全部	用尺测量
5	纵向位置(mm)	<5	全部	用尺测量

注：支座安装部分的所有规定除特别注明外适用于固定支座和纵向滑动类型支座。

2. 双线轨道梁横系梁安装要求

需要进行中横梁和边横梁施工的，中横梁和边横梁宽度及高度的测量放线误差要控制在 5mm 之内，成型后的中横梁和边横梁宽度及高度的允许偏差为 10mm。

3. 指形板安装要求

（1）主控项目施工质量控制要求

指形板安装质量直接影响到车辆的行车安全、平稳、舒适和耐久性等，故其必须满足下列要求：

1）指形板与板座间应平稳密贴。

2）指形板与板座间的紧固螺栓预紧力应均匀，第二次线形调整后的预紧力不得小于 150N·m，不得大于 160N·m。

3）制梁时应防止水泥浆等杂物进入板座螺孔。

4）防止走行面指形板螺栓孔存积雨水，而导致紧固螺栓锈蚀影响耐久性，当轨道梁线形全部调整完毕后，走行面指形板螺栓孔应全部用优质无收缩性玻璃胶或树脂充填。

5）指形板紧固螺栓帽应低于指形板面，且不得小于 1mm。

6）预制轨道梁（走行面、导向面、稳定面）指形板安装精度，其板间相对错台误差应不大于 2mm。

（2）一般项目施工质量控制要求

轨道梁全部线形调整完毕后，指形板安装精度应符合表 7-14 要求。

指形板安装精度要求　　　　表 7-14

序号	检查项目	允许精度(mm)	检查数量	检查方法
1	轨道梁缝间隙偏差	3	全部	水平尺、直尺
2	轨道梁面与指形板面错台	2	全部	水平尺、直尺
3	走行面指形板间错台	2	全部	水平尺、直尺
4	导向面指形板间错台	2	全部	水平尺、直尺
5	稳定面指形板间错台	2	全部	水平尺、直尺
6	轨道梁面间错台	2	全部	水平尺、直尺

注：为确保行车的舒适性，线形调整完成后，轨道梁之间的指形板错台必须保证 100% 满足要求。

4. 线间距要求

（1）主控项目施工质量控制要求

轨道梁的线间距是确保车辆上下行行车安全的关键指标，因此，在架设轨道梁时或线形调整过程中，其线间距必须满足标准规定的技术要求和现场施工安装条件控制要求。

（2）轨道梁线间距（含连续体系和简支体系）

1）轨道梁架设安装或线形调整过程中，直线段部分的线间距为 S，在每孔轨道梁长和高度范围内应为 $S \leqslant$ 线间距 $\leqslant S+10$（S 为标准线间距）。

2）轨道梁架设安装或线形调整过程中，曲线段部分的线间距为 $S+W$，在每孔轨道梁长和高度范围内应为 $S+W \leqslant$ 线间距 $\leqslant S+W+10$（W 为曲线线间距加宽值）。

（3）轨道梁架设安装中心间距标准

轨道梁架设安装和线形调整时，中心间距精度应满足表 7-15 的要求。

中心间距精度要求　　　　表 7-15

检查项目	允许精度(mm)	检查数量	检查方法
轨道梁端、跨中导向和稳定轮行走面对应点	0～+10	每孔 6 点	钢尺丈量

5. 线路中心

一般项目施工质量控制要求：当轨道梁架设安装完毕并经线路线形精度调整后，实际轨道梁线路中心位置与设计轨道梁线路中心位置会有一定的偏移量，而偏移量的大小是直接影响线路线形调整精度能否满足设计要求的关键指标，因此，在工程的实施过程中控制轨道梁线路中心的偏移量是十分必要的，在完成轨道梁线形精调后，应对全部轨道梁的线路中心进行贯通测量。贯通测量线路中心应满足表 7-16～表 7-19 要求。

简支梁轨道梁中心线横向位置安装要求　　　　表 7-16

中心线横向位置	允许偏差(mm)
直线的每个轨道梁连接处	<+25

续表

中心线横向位置	允许偏差(mm)
钢箱轨道梁跨中和连接处	＜+10
曲线的每个轨道梁连接处	＜+25
曲线钢箱轨道梁跨中和连接处	＜+10

连续梁、连续刚构梁轨道梁中心线横向位置安装要求　　表 7-17

中心线横向位置	允许偏差
车站(mm)	3
道岔(mm)	3
沿线其他位置(mm)	12
纵向中心线与理论值之间的变化率(mm/m)	1.5/1.5

连续梁、连续刚构梁轨道梁中心线轮廓位置安装要求　　表 7-18

中心线轮廓位置	允许偏差
车站(mm)	3
道岔(mm)	3
沿线其他位置(mm)	6
横向调整与理论值之间的变化率(mm/m)	1.5/1.5
相对于设计超高的横向坡度的偏差(°)	1/8

连续梁、连续刚构梁线路中心精度验收标准　　表 7-19

序号	检查项目	允许偏差(mm)	检查数量	检查方法
1	直线的每孔轨道梁跨中及连接处	3	全部	钢尺、全站仪
2	曲线的每孔轨道梁跨中及连接处	3	全部	钢尺、全站仪

6. 轨面标高

一般项目施工质量控制要求：当轨道梁架设安装完并经线路线形精度调整后，实际的轨面标高与设计轨面标高会有一定的差量，而轨面标高的控制也是直接影响线路整体精度调整、建筑限界控制和行车安全的重要指标，轨面标高应满足表 7-20、表 7-21 的精度要求。

简支梁轨面标高精度要求　　表 7-20

序号	检查项目	允许偏差	检查数量	检查方法
1	轨道梁跨中和连接处轨面高(mm)	+30 −15	全部	水准仪、塔尺、钢尺
2	轨面超高(横坡)(rad)	7/1000	全部	钢尺、铅锤或水平仪、测角仪

连续梁、连续刚构梁轨面标高精度要求　　表 7-21

序号	检查项目	允许偏差	检查数量	检查方法
1	轨道梁跨中和连接处轨面高(mm)	+3 −3	全部	水准仪、塔尺、钢尺
2	轨面超高(横坡)(°)	+1/8 −1/8	全部	钢尺、铅锤或水平仪、测角仪

注：圆曲线和直线段严格按照轨面超高（横坡）的允许精度进行控制。

第7章 轨道梁的制作与安装测量

7. 轨道梁水平线形检查测量

轨道梁架设安装完并经线形精度调整完毕后,必须进行轨道梁连接处直线或曲线的水平线形测量。对于连续梁体系和简支梁体系,第一次精调和第二次精调后均需要进行轨道梁桥墩连接处直线或曲线的水平线形测量。

(1) 轨道梁直线和曲线水平线形测量的曲线测量如图 7-17 所示,直线测量如图 7-18 所示。采用尼龙线作为弦线,用钢尺测量。每个轨道梁缝都要检查。

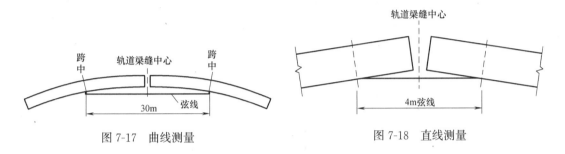

图 7-17 曲线测量　　　　　图 7-18 直线测量

(2) 轨道梁水平线形应满足表 7-22 的精度要求。

轨道梁水平线形精度要求　　　　　表 7-22

序号	检查项目	允许偏差(mm)	检查数量	检查方法
1	曲线水平线形(弦长 30m)	10	全部	水平尺、钢尺测量
2	直线水平线形(弦长 4m)	+3	全部	水平尺、钢尺测量

8. 轨道梁竖向线形检查测量

(1) 轨道梁架设安装完并经线形精度调整完毕后,轨道梁连接处直线和曲线的竖向线形检查测量方法如图 7-19 所示。采用水平尺弦线、钢尺测量方法,对每个轨道梁缝进行检查。

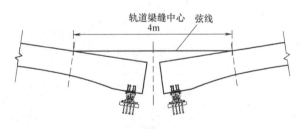

图 7-19 竖向线形测量办法

(2) 轨道梁竖向线形应满足表 7-23、表 7-24 的要求。

简支梁轨道梁竖向线形精度要求　　　　　表 7-23

序号	检查项目	允许偏差(mm)	检查数量	检查方法
1	轨道梁连接处直曲线竖向线形(弦长 4m)	<+5	全部	水平尺、钢尺测量

连续梁、连续刚构梁轨道梁竖向线形精度要求　　　　表 7-24

序号	检查项目	允许偏差(mm)	检查数量	检查方法
1	轨道梁连接处直曲线竖向线形(弦长 4m)	<+3	全部	水平尺、钢尺测量

9. 轨道梁整体线形

轨道梁线形精度要求应符合表 7-25 的规定。

轨道梁线形精度要求　　　　表 7-25

序号	检验项目	梁体类型	允许偏差	检验方法 示意图	检测工具
1	梁长(弦长)(mm)	简支梁	10	(1)(2)走行面梁长、(3)(4)底部梁长	钢卷尺、拉力器
		连续梁或连续刚构梁	12		
2	跨度(mm)	简支梁	10	跨度	钢卷尺、拉力器
		连续梁或连续刚构梁	12	跨度	
3	端面倾斜度偏差 θ(rad)	简支梁	5/1000	θ_1 梁长 θ_2	钢卷尺、铅锤
		连续梁或连续刚构梁	6/1000		
4	走行面、导向面、稳定面线形(mm)	简支梁	≤L/2000(L 为梁长)	走形面轮迹区中心测点 导向面轮迹区中心测点 稳定面轮迹区中心测点	1. 顶面用水准仪、钢直尺 2. 侧面用经纬仪、钢直尺
		连续梁或连续刚构梁	L/2000(L 为梁长)		
5	梁宽(mm)	简支梁	端部±2 中部±4	上梁宽轮迹区中心测点 下梁宽轮迹区中心测点	大量程游标卡尺(或 U 形尺、钢直尺)
		连续梁或连续刚构梁	3		

续表

序号	检验项目	梁体类型	允许偏差	检验方法 示意图	检测工具
6	走行面垂直度 δ	简支梁(rad)	5/1000	如图所示，注：$\delta = \mathrm{arctg}(d_2-d_1)/L$	直角定规或U形尺、钢直尺
		连续梁或连续刚构梁(°)	1/8		
7	局部不平度(mm)	简支梁	2 实测值减去水平尺长度范围内的设计线形矢高	2m 水平尺	水平尺、塞规
		连续梁或连续刚构梁	3 实测值减去水平尺长度范围内的设计线形矢高	3m 水平尺	
8	指形板与梁表面高差 a (mm)	简支梁	2 1.安装指形板后直接测量 2.未安装指形板时，实测值与设计值比较	梁顶面 指形板顶面	直尺定规、塞规或钢直尺

7.4 道岔安装测量

道岔安装测量适用于跨座式单轨交通单开、单渡线、三开、五开等道岔安装测量。道岔安装测量内容包括基础（凸台）测量、道岔梁及台车测量、驱动装置测量、限界测量和接口测量。

7.4.1 道岔安装测量与精度要求

1. 基础（凸台）测量

（1）基础（凸台）放线

1）道岔安装前应按施工设计图和测量专业提交的线路控制点作为安装测量基准。
2）采用双极坐标法进行平面位置安装基准线放线，放线允许偏差应为3mm。
3）凸台、道岔底板的基准线确定后应设永久性标记。

（2）道岔底板安装允许偏差应符合下列规定：
1）同组道岔各底板的基准中心线与放线基准线的垂直偏差不应大于2mm；
2）同组道岔各底板中心距允许偏差应为3mm；
3）同组道岔首末底板中心距允许偏差应为5mm；

4）同组道岔各底板间的水平高度允许偏差应为 3mm；

5）同一底板的高程允许偏差应为 2mm。

（3）台车走行轨与道岔底板应固定牢固，走行轨的走行面应符合台车走行要求，同一台车走行轨的水平允许偏差应为 1mm；同组道岔的两相邻台车走行轨的轨顶面高低偏差不应大于 2mm。

2. 道岔梁及台车测量

道岔梁安装测量项目及允许偏差应符合表 7-26 的要求。

道岔梁安装测量项目及允许偏差　　　　　　　表 7-26

序号	项目		允许偏差
1	道岔梁全长(mm)		10
2	高低偏差(mm/m)	整体	8.8/22
		局部	3/4
3	直线度(mm/m)	整体	8.8/22
		局部	3/4
4	梁的垂直度(rad)		5/1000
5	梁的水平度(rad)		7/1000
6	错位偏差(mm)	梁与安装的接缝板	2
		相邻梁的接缝板接口处	2

关节可挠型道岔梁的导向面和稳定面测量项目及允许偏差应符合表 7-27 的要求。

关节可挠型道岔梁的导向面和稳定面测量项目及允许偏差　　　表 7-27

序号	项目	允许偏差(mm/m)
1	整体偏差	8.8/22
2	局部偏差	3/4
3	曲线度偏差	±5/10

3. 驱动装置测量

驱动装置安装精度应符合下列要求：

（1）每组道岔的减速机安装后的实际基准线与设计基准线偏差不应大于 3mm；转辙减速机垂直输出轴中心线与设计值允许偏差应为 2mm，主轴和中间轴间联轴器相对角位移不应大于 1.5°；主传动轴中间轴联轴器圆周跳动量不应大于 5mm。

（2）安装后的驱动导槽位置应满足道岔转辙要求；旋转臂滚轮与滑槽侧面耐磨板间的总间隙应为 6～6.2mm，不得无间隙。

（3）转辙减速机行程开关支架安装角度应正确。

（4）可挠道岔的导向面、稳定面的挠曲装置及电动推杆应能使挠曲的面板面的曲线度和道岔的线形达到设计要求，其曲线度允许偏差为 5mm/10m。

4. 限界测量

道岔安装后应按道岔限界设计要求检查道岔限界，并应符合车辆限界及建筑限界设计的要求。

5. 接口测量

道岔安装调试后的梁间接口应符合下列要求：

（1）道岔安装调试后，单开、单渡线道岔梁与相邻轨道梁端面缝隙间距允许偏差 0～+10mm，其尺寸应符合下列要求：

1) 道岔不动端缝隙间距：30mm；
2) 道岔可动端缝隙间距：160mm。

（2）三开、五开道岔梁与相邻轨道梁端面缝隙间距允许偏差 0～+10mm，其尺寸应符合下列要求：

1) 道岔不动端端缝隙间距：40mm；
2) 道岔可动端端缝隙间距：160mm。

（3）渡线道岔相交后，道岔梁端面缝隙间距 173mm，其允许偏差 0～+10mm。

7.4.2 验收项目和精度标准

道岔安装验收项目和安装精度应符合表 7-28 的要求。

道岔安装验收项目和安装精度　　　　　表 7-28

序号	验收项目		允许偏差
1	道岔底板	底板中心距偏差(mm)	3
		首末底板中心距偏差(mm)	5
		高低偏差(mm)	3
		左右方向位置偏差(mm)	3
		水平高低偏差(mm)	3
		同一台车走行轨水平偏差(mm)	1
2	道岔全长	全长偏差(mm)	10
3	梁的导向面、稳定面	整体偏差(mm/22m)	8.8
		局部偏差(mm/4m)	3
		曲线度偏差(mm/10m)	5
4	走行面	整体偏差(mm/22m)	8.8
		局部偏差(mm/4m)	3
5	梁	水平度(rad)	7/1000
6	错位	梁与接缝板间安装偏差(mm)	2
		接缝板间接口偏差(mm)	2
7	转辙距离	单开、三开、五开道岔转辙距离(mm)	3
		单渡线道岔(mm)	10
8	相邻道岔中心距	中心距离偏差(mm)	0～25
9	转辙时间	单开、单渡线、对开道岔转辙时间(s)	15 以内
		三开道岔、五开道岔转辙时间(s)	转辙 2400mm 时：15 以内 转辙 4775mm 时：25 以内 转辙 9550mm 时：45 以内
10	涂装厚度	—	符合设计要求
11	转辙时电流电压	—	符合设计要求

第8章 变形监测

变形监测是以测定建（构）筑物相对于空间基准的变形特征为目的，主要获取建设场地、建筑地基、基础、建筑上部结构及周边环境在施工及运营期间的变形信息，为建设施工、运营及质量安全管理等提供信息支持与服务，为建设工程设计、管理、研究等积累和提供技术资料。变形监测在现今已成为建设工程中最基本的一项测量活动，为建设工程的质量安全管理提供了大力的支持，也得到了各级工程建设监管部门及设计、施工、监理、建设等单位的肯定与重视。

跨座式单轨交通是城市轨道交通的一种形式，线路大都经过城市繁华区或住宅密集区，线路结构以高架形式为主，同时也有隧道穿越地下或山体的形式，一般均具有地层岩土条件及周边环境复杂、施工场地狭小等特点，因此，工程施工和运营阶段开展自身结构、周围岩土体以及沿线周边环境的监测工作对安全风险事件的预防预报和控制安全风险事故的发生具有十分重要的意义。

8.1 变形监测概述

跨座式单轨交通工程一般具有建设规模大、建设周期长、线路沿线地质条件和环境条件复杂、整体工程风险高等特点，同时，跨座式单轨交通工程建设的设计、施工、管理等方面工序复杂、参与单位多、衔接面广，致使各地安全事故时有发生。在土建施工、设备安装与调试、线路运营阶段中，线路结构受地质条件、周边工程建设或环境荷载的影响会出现持续、缓慢的变形，当变形量达到一定程度时会影响到线路或运营安全。

8.1.1 变形监测必要性

为保证工程施工安全、周边环境稳定及线路结构自身安全，随工程施工进行变形监测及线路运营后的变形监测十分必要且极为重要。对跨座式单轨交通工程进行变形监测具有指导施工、验证设计参数及施工方案，做到动态设计、信息化施工的意义，同时是运营线路平顺、运营通畅的保证，可确保线路结构和周边环境的安全。

变形监测工作一般分为两个阶段，一是为确保施工和周边环境安全的施工监测，二是为确保线路正常使用和运营安全的线路变形长期监测。

8.1.2 变形监测流程

跨座式单轨交通工程在土建施工阶段，由于施工时间长、安全风险大、监测频率高、监测内容多，线路全线的变形监测的作业流程要完整、可靠、统一，通常分为测前准备、监测实施、成果提供几个阶段。

1. 测前准备阶段

测前准备是指土建施工开始前必须完成的工作，主要有踏勘、资料收集、方案编制、设备检定、测点设置等工作。包括如下内容：

（1）结合工程施工图进行现场踏勘，收集线路区域和沿线相关资料，分析资料的可靠性及利用价值；

（2）编制监测方案，经监测单位审核后，还需项目委托方组织进行评审，评审通过后作为变形监测工作开展的依据；

（3）设置监测基准点、监测点，所有测点应经验收合格，并做好保护措施；

（4）对监测设备进行检验和对相关元器件进行标定；

（5）基准点及监测点稳定后初始值的测定。

2. 监测实施阶段

监测实施阶段要遵照监测方案进行，主要有现场监测与巡查、数据处理、数据分析、阶段性报告等工作，包括以下内容：

（1）按监测频率要求进行监测数据信息采集；

（2）监测数据信息的处理与分析；

（3）提交监测分析报告、阶段性报告等。

3. 成果提供阶段

变形监测工作结束之后应提交监测报告，并包括以下内容：

（1）每个工点结构完成、土建施工完毕以及变形处于稳定后均可提交停测申请，经评审或审查通过后即可停测；线路全线土建施工完毕，所有工点均通过停测申请，则变形监测工作才能结束；

（2）提交监测总结报告及相应成果资料。

跨座式单轨交通工程变形监测通常是指仪器现场监测、现场巡查及根据需要设置的远程视频监控的总称。监测数据信息是指仪器测量的数据、现场巡查的记录、远程视频监控的信息。

跨座式单轨交通工程在线路运营期间的变形监测流程与上述流程基本一致，主要不同体现在监测频率、监测内容的差异。

8.1.3 变形监测方案的编制

变形监测方案是开展变形监测工作的依据。跨坐式单轨交通工程因不同的设计方案、不同的施工方法引起的岩土力学响应在时间和空间上的规律不尽相同，监测方案的编制应综合考虑这些因素。

1. 监测方案编制原则

监测方案编制应遵循以下原则。

（1）现场踏勘要全面及详细：现场踏勘的目的是了解拟建单轨交通线位及与对应环境的位置关系，掌握施工与运营影响范围内建（构）筑物、道路、桥梁、河流与湖泊等环境对象的使用现状及病害状况，调查周边环境现状变化情况，确定周边环境调查内容有无遗漏、变化或不准确。踏勘要有完整记录，踏勘完毕及时与建设单位、设计单位、施工单位等相关方沟通，以保证监测方案的针对性、可操作性，满足相关各方要求。

（2）资料收集要广泛并可用：相关资料的收集可包含水文气象资料、各种比例尺地形图、交通图、有关规划文件、岩土工程勘察报告、周边环境调查报告、安全风险评估报告等背景资料，同时，设计文件、施工方案等资料是编制监测方案的重要依据。对收集的资料要进行可靠性、可用性筛选与分析，对编制具有针对性、科学性、可操作性的监测方案及监测实施有重要意义。

（3）监测方案要具备针对性与可操作性：变形监测方案应根据跨座式单轨交通的施工方式、支护类型、结构特点、岩土条件及施工场地变形区内环境状况和设计要求等因素制定。跨座式单轨交通工程属于高风险工程，施工场地的水文地质条件的不同、周边环境的不同、施工方式的不同，给工程带来的风险不同，需综合分析研究风险特点，制定具有针对性的变形监测方案。

（4）监测方案内容要具备完整性：监测方案应包含工程概况、风险识别及分析、目的依据、监测管理体系、监测对象、监测项目、测点布置、监测方法及精度、监测频率、监测周期、监测预警、成果处理、信息反馈、监测人员及设备、质量安全管理等内容，监测内容章节中应有现场巡查重要部位的详细列表，对重大风险点应有专门章节对其测点布置及监测方法进行设计。

2. 监测方案内容

跨座式单轨交通工程施工周期长，变形监测贯穿全程，监测方案是依据，因此，监测方案涉及内容要涵盖自始至终的工作，一般应有以下内容：

（1）工程概况：包括跨座式单轨交通工程规模、特点及施工工法，沿线周边建（构）筑物及地质环境条件。

（2）监测目的和依据。

（3）风险识别及分析：在踏勘及分析施工工法、地质条件及周边环境的基础上，参考勘察及风险评估资料，识别沿线重要风险点并详细说明，提出相应监测解决措施，宜列表说明。

（4）监测管理体系：建立完善监测管理体系，明确各方权利义务。轨道交通工程监测管理体系由建设单位、监理单位、第三方监测单位、施工单位及施工监测单位组成，应明确第三方监测与施工监测双方的监测范围、各方的权利及义务。

（5）监测范围与监测等级。

（6）监测对象与监测项目：完整描述监测对象并重点突出，重点为跨座式单轨交通工程施工高风险段及重要周边环境；根据监测对象确定监测项目，现场巡查关键点要详细描述。

（7）基准点与监测点布置：叙述基准点与监测点布置的原则及特殊情况说明；规定测点的保护措施。

（8）监测方法和精度：详细叙述监测项目的监测方法及达到的精度。采用自动化监测系统的，应对传感器型号及性能、系统组建、采样频率、信息发布等进行详细叙述。

（9）监测频率和周期：说明各监测项目在各阶段的监测频率，总的监测周期，并宜采用列表方式表达。

（10）监测控制值及预警：根据相关控制值进行分级预警，细化预警等级、预警标准，制定异常情况下的监测应急预案。

(11) 重大风险点专项方案：有重大风险点的需进行专项说明，对特殊的监测技术方法、监测设备、测点布置、监测频率、监测控制值等作出专项说明。

(12) 成果处理：叙述监测成果的处理方式及表达方式，汇总数据进行分析。

(13) 信息报送与反馈：建立信息反馈机制。明确每期监测信息的报送时间、方式、范围等，对重大风险点或处于预警状态的工点还应提供快报，可通过网络等方式快速上报业主单位及各参建单位；提供阶段性报告（如周报、月报、年报）、总结报告等形式的监测成果报告。阶段性报告、总结报告应经监测单位的项目负责人及技术审核人签字并加盖公章后报送业主单位。特殊紧急情况下应通过电话、短信等快捷方式快速通知参建各方。

(14) 监测组织机构及人员与设备：建立完善的组织机构，确保组织科学、安排合理、调度统一、流程通畅；人员配备完备，岗位职责明确，责任到人；设备配置合理、精度达标，并已经检验与校正，状态良好，具有检定证书。同时要定期进行检校与维护。

(15) 质量安全管理：质量管理、安全管理、应急预案及其他管理制度。

(16) 提交成果：监测项目完成后应提交的成果内容、形式及应归档资料。

(17) 附图：监测点布设图、基准点布设图等。

(18) 附件：附监测单位资质证书、项目负责人与技术审核人注册执业资格证书及职称证书、仪器设备检定证书等。

跨座式单轨交通线路的施工通常分多个标段，各施工标段的施工工法、参建单位、开工时间、工程进度等均不同，应根据各标段实际和可能引起变形的情况等制定适合的具有针对性的措施，及时开展变形监测工作。

3. 应急预案

针对变形监测的应急预案也叫应急监测方案，适宜于因施工因素或者周边环境发生突变，造成跨座式单轨交通工程土建结构本身或者周边环境发生重大险情；或监测对象的受力或变形呈现出不符合一般规律或呈现出低于结构安全储备、可能发生破坏的情况；或因自然因素或其他外部因素如地震、暴雨，造成施工停工、事故等情况。

应急监测方案应设置有效的组织机构，应明确现场分工与各自职责，相应应急流程合理可靠，有应急响应的技术、装备、后勤支援。

发生以下两种状况时，应启动应急监测方案：一是特殊自然因素造成灾害或出现重大险情时应立即启动应急监测方案；二是结合累积变形量、变形速率、巡视记录综合分析判断，出现异常并有危险趋势，应启动应急监测方案。

8.1.4 变形监测点的布设

变形监测点是反映工程自身和周边环境安全的关键点。监测点布设时需要认真分析工程线路结构和周边环境特点，确保在工程线路结构和周边环境对象受力或位移变化较大的部位布设监测点，以便真实反映工程线路结构和周边环境对象安全状态的变化情况；同时，还要兼顾监测工作量及费用，既达到控制安全风险的目的，又节约了费用成本。监测点的布设应注意以下几个方面：

(1) 监测点布设位置应能反映监测物体变化敏感部位，监测点的埋设应以不妨碍结构的正常受力或正常使用功能为前提，要便于现场观测，如便于跑点、立尺和数据收集，同时要保证现场作业过程中的人身安全。在满足监测要求的前提下，应尽量避免在材料运输、堆放和作业密集区埋设监测点,以减少对现场观测造成的不利影响,同时也可避免监测点遭到破坏,保证监测数据的质量。

(2) 监测点的布设应综合考虑支护结构与周边环境情况优化布设,首先在支护结构和周边环境布设监测点,其次选取影响范围内的建(构)筑物、桥梁等进行监测点布设,接着布设地下管线监测点和市政道路监测点,最后结合支护结构和周边环境监测点情况布设地表监测点。

(3) 周边环境、支护结构监测点应尽量布设于同一断面内。

(4) 监测点的数值变化是监测对象安全状态的直接反映,监测点埋设质量好坏对监测成果的准确性、可靠性有着较大的影响,因此应埋设牢固,可采取可靠方法避免监测点受到破坏,如对地表位移监测点加保护盖、对传感器引出的导线加保护管、对测斜管加保护管或保护井等。若发现监测点被损坏,需及时恢复或采取补救措施,以保证监测数据的连续性。另外,为便于监测和管理,应对监测点按一定的编号原则进行编号,表明测点类型、保护要求等,并在现场清晰喷涂标识或挂标示牌。

(5) 监测点应根据监测方案要求及时埋设,数量应能整体反映监测物体变化状态。

8.1.5 主要监测方法

变形监测所采用的监测方法和使用的仪器设备多种多样,监测对象和监测项目的不同,监测方法和选择的仪器装备也有不同;变形监测等级和监测精度的差异,需采用的监测方法和仪器装备也不尽相同。另外,由于建设场地条件、工程监测经验等的不同,也需选择合理的监测方法。即监测方法的选择应根据设计要求、施工实际、现场条件、装备状况等众多因素综合确定,既能保证监测工作有效,又便于现场的实际操作。监测项目主要监测方法如表 8-1 所示。

监测项目主要监测方法　　　　　　　　　　表 8-1

监测项目	监测方法
垂直位移监测	几何水准测量、全站仪三角高程测量、液体静力水准测量等方法
水平位移监测	小角法、投点法、视准线法、极坐标法、交会法、近景摄影测量、三维激光扫描等方法
应力应变等监测	物理传感器测量法
倾斜监测	投点法、激光铅直仪法、倾斜仪法、差异沉降法等
裂缝监测	裂缝宽度监测宜在裂缝两侧贴埋标志,用千分尺或游标卡尺等直接测量,也可用裂缝计等方法;长度监测宜采用直接量测法;深度监测宜采用超声波法、凿出法等
净空收敛	可采用收敛计、全站仪或激光测距仪等
岩土压力	宜采用界面土压力计
锚杆和土钉拉力	宜采用测力计、钢筋应力计或应变计
结构应力的监测	混凝土构件可采用钢筋应力计、混凝土应变计、光纤传感器等量测;钢构件可采用轴力计或应变计等量测
爆破震动监测	由速度传感器或加速度传感器、数据采集仪及数据分析软件组成,速度传感器或加速度传感器可采用垂直、水平单向传感器或矢量一体传感器
运营的高速公路、轨道交通线路、封闭的监测场地	监测人员不便进入的项目可进行实时自动化监测,传统的仪器监测法难以实施或不能满足监测要求时,宜采用远程自动化监测方法

8.1.6 主要技术要求

变形监测应根据线路结构及施工特点、周边环境对象安全状态、设计确定的监测控制值、当地施工经验等情况,确定监测精度及等级,做到即控制了安全风险,又节约了费用成本。变形监测的等级划分、精度要求和适用范围应符合表8-2规定;变形监测主要技术要求还应符合表8-3的规定。

变形监测的等级划分、精度要求和适用范围　　　表8-2

变形监测等级	垂直位移监测变形监测点的高程中误差（mm）	水平位移监测变形监测点的点位中误差（mm）	适用范围
Ⅰ	0.3	1.5	复杂地质条件的运营线路墩柱、盖梁、轨道梁;受线路施工和运营影响,对变形特别敏感的超高层、高耸建筑、精密工程设施、重要古建筑、重要桥梁与隧道等,以及有高精度要求的监测对象
Ⅱ	0.5	3.0	线路沿线对变形比较敏感的高层建筑、地下管线;建设工程的支护结构,隧道拱顶下沉、结构收敛和运营阶段墩柱、盖梁和轨道梁,以及有中等精度要求的监测对象
Ⅲ	1.0	6.0	线路沿线一般多层建筑、地表及施工和运营中的次要结构等,以及有低等精度要求的监测对象

注:变形监测点的高程中误差和点位中误差是相对最近变形监测控制点而言。

变形监测主要技术要求　　　表8-3

等级	水平位移监测坐标较差或两次测量较差（mm）	垂直位移监测相邻点高差中误差（mm）	往返较差、附合或环线闭合差（mm）
Ⅰ	2	0.1	$0.15\sqrt{n}$
Ⅱ	4	0.3	$0.30\sqrt{n}$
Ⅲ	8	0.5	$0.60\sqrt{n}$

注:n为测站数。

8.1.7 监测工作注意事项

实施变形监测工作时应注意以下事项:

(1) 基准点、工作基点应在施工影响前埋设,经观测确定其稳定后方可使用。

(2) 基准点、工作基点和监测点初始观测应连续独立进行2次测量。当相应观测数据的较差满足表8-3要求时,应取其中数作为变形监测的初始值。

(3) 不同期测量时,宜采用相同的观测网形、观测路线和观测方法,使用相同的测量仪器设备,宜固定观测人员、选择最佳观测时段、在基本相同的环境条件下进行观测。

(4) 监测仪器、设备检定周期不应大于1年,元器件应在使用前进行标定,且检定记录和标定资料齐全;监测过程中应定期进行监测仪器、设备的维护保养及监测元器件的检查。

(5) 监测传感器应满足观测精度与量程的要求;与量测的介质特性相匹配,以减小测量误差；要求灵敏度高、重复性好、抗干扰能力强、成功率高、性能稳定可靠、重复性好。

（6）对同一监测对象地下、地面和上部都进行变形监测时，监测点宜设置在同一断面并同步进行监测工作。

（7）观测记录除应包括日期、时间、天气、温度、人员、设备、观测数据等信息外，还应包括对施工现状、荷载变化、岩土条件、气象等情况的简单描述。

（8）各周期观测前应对选用的基准点、工作基点进行检测，并应对监测控制网的稳定性进行分析。

（9）对变形监测成果应进行综合分析，并应考虑气象条件、施工进度和施工环境等因素对变形监测成果的影响。

（10）采用新技术、新方法前，应采用传统方法进行验证。

8.1.8 变形控制值及预警值

变形监测最主要目的就是为了控制和避免工程自身及周边环境的安全事故发生，因此变形监测的预警也就是监测工作的核心。通过变形监测预警使相关单位对异常情况及时作出反应，采取相应措施，避免或减少安全事故的发生及生命财产的损失。

我国跨座式单轨交通工程建设，由于不同地区工程地质条件、施工环境、施工工法等方面的不同，变形监测预警有不同的标准，并按照不同的等级进行预警。同时，跨座式单轨交通工程线路比较长，施工阶段往往会划分为多个标段，通常情况下，建设单位会组织设计、施工、监理等相关方，结合工程特点、地质条件、周边环境、变形控制值、施工工法、当地施工经验等因素进行综合研究，制定变形监测的预警等级与指标。

1. 变形控制值

变形控制值是跨座式单轨交通工程土建施工过程中，对工程自身和周边环境安全状态或正常使用状态进行判断的重要依据。监测项目变形控制值根据线路沿线工程地质条件、结构特征、施工工法、周边环境保护要求等情况，由施工图设计单位在设计文件中予以明确。变形控制值的大小直接影响施工工法的确定及监测手段的选择。

变形控制值通常结合工程自身和周边环境分别制定，针对结构自身的变形控制值是为保证施工过程中的安全和结构稳定，针对周边环境的变形控制值是为保证周边环境的正常使用。

变形监测控制值结合监测项目制定，包括累计变化值和变化速率值，累计变化值反映监测对象的当前安全状态，变化速率值反映监测对象的发展速度，若变化速率值过大，可能是突发事故的前兆。

表 8-4～表 8-6 为某城市轨道交通工程不同工点施工期间针对结构自身和周边环境监测制定的变形控制值示例，供参考。

××车站周边环境监测变形控制值　　表 8-4

序号	监测项目	控制标准
1	地表沉降	竖井锁口圈：控制值≤15mm；速率≤3mm/d； 竖井周边地表：控制值≤15mm；速率≤3mm/d； 车站主体地表沉降控制值：沉降 30mm；速率：最大 3mm/d

续表

序号	监测项目	控制标准
2	管线沉降	有压管线：允许沉降控制值≤10mm；变形速率控制值≤2mm/d；倾斜控制值≤0.002； 无压雨、污水管线：允许沉降控制值≤20mm；变形速率控制值≤3mm/d；倾斜控制值≤0.003； 无压其他管线：允许沉降控制值≤30mm；变形速率控制值≤3mm/d；倾斜控制值≤0.004
3	建筑物沉降	××大厦：沉降控制值12mm，倾斜≤0.2%
4	建筑物倾斜	××围墙：倾斜控制值≤0.2%

××明挖车站支护结构变形控制值　　　　表8-5

序号	监测项目	控制标准
1	桩顶水平位移	控制值：26mm，速率：2mm/d
2	桩顶沉降	控制值：10mm，速率：1mm/d
3	桩体水平位移	控制值：26mm，速率：2mm/d
4	支撑轴力	轴力设计控制值： 第一道：503.3kN/m；第二道：1136.9kN/m；第三道：1277.9kN/m 第四道：1197.9kN/m

××车站—××车站暗挖区间变形控制值和预警等级划分　　　　表8-6

| 序号 | 监测项目 | 监测精度 | 控制值 | | 预警等级划分 |
			累积值（mm）	变化速率（mm/d）	
1	地表沉降	0.3mm/km	−30 +10	3	（1）实测位移（沉降）的绝对值和速率值双控指标均达到监测控制值的70%～85%时；或双控指标之一达到监测控制值的85%～100%而另一指标未达到该值时为黄色预警 （2）实测位移（沉降）的绝对值和速率值双控指标均达到监测控制值的85%～100%时；或双控指标之一达到监测控制值而另一指标未达到该值时为橙色预警 （3）实测位移（沉降）的绝对值和速率值双控指标均达到监测控制值，还未出现下列情况之一时；实测的位移（沉降）速率出现急剧增长；隧道已出现明显裂缝，同时裂缝处已开始流水为红色预警
2	水平收敛	0.06mm	20	3	
3	隧道拱顶沉降	0.3mm/km	20	2	
4	隧道底部隆起	0.3mm/km	20	2	

注：（+）为隆起；（−）为下沉。

2. 监测预警等级和预警标准

监测预警等级和预警标准通常是根据工程实际需要，结合监测项目变形控制值，并考虑到应急能力、可能造成的危害程度等因素进行制定。目前国内部分城市已建立较为成熟的变形监测预警体系，各地根据城市管理要求一般将预警等级分为三级，通常按严重程度由轻到重分别为黄色预警、橙色预警、红色预警，并对预警状态、预警条件及预警响应等进行了相应规定。也有城市将预警等级分为四级。表8-7为某城市轨道交通工程监测预警等级及预警响应。

监测预警分级及预警响应　　表8-7

预警等级	预警状态	预警条件	预警响应
1	黄色	实测累计值达到累计量控制值的70%且未达到85%时； 或日变化速率达到变化速率控制值的70%且未达到85%时	发送预警快报，加密监测并协助分析原因
2	橙色	实测累计值达到累计量控制值的85%且未达到100%时； 或日变化速率达到变化速率控制值的85%且未达到100%时	发送预警快报，加密监测，启动会商机制，并采取调整施工进度、优化支护参数、完善工艺方法等措施
3	红色	实测累计值达到累计量控制值时； 或日变化速率达到变化速率控制值时； 或日变化速率出现急剧增长时	发送预警快报，加密监测，启动会商机制和应急预案，并立即采取必要的补强或停止施工等措施

3. 巡查预警与综合预警

跨座式单轨交通工程安全预警除针对变形控制值制定相关预警值之外，现场巡查也制定有相应的预警等级，一般由轨道交通管理部门针对施工工法及周边环境类型，结合巡视内容与对象，制定相应预警参考标准，如针对明挖法围护结构、土方开挖、支护体系进行巡查，针对周报环境需对建（构）筑物及地下室、桥梁、既有运营线路与铁路、地面、道路及附属设施、河湖等进行巡查。表8-8为某市制定的现场巡查预警等级划分参考表（仅以明挖法施工土方开挖和周报环境中桥梁为例）。

现场巡查预警等级划分　　表8-8

施工工法及周边环境类型	巡查内容或对象	巡查预警参考标准(满足以下条件之一)		
		黄色	橙色	红色
明挖法	土方开挖	(1)未采取分层分段方式开挖 (2)边坡坡度超过设计值，或一次性开挖超过一个流水段长度 (3)侧壁喷护不及时	侧壁喷护不及时或边坡坡度超过设计值，且局部出现明显变形、开裂或存在滑塌趋势	基坑阳角、明暗挖结合段等部位出现侧壁喷护不及时或边坡坡度超过设计值，且局部出明显变形、开裂或存在滑塌趋势
周边环境	桥梁	墩台、梁板或桥面出现新增裂缝或可见变形	墩台、梁板或桥面裂缝或可见变形有发展	墩台、梁板或桥面混凝土剥落、露筋或可见显著变形

部分城市轨道交通管理部门还制定了综合预警，结合变形监测预警与巡查预警，对施工安全风险进行综合分析判断，依据风险存在可能性的高低、严重程度、影响范围大小，确定黄色、橙色、红色预警评定标准。

8.1.9　现场巡查

现场安全巡查是跨座式单轨交通工程监测工作的重要组成部分。通过现场的巡查，可对现场的安全总体情况有一个全面的了解，现场巡查所记录的数据，与其他监测数据结合，为跨座式单轨交通工程的安全管理提供基础数据，对土建施工、线路运营及周边环境实施全面监控和有效控制管理。现场安全巡查工作，应以严谨、细致、高效为原则，以全面、快速、可靠为目的。

1. 现场巡查装备配置

巡查工作开始前，应配置如游标卡尺、裂缝读数显微镜、钢卷尺、手电筒、照相机、记录本、报告表格等必需的巡视器具及用具。并检查所用设备的可靠性，为巡查做好准备。

2. 巡查工作内容

针对不同的环境条件及施工条件，确定巡查的工作内容及重点部位，并保证施工期间每天巡视一次，特殊情况下加密巡查频率，日常巡查中尽量与现场监测工作同时进行，以便及时获得监测数据与现场情况结合的资料，初步判断巡查对象的安全状态。

3. 现场巡查

工程施工开始前须进行初次巡查，重点是线路沿线及周边环境的初始状态，以便今后进行对比。宜采用拍照的方式对相关情况进行影像资料存档。日常现场巡查发现工程存在安全隐患或处于不安全状态时，应进行预警，及时通知建设单位、施工单位等相关单位。

8.2 变形监测控制测量

进行变形监测须首先建立基准网，基准网包括平面基准控制网和高程基准控制网，是进行水平位移与垂直位移监测的基准。基准网可以各自独立布设平面控制网和高程控制网，也可两网合一。基准网一般由基准点或基准点和部分工作基点构成。

8.2.1 基准点设置

基准点是跨座式单轨交通工程为建立长时间内周期性变形观测的基准，要求在变形监测全过程中保持稳定可靠。因此，基准点的位置选择极为重要，要保证其稳定、受环境因素影响小，并且可以长期保存。监测过程中还应对其进行每期检测、定期的复测与稳定性分析。当基准点距变形体较远，致使变形监测作业不便，影响监测实施甚至监测精度时，宜设置工作基点。

基准点与工作基点的位置选择及埋设一般要做到以下几点：

（1）基准点应选在变形影响范围以外且稳定、易于长期保存的位置，每个工程应布设不少于3个基准点，基准点与工作基点间宜通视；

（2）基准点及工作基点应避开交通主干道、地下管线、水源地、滑坡地段机器振动区、河岸等可能使标石、标志易遭腐蚀和破坏的地方；

（3）基准点、工作基点之间宜便于观测与检核；

（4）高程基准点的标石应埋设在基岩层或原状土层中，也可在基岩壁或稳固的建筑上埋设墙上水准标志；

（5）平面基准点宜建造具有强制对中装置的观测墩，对中误差应小于0.5mm；工作基点标志宜建造具有强制对中装置的观测墩或埋设专门观测标石，照准标志应具有明显的几何中心或轴线；

（6）基准点和工作基点应充分利用工程前期已布设的首级控制网点或城市高等级控制点。

8.2.2 监测控制网

监测控制网的布设首先要顾及跨座式单轨交通线路与周边环境状况，此外还需结合现场交通状况、周边道路、通视条件、地质条件、长久保存条件等因素综合考虑。

1. 水平位移监测控制网

水平位移监测控制网的布设形式除顾及以上因素外，还需结合监测等级、施工方法、仪器装备等要素综合考虑，通常可采用导线网、三角形网、GNSS控制网和基准线等方法。水平位移监测控制网一般按工点、施工区域布设，宜与工程首级平面控制网进行联测，可使全线路平面系统统一。

（1）采用基准线法布设监测控制网时，基准线上或基准线两端应设立校核点，且用基准线法测定偏差值的中误差不应大于所选等级的观测点坐标中误差。

（2）采用导线网或三角形网时（三角形网为三角网、三边网和边角网的统称，通常采用边角网的形式），最弱边边长中误差不应大于所选等级的观测点坐标中误差。主要技术要求应符合表8-9的规定。

水平位移监测控制网技术要求　　　　表8-9

等级	相邻基准点的点位中误差（mm）	平均边长（m）	测角中误差（″）	最弱边相对中误差	全站仪等级	水平角观测测回数	距离观测测回数	
							往返	返测
Ⅰ	1.5	150	1.0	≤1/120000	1″，$(1mm+1\times10^{-6}\times D)$	9	4	4
Ⅱ	3.0	150	1.8	≤1/70000	±1″，$(1mm+2\times10^{-6}\times D)$	6	3	3
Ⅲ	6.0	150	2.5	≤1/40000	±1″，$(1mm+2\times10^{-6}\times D)$	4	2	2

注：1. 当Ⅱ等、Ⅲ等监测控制网采用±2″全站仪测量时，水平角观测测回数应分别为9测回、6测回；
　　2. D为测距边长，单位为km。

（3）采用GNSS控制网时，应采用双频GNSS接收机进行观测，并利用广播星历进行基线解算。

在跨坐式单轨交通工程中，受到施工或环境等因素限制，在实际监测工作中，提高水平位移监测基准控制网的精度存在一定的难度，为提高变形监测点的精度，通常会采用与上一级同精度测量方法进行变形监测，即对监测基准控制网的点位精度要求与监测点的点位精度要求作相同的要求（表8-9中相邻基准点的点位中误差与表8-2中变形观测点的点位中误差系列数值相同）。

2. 垂直位移监测控制网

垂直位移监测控制网的测量宜采用水准测量，当不便使用水准测量时，可使用电磁波测距三角高程测量方法。监测控制网应布设成附合、闭合或结点网。监测控制网宜与工程首级高程控制网进行联测，使全线路高程基准统一。

垂直位移监测控制网基准点应埋设在变形区外的基岩露头上、密实的砂卵石层、原状土层中或稳固建（构）筑物的墙上。受条件限制时，在变形区内也可埋设深层金属管基准点，但金属管底应埋设在变形影响深度以下。

当采用水准测量方法时，垂直位移监测控制网和水准测量观测的技术要求，应按表8-10、表8-11执行。

垂直位移监测控制网技术要求　　　　　　　　　　　　　　　表8-10

等级	相邻基准点的高差中误差（mm）	测站高差中误差（mm）	往返较差，附合或环线闭合差（mm）	检测已测高差之较差（mm）
Ⅰ	0.3	0.07	$0.15\sqrt{n}$	$0.2\sqrt{n}$
Ⅱ	0.5	0.15	$0.30\sqrt{n}$	$0.4\sqrt{n}$
Ⅲ	1.0	0.30	$0.60\sqrt{n}$	$0.8\sqrt{n}$

注：n 为测站数。

水准测量观测技术要求　　　　　　　　　　　　　　　　　　表8-11

等级	仪器型号	水准尺	视线长度（m）	前后视距差（m）	前后视距累计差（m）	视线离地面最低高度（m）	基、辅分划读数较差（mm）	基、辅分划读数所测高差较差（mm）
Ⅰ	DS05	因瓦	≤15	≤0.3	≤1.0	0.5	≤0.3	≤0.4
Ⅱ	DS05	因瓦	≤30	≤0.5	≤1.5	0.5	≤0.3	≤0.4
Ⅲ	DS1	因瓦	≤50	≤2.0	≤3.0	0.3	≤0.5	≤0.7

3. 基准点稳定期

变形监测基准点的标石、标志埋设后，应达到稳定后方可开始观测，稳定期应根据观测要求与地质条件确定，一般不少于15d，因此，基准点的埋设应在施工开始前半个月完成。

8.2.3 基准网稳定性检验

变形监测中所布设的基准点一般都设置在变形区域外、位置稳定而且容易长期保存的地方，当为监测方便而在变形体周围布设有工作基点时，基准点，特别是工作基点更易受施工的影响而发生变形，因此需要对基准网按一定的观测周期进行复测，并对其稳定性作出评判，以避免基准点、工作基点的变形给变形监测点带来影响，从而造成对线路变形的不必要误判。

1. 基准网稳定性检测周期的确定原则

确定基准网稳定性检测的周期，一方面要遵循变形的基本规律，另一方面更要结合施工计划周期及施工开始后实际的施工进度确定，一般应满足以下几点要求：

（1）复检测周期的设计和执行应服从该项目的施工计划总周期，应随着实际施工进度的变化而变化，如实际施工进度很快，导致施工周期缩短，则也应缩短基准网的复检测周期；反之，如实际施工周期延长，则需适当延长基准网的复检测周期。

（2）基准点的标石、标志埋设后，应达到稳定后方可开始观测。

(3) 复检测周期应根据基准点所在位置的稳定情况来确定，在施工过程中宜 1~2 个月复测 1 次，点位稳定后宜每季度或半年复测 1 次。

(4) 当监测点的变形量出现异常或连续变大或接近报警值，或当测区受到地震、洪水、爆破等外界因素影响时，应及时进行复测，并将复测结果与初始值、相邻近期次观测值进行比较，采用组合比较或统计检验的方法对基准点的稳定性进行分析判断，找出不稳定的基准点，对不稳定的、发生变动的基准点重新赋值。

(5) 当工程布设有工作基点时，每期变形观测时均应将其与基准点进行联测，而后再对监测点进行观测。

2. 基准网稳定性复检测应遵循的基本原则

在对基准网进行复检测时，应注意最大限度地消除或减弱系统误差的影响，应注意遵循"五个固定不变"的基本原则，即以下五点要求：

(1) 相同的观测网形、观测路线和观测方法：每期复检测应采用与初始观测相同的观测网形、观测路线和观测方法，保持其固定不变。

(2) 相同的观测仪器和设备：每期复检测应使用与初始观测相同的监测仪器和配套的辅助设备、标尺等，保持其固定不变。

(3) 相同的观测人员：每期复检测宜固定观测人员。

(4) 相同的环境和观测条件：每期复检测需要选择最佳观测时段，宜在大致相同的环境和观测条件下工作，并远离施工现场的一些如重型货运车、搅拌机、商混运输车、高压混凝土输送泵等振动源，避开其作业时间。

(5) 相同的平差计算方法：每期复检测的观测数据应采用与初始观测相同的平差计算方法，并执行相同标准的有关技术要求，保持其固定不变。

3. 基准网稳定性的判定方法与标准

基准网通过复检测后，需对网中各基准点的稳定性进行分析判断，实际工作中主要有以下几种方法：

(1) 当基准点单独构网时，每期次基准网复测后，应根据本次复测数据与上次数据之间的差值，对基准点的稳定性进行分析判断。

平面基准网观测量的对比分析：平面基准网中，其对应的观测量为水平角和边长，在同等观测精度条件下，比较每个基准点上经测站平差后所得的水平角和边长观测值，其差值是否满足水平角观测值较差限值和不同时段的边长观测较差限值要求，如满足则可认为基准网是稳定可靠的，可作为变形点水平位移监测的参考基准；如不满足则应视其具体差值大小和平差后各基准点的绝对坐标值来共同分析判断其稳定性。

高程基准网观测量的对比分析：高程基准网中，其对应的观测量为相邻两基准点间或基准点与工作基点间的高差，在同等观测精度条件下，比较相同的两基准点间或基准点与工作基点间的高差，其差值是否满足测段高差之差的要求，如满足则可认为基准网是稳定可靠的，可作为变形点垂直位移（沉降）监测的参考基准；如不满足则应视其具体差值大小和平差后各基准点的绝对高程值来共同分析判断其稳定性。

(2) 当基准点与监测点共同构网时，每期次变形监测后，应根据本期次基准点观测数据与上期次观测数据之间的差值，对基准点的稳定性进行分析判断。

对平面和高程基准网在同等观测精度条件下进行复测后，通过严密平差得到复测后各基准点的绝对坐标和高程，从而为整体变形监测建立一个统一的参考系，可通过比较不同期次复测的各基准点坐标和高程的较差值分析判断其稳定性，将不同期观测得到的各基准点绝对坐标和高程的较差与最大测量误差（取 2 倍中误差）进行比较，当较差小于最大测量误差时，则可认为各基准点在此期间稳定或变动不显著。同时还可根据两期观测的周期间隔天数和各基准点绝对高程的较差值计算相应各点的变化速率，如变化速率小于当地判断沉降是否稳定的指标，则也可认为各基准点在此期间是稳定的或变动不显著。

（3）如采用以上两种方法不能判定时，可以通过统计检验的方法对基准点的稳定性进行检验，并找出发生变动的基准点。

目前对基准点的稳定性分析的统计检验方法主要有限差分析方法、t 检验法、平均间隙法、分块间隙法、稳健迭代法。其中，平均间隙法是比较典型而又常用的一种统计检验方法，其基本思想是对两期观测成果按秩亏自由网方法分别进行平差；再用 F 检验法进行两周期图形一致性检验（整体检验），如果检验通过，则确认所有基准点是稳定的。否则，就要找出不稳定的点，寻找不稳定点的方法是"尝试法"，依次去掉每一点，计算图形不一致性减少的程度，使图形不一致性减少最大的那一点就是不稳定点。排除不稳定点后再重复上述过程，直到去掉不稳定性点后的图形一致性通过检验为止。

8.3 施工阶段变形监测

跨座式单轨交通工程在施工过程中可能会发生工程结构、支护结构变形、周围岩土体坍塌，也可能发生周边建（构）筑物、地下管线、道路桥梁等周边环境对象的较大变形或破坏，在施工阶段开展变形监测对安全风险事故的预防预报、控制安全风险事故发生具有重要意义。

8.3.1 监测项目

跨座式单轨交通工程建设是在复杂的城市环境和工程地质条件下进行的，工程结构、周围岩土体和周边环境对象相互影响、相互制约，是一个密切相关的复杂系统，因此，施工阶段变形监测应包括结构自身及周边环境监测。对结构自身的监测对象主要包括桥墩柱、轨道梁、隧道、车站、车辆段建（构）筑物等；周边环境监测对象应包括结构施工影响区域内的建（构）筑物、地表及道路、管线、边坡、既有轨道交通设施等。

监测工作是提高对安全风险事件的预防预报能力的重要手段。为了能有效开展监测工作并控制主要安全风险，监测对象（项目）应根据支护结构和主体结构设计方案、周围岩土体及周边环境条件选择。因为监测项目的监测数据变化是监测对象状态变化的重要表现形式，因此应选择能直接反映监测对象的位移、变形或受力状态的变化的监测项目。

监测项目一般分为必测项目和选测项目。必测项目是指施工过程中为保证线路结构、周边环境和周围岩土体的稳定及施工安全必须进行的日常监测项目；选测项目是指为设计、施工和研究的特殊需要在局部地段或部位开展的监测项目。跨座式单轨交通工程施工阶段变形监测内容、监测仪器可按表 8-12 选择。

施工阶段变形监测内容、监测仪器　　　　　　表 8-12

监测对象		监测内容	主要监测仪器
必测项目	支护结构	护坡桩、连续墙、土钉墙的变形以及支撑轴力监测等	全站仪、水准仪、测斜仪、轴力计等
	主体结构	建(构)筑物变形;高架结构(轨道梁)柱(墩、台)沉降、倾斜和梁体挠度监测;隧道拱顶、拱底垂直位移和净空水平收敛监测等	全站仪、水准仪、收敛计、测斜仪等
	周边环境	施工变形区内建(构)筑物、地表、管线变形监测等	全站仪、水准仪、测斜仪、位移计等
选测项目	支护结构	支护和衬砌应力、锚杆轴力监测等	应变片、应变计、锚杆测力计等
	主体结构	混凝土应力、钢筋内力及外力监测等	应变片、应变计、钢筋计等
	其他	地基回弹、围岩内部变形、围岩压力、围岩弹性波速测试、分层地基土沉降、爆破震动、孔隙水压力等	位移计、压力盒、波速仪、爆破震动测试仪、孔隙水测压计等

8.3.2 重点监测内容

跨座式单轨交通线路通常以高架为主，也有少量地下线，由于敷设形式的不同，变形监测对象也各有侧重。

1. 高架区间

跨座式单轨交通高架区间的墩柱施工、盖梁施工和轨道梁架设三个施工阶段是关键工序和关键节点，需要监测的对象有轨道梁、组合桥、道岔桥、高架墩柱，主要监测内容如下：

(1) 墩柱沉降、倾斜监测；

(2) 墩柱盖梁相对沉降监测；

(3) 轨道梁挠度监测；

(4) 轨道梁裂缝检测；

(5) 组合桥和道岔桥水平位移和挠度监测。

变形监测点的点位应选择关键部位或断面，同时兼顾现场作业方便、易于保存。监测点应根据监测项目特点、施工工法、工程进度及时埋设。

高架桥墩柱是桥梁的支撑结构，工程施工对地层的扰动通过桥墩柱传递到桥梁上部结构，引起桥梁整体变形和应力变化，墩柱沉降直接反映桥梁整体的沉降，因此，每个墩柱的垂直位移监测点设置不应少于 1 个，沉降监测点应埋设在距地面 0.5m 以上处；

墩柱倾斜监测应在墩柱顶部与底部上下对应位置设置监测点。

轨道梁梁体挠度、箱梁表面线性监测点应按设计要求布设。

2. 隧道区间

跨座式单轨交通隧道施工线段，应重点进行拱顶及底板沉降、净空收敛监测，也应对围岩应力、爆破震动等进行重点监测。

(1) 所有监测点宜设置在同一监测断面内，监测点间距宜在 2～10m，每个断面不宜少于 5 个监测点，监测断面宜间隔 10～50m 设置。

(2) 净空收敛监测点一般设置于隧道侧腰部位，拱顶与底板沉降监测点也可兼作收敛点。

3. 车站

地面车站通常分为框架结构和高架两种形式，按车站结构与轨道墩柱的关系可以分为站桥分离、站桥合一两种形式。主要监测内容：墩柱沉降、墩柱倾斜、墩柱盖梁相对沉降监测、悬臂相对沉降监测，盖梁平面位移、垂直度等。

地下车站按施工工法可分为明挖和暗挖两种形式，主要监测内容：车站隧道拱顶沉降监测、轨道层沉降监测、二衬混凝土表面应力监测等。

4. 周边环境

跨座式单轨交通周边环境监测点的布设应根据环境对象特征、风险等级等综合确定，主要包括周边建（构）筑物、道路与地表、地下管线、河流湖泊、既有轨道交通、桥梁等，应按现行国家标准《城市轨道交通工程测量规范》GB/T 50308、《城市轨道交通工程监测技术规范》GB 50911 的相关规定执行。

8.3.3 监测方法

实施监测时，由于监测项目的不同、监测等级与精度要求的区别、现场场地条件差异，应综合考虑选择合理的监测方法、配置相应的装备，既便于现场操作，又可满足监测要求。结合不同的监测项目，宜按表 8-1 所列方法选择并进行相关监测作业。

8.3.4 监测频率

监测频率的确定是变形监测工作的重要内容，制定监测频率时既要保证不能错过监测对象的重要变化时刻，也应合理设置工作量，选择科学、合理的监测频率有利于监测工作的有效开展。变形监测频率应根据跨座式单轨交通主体结构施工方式、施工进度、支护类型、结构特点、岩土条件及施工变形区域内环境状况和设计要求等因素并结合当地工程经验综合考虑制定。

跨座式单轨交通线路高架和基坑以及隧道监测频率可参照表 8-13、表 8-14 执行。

高架区和基坑施工监测频率 表 8-13

变形速度 D_v (mm/d)	监测频率 f		变形速度 D_v (mm/d)	监测频率 f	
	结构自身	周边环境		结构自身	周边环境
$D_v>10$	$f\geqslant 2$ 次/1d	$f\geqslant 2$ 次/1d	$1<D_v\leqslant 5$	$f\geqslant 1$ 次/2d	$f\geqslant 1$ 次/2d
$5<D_v\leqslant 10$	$f\geqslant 1$ 次/1d	$f\geqslant 1$ 次/1d	$D_v\leqslant 1$	$f\leqslant 1$ 次/7d	$f\leqslant 1$ 次/7d

隧道施工监测频率 表 8-14

变形速度 D_v (mm/d)	监测点或监测断面距开挖面距离 S 与洞径 D 的关系	监测频率 f	
		结构自身	周边环境
$D_v>10$	$S<D$	$f\geqslant 2$ 次/1d	$f\geqslant 2$ 次/1d
$5<D_v\leqslant 10$	$D\leqslant S<2D$	$f\geqslant 1$ 次/1d	$f\geqslant 1$ 次/1d
$1<D_v\leqslant 5$	$2D\leqslant S<5D$	$f\geqslant 1$ 次/2d	$f\geqslant 1$ 次/2d
$D_v\leqslant 1$	$S>5D$	$f\leqslant 1$ 次/7d	$f\leqslant 1$ 次/7d

当监测点变形速率大或者主体结构变形量大，附属结构或者周边环境因变形过大，以及超过监测预警值等情况时，应提高监测频率。

8.3.5 现场巡查

轨道交通施工过程中,现场巡查每天不宜少于1次,监测过程中可同时有专人进行现场巡查,并应有巡查记录,在关键工况、特殊天气等情况下应增加巡查次数。巡查应包括监测设施、施工工况、支护结构、周边环境等。

1. 一般巡查内容

（1）基准点、监测点、监测元器件完好状况及保护情况,有无影响观测的障碍物等。

（2）开挖面岩土体与岩土勘察报告差异情况,施工程序与进度是否符合设计要求,施工工况,施作的及时性和合理性。

（3）桥台、墩柱的开裂、掉块、压溃、剥落等情况,桥台、墩柱的垂直度等。

（4）墩柱、梁底被碰撞情况,墩柱、梁体、道床结构裂缝的分布、位置、走向,桥梁支座情况,结构裂缝的分布、位置、走向等。

（5）隧道开挖面岩土体有无坍塌及坍塌的位置、规模。

（6）隧道衬砌有无开裂、剥落。

（7）墙身施工缝有无开裂,有无渗漏水。

（8）轨道设施运行完好情况,其他显而易见的损坏或病害等。

（9）周边建（构）筑物结构开裂剥落、门窗变形等情况。

（10）道路路面开裂,包括裂缝数量、走向、发生位置、发展趋势等;路面沉陷、隆起,包括沉陷深度、隆起高度、面积、位置等。

（11）地下室渗漏情况。

（12）地下管线管体或接口破损、渗漏情况,燃气管线周围异常气味情况,管线上方地表沉陷情况,检查井等附属设施的开裂及进水等。

2. 重点巡查内容

结合跨座式单轨交通特点,重点进行巡查的内容有:埋深浅、断面大或地质条件差的区间隧道或车站;梁跨度较大或墩柱较高的高架区间;高架或框架结构车站;高边坡或高挡墙;与既有周边环境相互影响较大的区段;线路附近有新建工程正在施工的区段等。

对于巡查过程中发现的异常情况及时通知业主及相关方,以便采取相应应急措施。

8.4 运营线路变形监测

跨座式单轨交通进入运营后,因各地地质条件、结构形式、周边环境及施工方法的不同,线路结构尚未达到完全稳定,同时由于运营的影响,线路结构变形和对周边环境的影响会持续较长时间。因此,运营阶段应实施运营线路及受线路运营影响的周边环境的变形监测。

8.4.1 监测项目

运营线路的监测对象宜包括高架桥墩柱、隧道、车站、车辆段、轨道梁、附属结构及重要附属设施等,周边环境监测对象应包括变形区内的道路、建（构）筑物、管线、桥梁等。

具有下列情况之一时，相关线路和周边环境应进行变形监测：
(1) 施工阶段监测对象仍未稳定；
(2) 不良地质条件对线路结构的安全有影响的地区（段）；
(3) 地面沉降变化大的地区和不均匀沉降段；
(4) 新建线路和既有线路衔接、交叉、穿越的地段；
(5) 新建线路穿越地下工程和大型管线的地段；
(6) 地震、列车振动、堆载、卸载等外力作用对线路结构产生较大影响的地区（段）；
(7) 运营线路保护区范围内有下列作业行为的地段：
1) 新建、扩建、改建或拆除建（构）筑物；
2) 敷设管线、挖掘、爆破、地基加固、打井；
3) 在过江、河隧道段挖沙、疏浚河道；
4) 其他大面积增加或减少载荷的活动。

结合以上需实施变形监测的情况，监测项目可以根据自身的岩土条件、运营线路和重要周边环境的关系等选择决定，一般宜包括线路结构及重要环境的垂直位移、水平位移、结构裂缝、变形缝差异沉降等，以及线路隧道净空收敛等项目。

对于监测频率要求密集且不便进入的监测项目，宜采用自动化监测技术，如安置静力水准仪进行竖向监测、安置测量机器人进行空间位移监测、安置物理传感器进行应力应变监测。

运营监测应参照施工期间变形监测编制监测方案，监测使用的仪器设备应在检定或校准周期内，仪器的精度和量程满足监测需要。监测方法可参照本章第8.3.3节进行。

8.4.2 监测点设置

运营阶段变形监测宜与施工阶段变形监测有效衔接，应尽量使用施工期间埋设且保存完好的监测点及基准点和工作基点。重新设置监测点时，测点位置选择应具有代表性，应能反映监测对象的变化特征，应满足长期监测的要求。

运营线路高架桥结构的每一个桥墩宜埋设垂直位移监测点。

隧道的垂直位移监测点应按断面布设：
(1) 线路直线段宜每100m布设一个监测断面，曲线段宜每50m布设一个监测断面；
(2) 线路结构的沉降缝、变形缝、各结构衔接处，应布设监测断面；
(3) 隧道、高架桥梁与路基之间的过渡段应布设监测断面；
(4) 线路经过不良地质区段时，应根据实际情况，加密布设监测断面；
(5) 水平位移监测点宜与垂直位移监测点布设在同一断面。

监测点设置的其他要求可参照本章第8.2节执行。监测点稳定后可进行初始观测，初始值应是连续观测2次观测成果的平均值。

8.4.3 监测频率

运营阶段应按设计确定的频率进行变形监测，通常监测频率如下：
(1) 线路试运营期间宜每月监测1次，当线路结构变形较大或地基承受的荷载发生较大变化时，应增加监测次数；

（2）线路运营第一年内宜每 3 个月监测 1 次，第二年宜每 6 个月监测 1 次，以后宜每年监测 1~2 次；

（3）线路结构存在病害或处在软土地基等区段时，应根据实际情况提高监测频率。

运营线路保护区范围内存在建设工程施工时，一般需对受影响的运营线路区段进行自动化监测，监测频率根据通过审核的监测方案确定，数据采集频率通常可采用 20~60min/次。

当监测数据发生预警或出现塌方、滑坡等突发事故时应调整监测频率。

8.4.4 现场巡查

跨座式单轨交通运营期的现场巡查频率宜与仪器监测频率一致，在特殊天气、存在隐患等情况下应增加巡查次数。应根据运营期监测情况及运营部门日常巡查维护检查情况，确定重点巡查范围，主要有：

（1）运营期监测数据显示变形异常的区段；

（2）梁跨度较大或墩柱较高的高架区间；

（3）高边坡或高挡墙；

（4）与既有周边环境相互影响较大的区段；

（5）线路附近有新建工程正在施工的区段；

（6）运营部门日常巡查维护检查发现的轨道结构病害位置。

巡查内容可参照本章第 8.3.5 节执行。

8.5 变形监测资料整理与信息反馈

变形监测资料包括现场通过仪器监测、现场巡视和远程视频监控等手段获得的各类实测资料，内业经过对实测资料的计算分析与整理后转化成为完整清晰的变形成果。

8.5.1 资料整理

变形监测资料整理工作主要包括以下内容：

（1）每次变形监测结束后，应及时将外业观测记录、现场巡视记录、记事项目及仪器、视频等电子数据资料进行整理、分类及检查，要保证完整清晰，并有相关责任人的签署。

（2）及时进行数据处理，并计算变形体的相邻周期变形量、累计变形量、变形速率等，绘制时程变形曲线图，必要时绘制断面曲线、等值线图等曲线图。

（3）综合监测成果、巡查记录和监控记录，结合施工工况、地质条件、周边环境等因素，分析变形成因与变化规律，预测变形发展趋势。

（4）编制监测日报。日报是反映监测对象变形最直接的报告形式，是实现信息化施工的重要依据。日报内容应包括施工工况、地质条件、周边环境的概述，监测项目的相邻周期变形量、累计变形量、变形速率等数据及对应的变形控制值，各类监测点布置图，现场巡视照片，监测分析与说明，结论、建议等；日报形成后要及时反馈各相关方，以保证信息化施工的顺利开展。

(5) 根据监测成果分析判断，需要时立即编制警情快报，警情快报应包含警情发生时间、地点及状况与严重程度等说明，应有现场记录与照片、变形量与变形速率、成因分析与处理措施建议等。

(6) 编制阶段性报告。阶段性报告是某一时间段内监测的总结与分析，不同的地区或不同的业主各有要求，分为按时间段或进度要求提交，按时间间隔要求时会有周报、月报、年报，阶段性报告应对时间间隔内的监测成果及分析有较为深入的总结与分析，要对项目整体或工点内各监测项目的变化规律与发展趋势作出评价，便于信息化指导施工进展。

(7) 变形监测结束后要及时编制总结报告。总结报告针对整个项目从始至终，要包括各类监测数据信息的汇总与分析说明，对变形监测工作进行完整分析评价，要有客观的结论，同时要总结相关经验与不足，要提出合理建议，为类似项目的变形检测提供借鉴参考。

8.5.2 信息反馈

变形监测信息反馈是进行信息化施工的重要环节，对工程施工与运营安全具有重要意义，信息反馈的及时、反馈途径的通畅、反馈信息的真实可靠十分重要。因此，跨座式单轨交通工程变形监测首先要建立信息反馈的组织机构；确定根据变形体变形程度、紧急程度、发展态势、可能产生的安全危害，规范变形监测信息的等级以及不同等级监测信息的反馈渠道；明确监测信息的报送形式，可根据项目管理需要或紧急程度采取纸质、电子、信息平台、短信微信等形式报送相关单位部门；各项监测信息应及时上报和处理。不同城市或轨道交通管理机构一般均规定了信息反馈流程。图 8-1 为某轨道交通工程监测信息反馈流程图，供参考。

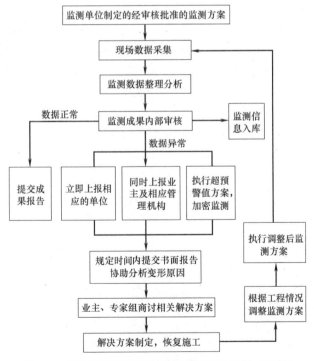

图 8-1　某轨道交通工程监测信息反馈流程图（示例）

8.5.3 提交成果内容

变形监测工作结束后,应提交监测方案和总结报告,并应包括下列成果:
(1) 变形监测工程的平面位置图;
(2) 基准点、工作基点和监测点平面分布图;
(3) 标石、标志规格及埋设图;
(4) 仪器检验与校正资料;
(5) 平差计算、成果质量评定资料及成果表;
(6) 水平位移曲线图、等沉降曲线图等。

随着测量技术、计算机技术、通信技术等技术的发展,自动化监测、实时数据传输、数据处理与信息管理系统等新技术不断进步。测量仪器与前端设备通过通信模块进行连接,在连接成功后,数据实时传输到前端设备并显示数据;前端设备验算闭合差是否符合相应等级测量的要求;数据合格后上传至数据管理平台进行平差,计算监测数据与该监测点往期数据进行对比,报送信息平台;由信息平台依据确定的预警标准与上传的监测数据进行比对后自动发布,实时向监管人员发送预警短信提醒。根据信息化施工和管理的要求,监测单位宜建立变形监测信息数据库、数据处理和监测信息管理平台,实现监测数据采集、处理、分析、查询、报送和管理一体化。

8.6 运营监测案例

8.6.1 项目简介

某市一南北方向的轨道交通骨干线采用跨座式单轨交通系统,线路由高架线路和高架车站、地面线路和地面车站、地下线路和地下车站、过渡段线路、车辆段及综合基地等构成。运营期间轨道交通的车站、隧道、高架等设施容易受沿线周边非轨道交通施工产生的荷载变化、轨道交通内部运营和养护治理的影响,进而产生结构变形和沉降,及交通事故频发涉及轨道交通设施安全。为了避免上述因素对轨道交通结构产生的影响,以便及时采取有效的预防和补救措施,确保安全运营,受轨道交通公司的委托,对该线路实施长期的、持续的全线运营安全监测。

8.6.2 监测工作对象

监测对象包括隧道区间、高架区间、地面车站、地下车站、车场边坡及相关附属结构设施等。

1. 隧道区间监测项目

(1) 进出洞口边坡水平位移、沉降监测;
(2) 隧道净空水平收敛和拱顶下沉监测;
(3) 隧道底部沉降监测;
(4) 隧道衬砌裂缝监测;
(5) 浅埋段地表建构筑物沉降、倾斜监测;

(6) 隧道水平位移监测。

2. 高架区间监测项目

高架区间需监测对象有轨道梁、组合桥、道岔桥、高架墩柱，其中高架墩柱的主要形式有 T 形独柱墩、倒 L 形墩、门形墩、纵向组合 T 构，主要监测内容如下：

(1) 墩柱沉降、倾斜监测；
(2) 墩柱盖梁相对沉降监测；
(3) 轨道梁挠度监测；
(4) 轨道梁裂缝检测；
(5) 组合桥和道岔桥水平位移和挠度监测。

3. 地面车站监测项目

地面车站形式分为框架结构和高架两种形式，按车站结构与轨道墩柱的关系可以分为站桥分离、站桥合一两种形式。主要监测内容如下：

(1) 墩柱沉降、倾斜监测；
(2) 墩柱盖梁相对沉降监测；
(3) 轨道层沉降监测；
(4) 悬臂相对沉降监测，盖梁平面位移、垂直度监测。

4. 地下车站监测项目

按施工工法可分为明挖和暗挖两种形式，主要监测内容如下：

(1) 车站隧道拱顶沉降监测；
(2) 轨道层沉降监测；
(3) 车站地表建（构）筑物水平位移、沉降、倾斜监测；
(4) 二衬混凝土表面应力监测；
(5) 裂缝监测，车站上方地面沉降监测。

5. 车辆段边坡监测项目

(1) 边坡水平位移、沉降监测；
(2) 裂缝监测；
(3) 靠近车辆既有挡墙的水平和沉降位移监测；
(4) 靠近车辆基地建（构）筑物沉降监测。

8.6.3 监测方法

1. 线路巡查

根据运营期监测情况及运营部门日常巡查维护检查情况，重点对以下区段进行巡查：

(1) 运营期监测数据显示变形异常的区段；
(2) 埋深浅、断面大或地质条件差的区间隧道或车站；
(3) 梁跨度较大或墩柱较高的高架区间；
(4) 高架或框架结构车站；
(5) 高边坡或高挡墙；
(6) 与既有周边环境相互影响较大的区段；
(7) 线路附近有新建工程正在施工的区段；

(8) 运营部门日常巡查维护检查发现的轨道结构病害位置。

巡查内容主要包括结构表面的渗水、裂缝等。巡查做好详细的记录，并拍照存档，对于巡查过程中发现的异常情况及时通知甲方，以便采取相应应急措施。对巡查中发现的较大裂缝进行布点监测。

2. 水平位移监测

在项目周边稳定的地方至少布设 3 个基准点作为各监测项目的水平位移监测控制网，基准点按标准要求埋设为强制归心墩标或者地标。新埋设的水平位移监测基准点采用静态 GPS 或者精密导线方式与已有控制点进行联测。

水平位移监测点采用全站仪，在基准点或者工作基点上设站，采用极坐标法观测附近的水平位移监测点，各观测边长经两差改正、气压改正、温度改正后，投影到轨道高程面上。以后各期观测均采用首期观测方法及作业方式进行，并与起零期数值比较，计算出各期水平位移点的位移变化。

3. 沉降监测

在项目周边稳定的地方至少布设 3 个控制点作为各监测项目的沉降监测基准点，基准点按标准要求埋设在变形区外的基岩露头上或者稳固建筑的墙上。新埋设的沉降基准点与原有高程控制点进行联测。

沉降监测采用电子水准仪（配条形码铟钢尺），并接测于高程基准点及工作基点上，组成闭合或附合水准路线。对于路线的上行线和下行线中的监测点应纳入同一水准路线中观测，避免因采用不相同水准路线造成上下行线之间系统差异而出现"假"沉降。

以后各期均采用首期观测方法及作业方式进行观测，并与初始数据和相邻观测数据比较，计算出各期沉降变化量。地下水准测量在停止运营半小时后进行，以减少车辆运行振动影响。

4. 倾斜监测

在待观测对象（如墩柱）不同高度（两点之间距离应大于 2/3 墩柱高度）贴上反射片，建立上、下两固定观测标志，并在大于 2 倍上、下观测点距离的位置设立观测站，采用全站仪测定待测对象上、下标志的偏移量，两次观测差值结合上、下观测点的高差即可计算出观测对象在观测方向横向上的倾斜变化量。将观测对象纵向和横向的倾斜量进行矢量合成即得该观测对象的倾斜变化。

5. 墩柱盖梁相对沉降监测

布设墩柱盖梁相对沉降反射片监测标志，采用三角高程测量方法进行观测，以墩柱中心线正上方的点为参考点，测量悬臂端或门形墩中部监测点相对于参考点的高差，根据各期相对高差计算沉降变化。

6. 轨道梁挠度监测

选取在每片轨道梁顶面中线两端头、1/4、1/2、3/4 处分别埋设铜芯作为挠度监测点标志，在轨道梁所在墩柱盖梁顶端埋设监测工作基点，各期监测轨道梁挠度时应将工作基点与高程基准点进行联测。

7. 轨道梁纵向和横向位移监测

在轨道梁侧面的前后两端贴反射片，在基准点或者工作基点上设站，采用极坐标法观测反射标志，各观测边长经两差改正、气压改正、温度改正后，投影到轨道高程面上。以后各期观测均采用首期观测方法及作业方式进行，将标志点的位移量投影到轨道梁的纵横向得到轨道梁每期的纵横向偏移量。

8. 轨道梁裂缝监测

轨道梁在运营期间由于受外力及自身混凝土材料的变化等作用，梁体表面容易产生裂缝。需对梁体表面裂缝的长度、宽度以及深度进行监测。

裂缝长度直接采用钢尺直接测量，精确到1mm。

裂缝宽度通过裂缝测宽仪进行测量，将电缆连接显示屏和测量探头，将测量探头的两支脚放置在裂缝上，在显示屏上可看到被放大的裂缝图像，稍微转动摄像头使裂缝图像与刻度尺垂直，根据裂缝图像所占刻度线长度，读取裂缝宽度值，精确到0.02mm。

裂缝深度测量仪是应用声波绕射原理测量混凝土裂缝深度的智能机器，同时也可测量超声波在混凝土中的传播速度。发射和接收换能器分别置于裂缝两侧，发射换能器发出的声波绕过裂缝下缘到达接收换能器。设定发射、接收换能器间距L，测量绕射波的传播时间t和传播速度v，可以计算出裂缝的深度h。

9. 隧道净空收敛及拱顶下沉监测

为掌握隧道二次衬砌在运营期的变形情况，对隧道的净空收敛及拱顶下沉进行监测。在隧道两侧边墙等高处埋设监测点形成一条水平测线，拱顶处埋设监测点与边墙的测点形成两条测线，三条测线尽量位于垂直于隧道中轴线的断面中。每次测出水平测线的净长与前期数据的增量，即为隧道的净空收敛量；设置斜测线有助于了解隧道衬砌垂直方向的变化情况，测量斜测线和水平测线后，通过计算得到拱顶下沉量。量测设备采用隧道专用型收敛计，仪器测量精度达到±0.06mm。

当隧道断面较大，利用收敛计测量斜测线困难时，采用测量机器人对隧道断面进行全断面扫描，通过相同断面不同时间段扫描结果的对比，得出隧道衬砌的变形情况。采用的仪器配置为测量机器人配合机载程序及全断面扫描数据处理系统。

10. 隧道二次衬砌混凝土表面应力监测

隧道衬砌应力监测的每个隧道断面测点主要布置在病害部位或浅埋段拱顶。测量仪器采用振弦式应变计和频率读数仪。安装前先将隧道衬砌表面的涂料清除，露出衬砌混凝土，然后将应变计支座螺杆采用环氧树脂封固在隧道衬砌内，最后将应变计传感器元件固定在支座上，并将导线沿衬砌侧壁引至方便测试的位置。在每期监测过程中，采用频率读数仪逐一测试读数，利用混凝土弹性模量，根据材料力学原理，推算出混凝土的应力值。

11. 建（构）筑物裂缝监测

根据运营部门日常巡查维护检查情况，对沿线建（构）筑物需要进行裂缝监测的地方进行监测，裂缝观测点根据裂缝的走向和长度，分别布设在裂缝的最宽处和裂缝的末端，在裂缝两侧埋入水泥钉或铜芯。标志安装完成后，拍摄裂缝观测初期的照片。裂缝量测点采用游标卡尺直接丈量，量测应精确至0.1mm。

对于在隧道顶部等难以进行观测的裂缝，采用裂缝监测位移计等仪器设备监测。裂缝观测采用振弦式位移计和频率读数仪，安装前先将隧道衬砌表面的涂料清除，露出衬砌混凝土开裂的表面，然后在裂缝宽度或深度相对较大处的两侧对称安装支座螺杆，采用环氧树脂将位移计支座螺杆封固在隧道衬砌内，最后将位移传感器元件固定在支座上，并将导线沿衬砌侧壁引至方便测试的位置。在每期监测过程中，采用频率读数仪逐一测试读数。

8.6.4 监测频率及周期

运营期监测以轨道交通竣工日期为监测时间基准,并且始终贯通整个运营期,正常状态下监测1次/年;针对特殊地段和特殊监测项目按甲方要求,如某大桥监测频率2次/年;某车站混凝土表面应力监测频率为1次/7d。第一年监测数据应有两次数据(即起始数据和监测数据)。

局部差异沉降较大或者变形异常段应制定专项方案,在这些区域扩大监测范围并加密监测。线路沿线有建筑施工项目对其产生影响时,制定专项监测方案进行施工监测。

8.6.5 监测控制标准、警戒值

轨道交通监测控制标准、警戒值根据设计提供的控制指标并参考相应规范、规程、计算资料及当地类似监测工程经验确定。对于不同的监测对象和不同的监测内容有不同的监测控制标准,本项目部分监测管理控制值如表8-15所示。

城市轨道交通结构安全控制指标　　　　表8-15

监测项目及区域	累计值(mm)	变化速率(mm/d)	参考标准编号
墙(坡)顶水平位移	30	3	GB 50911—2013
墙(坡)顶垂直位移	30	3	GB 50911—2013
悬臂端垂直位移	$L/600$	1	GB 50308—2008
墩柱均匀沉降	50	5	GB 50308—2008
墩柱相对沉降监测	20	2	GB 50308—2008
轨道梁挠度监测	$L/800$	1	GB 50308—2008
轨道梁纵向位移监测	$5\sqrt{L}$ 或 25	2	GB 50157—2013
……	……	……	……

注:L 为梁长。

当监测数据达到监测管理基准值的2/3时,定为警戒值,及时上报,并启动应急变形监测方案,加强监测频率。

8.6.6 监测数据反馈、成果整理及提交

取得各种监测资料后,及时进行处理,排除仪器、读数等操作过程中的失误,剔除和识别各种粗差和系统误差,避免漏测和错测,保证监测数据的可靠性和完整性,采用计算机进行监控量测资料的整理和初步定性分析工作,绘制各种类型的表格及曲线图,对监测结果进行综合分析。

本项目为长期的、持续的全线运营安全监测。每期监测工作完成后,向委托方提供监测技术总结报告,主要内容如下。

1. 工程概况

2. 监测方案

监测方案中应包含根据其监测方案计算垂直沉降、水平位移、断面收敛、倾斜监测的

监测误差、最弱点位置及最弱点中误差,并以此给出沉降监测、水平位移、断面收敛、挠度监测的评判标准等。

3. 监测、评估报告

(1) 报告分为单次监测报告、异常情况紧急报告两种。监测报告按轨道交通线别、分项编制。

(2) 监测单位向业主单位提交的单次监测报告应包含以下内容:

1) 监测过程基本情况;
2) 监测技术依据;
3) 所使用的仪器设备,包括检定/校准证书等;
4) 监测精度评定;
5) 监测点位的布设情况及位置分布图;
6) 监测的方法;
7) 监测成果;
8) 监测成果书面评价及监测成果表,其中监测成果表包含本次变形量(与最近的上次监测比较)、累计变形量(与最初监测数据比较);
9) 全程变化曲线(水平位移量曲线图、沉降曲线图、水平或垂直位移速率、时间、位移量曲线图及其他影响因素的相关曲线图)、纵剖面变形图、区间典型点变形曲线图(根据历次已有监测数据编制),彩色图表应按彩色图打印;
10) 监测信息的分析处理,即观测成果的可靠性分析、监测体的累计变形量和两相邻观测周期的相对变形量分析、相关影响因素(荷载、气象和地质等)的作用分析;
11) 监测过程中存在的问题;
12) 超出监测评判值测点统计表;
13) 针对监测数据出现异常的地段和判定为变形的监测点,结合隧道(桥梁)等土建结构、岩土地质等综合资料给出变形原因分析报告、较强指导性的建议处理措施;
14) 对监测值设预警值和超过预警值的数据进行统计分析,并以红点等标志直观地标注在监测成果图上;
15) 对隧道的变形分析应考虑垂直沉降、水平位移、收敛综合作用对隧道变形的影响,并在监测成果表中增加隧道结构变化率指标和隧道变化率大及有扭曲变形的地段的标注;
16) 监测结论及建议;
17) 其他应提交的资料、信息。

(3) 当存在以下情况之一时及时通知业主,并提交书面报告。

1) 变形量达到警戒值或接近允许值;
2) 变形量出现异常变化;
3) 建(构)筑物的裂缝或地表的裂缝快速扩大。

8.6.7 部分监测成果统计及成果图

监测成果统计表主要分为统计分析表、统计表和变化曲线图。他们的格式是固定的,由于篇幅所限,不便赘述,因此各提供一份供参考,如表8-16、表8-17、图8-2所示。

×××站监测成果统计分析　　　　　　　　　　　　　　　　表 8-16

<table>
<tr><th rowspan="2">监测对象</th><th rowspan="2">监测项目</th><th colspan="2">本期变形最大值</th><th colspan="2">最大本期平均变化速率</th><th colspan="2">本期累计变形最大值</th><th colspan="2">控制值</th><th rowspan="2">监测结论</th></tr>
<tr><th>测点</th><th>变化量</th><th>测点</th><th>变化速率</th><th>测点</th><th>变化量</th><th>变形速率</th><th>累计变形最大值</th></tr>
<tr><td rowspan="2">车站主体</td><td>墩柱沉降</td><td>CJ201</td><td>−0.2mm</td><td>CJ211B</td><td>0.00mm/d</td><td>CJ207</td><td>−0.7mm</td><td>5mm/d</td><td>50mm</td><td>正常</td></tr>
<tr><td>墩柱倾斜</td><td>QX07</td><td>1/1234</td><td>QX09</td><td>0</td><td>QX07</td><td>1/1123</td><td>—</td><td>0.002</td><td>正常</td></tr>
</table>

×××站墩柱沉降成果统计　　　　　　　　　　　　　　　　表 8-17

仪器名称：LeicaDNA03

<table>
<tr><th>测点编号</th><th>初值观测时间</th><th>上期最终累计量 (mm)</th><th>本期各次累计变化量 (mm) 2/11</th><th>本期变化量 (mm)</th><th>本期最终累计变化量 (mm)</th><th>本期变化速率 (mm/d)</th><th>变形速率控制值 (mm/d)</th><th>累计变形控制值 (mm)</th><th>监测结论</th><th>备注</th></tr>
<tr><td>CJ199</td><td>2016/9/1</td><td>0.1</td><td>−0.1</td><td>−0.2</td><td>−0.1</td><td>0.00</td><td>5</td><td>50</td><td>正常</td><td></td></tr>
<tr><td>CJ200</td><td>2016/9/1</td><td>0.0</td><td>−0.1</td><td>−0.1</td><td>−0.1</td><td>0.00</td><td>5</td><td>50</td><td>正常</td><td></td></tr>
<tr><td>CJ201</td><td>2016/9/1</td><td>0.6</td><td>0.4</td><td>−0.2</td><td>0.4</td><td>0.00</td><td>5</td><td>50</td><td>正常</td><td></td></tr>
<tr><td>CJ202</td><td>2016/9/1</td><td>−0.3</td><td>−0.4</td><td>−0.1</td><td>−0.4</td><td>0.00</td><td>5</td><td>50</td><td>正常</td><td></td></tr>
<tr><td>CJ203</td><td>2016/9/1</td><td>−0.6</td><td>−0.7</td><td>−0.1</td><td>−0.7</td><td>0.00</td><td>5</td><td>50</td><td>正常</td><td></td></tr>
<tr><td>……</td><td>2016/9/1</td><td>……</td><td>……</td><td>……</td><td>……</td><td>……</td><td>5</td><td>50</td><td>……</td><td></td></tr>
</table>

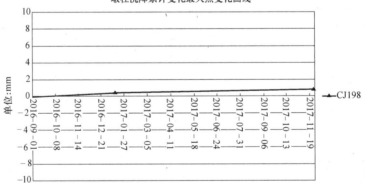

图 8-2　墩柱沉降累计变化量曲线图

第 9 章 质量检查与验收

为保证跨座式单轨交通工程测量成果质量，一般对其工程测量成果实行两级检查、一级验收制度。两级检查中的一级检查为过程检查，由项目承担方的作业部门实施；二级检查为最终检查，由项目承担方的质量管理部门负责实施。验收由项目委托方组织实施，或由该单位委托国家质量管理部门认可的具有检验资格的检验机构验收。跨座式单轨交通工程设计阶段、施工阶段、竣工阶段、运营阶段的测量成果分期进行检查与验收。各个阶段为：控制测量、地形测量、专项调查、高架结构施工测量、隧道施工测量、轨道梁制作与安装测量、设备安装测量、变形监测和第三方测量与监测等。

9.1 测量成果质量要求

测量单位应建立完整的质量保证体系，从制度上保证测量成果的质量。开展测量质量管理活动，进行质量监理与监督，制定质量奖惩制度并进行质量奖惩，加强质量管理，履行合同有关质量的要求等。

9.1.1 质量管理体系的建立

质量管理体系（Quality Management System，QMS）是指在质量方面指挥和控制组织的管理体系。建立质量管理体系的目的是确立质量方针，提出质量目标，对影响工程质量主导因素的技术、管理和人员进行有效控制，预防、减少和消除质量隐患，使交付的工程建设项目满足质量检验和施工验收标准，满足使用单位对工程质量的要求和期望等，为跨座式单轨交通工程建设和管理提供及时和准确的测绘保障服务。

测量单位应建立完整的质量保证体系，从制度上保证项目测量工作的质量。要贯彻工程建设质量终身负责制，做好员工的质量教育和技术培训工作，增强全员质量意识，保证成果质量。在项目实施过程中，严格按本单位依据 ISO 9001 认证的质量手册、程序文件及作业指导书的有关程序进行操作。

为落实质量控制，做好质量管理分工，健全项目质量管理组织构架，加强项目的过程控制，做到职责明确、逐级控制。测量单位应该确保项目技术方案中所列项目负责人、测量作业组、技术负责人员到位，持证上岗，满足岗位条件要求；仪器、设备、工具到位，保证仪器设备在校准、鉴定的有效期内运行，同时还要实行工程测量项目技术质量责任制及测量文件逐级审批制度。

9.1.2 质量控制的基本要求

1. 质量控制方法

测量质量控制方法有很多，必须根据需要，有针对性地选用，测量工作质量控制方法可分为技术方法、组织方法和管理方法等。

(1) 质量控制的技术方法

质量控制的技术方法包括编制测量方案、测量方案的审批、测量技术交底、测量方案的实施和过程中的质量检查、测绘产品的质量验收和质量评定、技术创新等。

(2) 质量控制的组织方法

质量控制的组织方法主要是建立测量质量体系、推行质量责任制、实施质量审核制度等。

(3) 质量控制的管理方法

质量控制的管理方法包括开展测量质量管理活动、进行质量监理与监督、制定质量奖惩制度并进行质量奖惩、加强合同管理等。

2. 测量质量控制程序

在测量质量控制中,测量质量管理的内容、管理规律以及项目质量形成的过程中,一般以质量目标为起点,依次经过质量计划、质量实施控制、质量检查监督、质量验收、质量评定、质量分析总结、质量信息反馈8个步骤完成一个循环过程的质量控制。在城市轨道交通工程建设中,对于众多测量项目中的每个项目质量控制循环过程都需要逐步完成,因此对众多测量项目质量控制需要同时或分期进行体系运转,最终实现项目总目标。

9.1.3 质量控制措施

为了贯彻工程建设质量终身负责制,做好员工的质量教育和技术培训工作,增强全员质量意识,提高服务质量,在实施项目的测量过程中,精心组织测量工作,精心进行质量管理,每一工序按照测量的程序进行自检、复检,做好各项工作的质量记录,以便使项目具有可追溯性。现场量测工作必须以批准的方案实施。作业过程有详细的记录,观测成果及时记录签名,有条件的立即对数据进行检查,有疑问时要进行复测。

做好质量控制工作还应做好如下工作:

(1) 遵守安全管理规定。作业人员在现场要注意安全,测量单位对自身的人员、设施及现场安全负责。在现场作业必须遵守相关的安全管理规定。

(2) 充分的测量准备工作。在安排每个工点项目时,项目负责人必须组织召开项目部技术交底会,详细地介绍工程的性质和特点,分析业主的要求、现场施工条件、技术难点及重点、经济技术条件和工期要求。提出作业目标及作业计划。

(3) 及时进行数据整理。现场测量的数据必须由当事人整理和计算,并加强过程检查。

(4) 落实人员培训制度和仪器检校规定,保证仪器、人员配置到位。测量人员及测量仪器设备关系测量数据的准确性、及时性,应采取以下措施确保测量人员及仪器到位:

1) 保证所列人员、仪器设备准时到位并开展测量工作;

2) 保证测量设备在校准、鉴定的有效期内运行;

3) 保证所有人员到位,持证上岗;

4) 制定应急措施,预备一定数量的备用设备和机动人员,一旦出现紧急情况或突发事件,立即投入使用。

9.1.4 项目准备阶段的质量控制

1. 制定预防措施

为了尽量减少不可预见因素的影响,应制定一些具体措施,以期达到建设目标。这些具体措施包括制定项目质量控制计划,编制质量检查验收计划,编制项目预防措施要求表,制定项目技术培训计划,制定项目质量绩效挂钩措施等。

2. 评审技术设计方案

在项目正式实施之前,组织相关专家对项目技术设计方案的可行性、可靠性以及有效性进行全面审查、论证,并提出建设性意见、建议。技术设计方案应履行规定的审核、审定程序,并报请业主批准后方可执行。

3. 检验仪器设备

配备精密的先进设备,使用的测量仪器设备经过计量检定合格,并处于有效期内,按规定在检定期间进行比对和期间核查。仪器设备验收、维护保养和检修均按规定程序进行。保证技术设计方案所列仪器、设备、工具到位。

4. 培训人员

主要人员有相当的专业基础知识,开工前向施工单位进行技术交底,介绍有关管理细则、规定、程序以及各方工作职能,测量工作中应注意的问题等。对全体工作人员进行有计划的培训,帮助提高测量技术水平。

对测量工作实施信息化管理,将工作计划、工作安排、方案审核、技术、质量培训、工作组织协调和管理均纳入信息化管理。定期举行生产、技术、质量、管理等内容的讨论会议。

9.1.5 项目实施过程的质量控制

项目质量检查组负责项目实施过程的全面质量监控,做到深入现场,对生产过程各工序的作业方法、仪器情况、记录填写、自检情况、疑难问题的解决方案及改进效果等进行检查督促。同时,项目负责人适时对项目质量状况、工期、安全等方面进行督查。项目实施过程的质量控制工作主要包括以下几方面:

1. 关键环节检查

在每个工序进行的前期,由质量检查验收组组成的二级检查组应组织一次较为完整的过程检查。检查内容包括作业方法的检查和阶段成果的抽查。

检查组对检查发现的问题应及时记录,并将质量意见书反馈到项目负责人,督促项目组制定整改方案,并跟踪改进情况。

检查应尽量覆盖到每个作业组、每个技术人员,对检查中发现的薄弱环节或作业组予以重点监控。

2. 检查工序交接及自检情况

检查工序间交接是否规范:每道工序由专业负责人完成自检,专业负责人签字确认后提交,下道工序的首要工作是先检验上道工序质量,质量合格后再开始工作。

检查项目组的小组自检、小组间互检是否按要求执行,记录是否齐全,项目组内检查发现的问题是否得到有效改进。

3. 使用仪器及作业方法检查

检查仪器是否经检验合格，精度是否可靠；作业方法是否合理，操作方式是否正确，外业记录是否齐全等。

4. 环节监控及环节完工质量验收制度

质量监控贯穿于施工全过程，由技术负责人负责领导，质检员和组长负责各环节的具体监控工作，每天汇总、通报质量和进度情况；经组内检查后测量原始记录，报表须经质检组责任人签署质量评定意见。重要测量成果及阶段性成果须由项目负责人、技术负责人进行审查验收后才能提交业主。针对专门技术难题或重要技术工作决策，进行可行性研究、技术分析和方案讨论。外业数据采集资料的可靠性和室内资料分析结论的科学性，是评价测量工程成果报告是否达到工程目的的唯一标准。

项目负责人要经常对测量质量进行抽查，召开质量分析会，发现问题及时解决，及时整改。建立质量奖惩制度，奖优罚差，对造成事故的责任人处以重罚。

9.2 质量检查

测绘成果质量检查，是指检查人员以相关技术规范和技术设计书为依据，对测绘项目的测绘成果及其过程资料（原始记录手簿、计算资料等）的质量情况进行评判的过程。一般包括对成果的数据质量、点位质量、资料质量、图件的数学精度、地理精度、整饰质量、附件质量等的检查和评价。质量检查实行两级检查制度。

9.2.1 测量成果质量检查依据

测量成果质量检查应按下列文件要求执行：
（1）国家有关城市轨道交通的政策法规和技术标准；
（2）项目委托书或合同书，以及项目委托方与承担方达成的其他文件；
（3）批准的技术设计书或测量方案；
（4）项目承担方的质量管理文件。

9.2.2 提交检查的测量成果要求

（1）资料应齐全、完整；
（2）起算点数据来源应可靠、有效；
（3）原始记录应真实、规范；
（4）数据处理方法应正确，各项技术指标应符合技术设计书和有关技术标准的有关要求；
（5）技术报告书内容应全面、合理；
（6）测量仪器、设备应有鉴定证书和校检记录。

9.2.3 测量成果质量检查的内容

测量成果质量检查和评定的方法与标准以国家标准《测绘成果质量检查与验收》GB/T 24356—2009 规定为准。测量成果质量主要检查：资料完整性和过程检查情况；技术方案执行情况；作业过程和成果与法律法规、规范标准，以及顾客要求的符合情况；外业观测操作方法、内业计算方法的合理性和正确性;技术结论、技术建议的合理性;技术总结报告编写质量和资料文档整理质量。跨座式单轨交通工程测量成果质量各分项目的重点检查内容如下。

1. 控制测量成果重点检查内容

(1) 技术设计书:技术设计是否合理。

(2) 数学精度:点位中误差、点间中误差、最大边长比例误差(GNSS 网)、导线全长相对闭合差、水准线路闭合差、每公里高差的偶然中误差和全中误差是否满足标准和技术设计书要求。

(3) 控制网布设:控制网点位布设是否合理,是否满足施工使用要求。

(4) 观测方法:观测手簿记录是否规范,观测方法和手簿计算是否正确,签署是否齐全。

(5) 内业计算成果:平差方法及精度评定选择是否正确,起算点选择是否合理,是否对起算点进行检查,平差输入数据是否正确,计算书签署是否齐全。

2. 地形测量成果重点检查内容

(1) 数学精度:坐标系统、高程系统的正确性,各类投影计算、使用参数的正确性,图根控制测量精度,控制点间图上距离与坐标反算长度的较差,平面绝对位置中误差,平面相对位置中误差,高程注记点高程中误差,等高线高程中误差,平面、高程接边精度。

(2) 地理精度:地理要素的完整性和正确性,地理要素的协调性,注记和符号的正确性,综合取舍的合理性。

(3) 整饰质量:符号、线划、色彩质量,注记质量,图面要素的协调性,图面、图廓外整饰质量。

(4) 地理要素接边质量。

3. 专项调查成果重点检查内容

(1) 地上建(构)筑物、地下建(构)筑物、地下管线、桥梁、隧道、道路、既有轨道交通设施、调查对象的名称、类型(或用途)。

(2) 地理位置与本工程的空间关系。

(3) 修建年代或竣工日期,产权人或管理单位。

(4) 原建(构)筑物建设、勘察、设计、施工等单位;使用(或在建)现状。

(5) 竣工图纸情况,特殊保护要求等。

4. 高架结构施工测量成果重点检查内容

高架结构施工测量包括墩柱基础与墩柱、盖梁和锚箱施工测量。对于施工测量项目,除满足测绘行业固有的检查内容外,还应进行如下检查内容:

(1) 技术设计是否全面、合理;

(2) 放样方法是否可靠,精度是否合理;

(3) 放样程序是否符合施工工艺要求;

(4) 放样成果是否满足相关标准要求等。

5. 隧道施工测量成果重点检查内容

隧道施工测量包括隧道联系测量、隧道施工控制测量、隧道掘进测量和限界测量。对于施工测量项目,除应满足测绘行业固有的检查内容外,还应进行如下检查内容:

(1) 各个施工环节测量设计是否全面、合理;

(2) 施工工艺过程是否清楚，检测目的是否明确；

(3) 测量程序是否满足施工需要，方法是否正确，是否符合标准要求；

(4) 测量工作各个环节是否符合施工要求；

(5) 测量成果是否满足相关测量标准和工程管理要求等。

6. 轨道梁制作与安装测量成果重点检查内容

对于轨道梁制作与安装测量的施工测量项目，除应满足测绘行业固有的检查内容外，还应进行如下检查内容：

(1) 轨道梁可调式模板系统的侧模、端模及底模台车相关测量设计、实施和成果；

(2) 各个施工阶段轨道梁梁长、梁宽、梁高、支座位置、顶面线形、侧面线形、预埋件安装位置是否符合要求；

(3) 轨道梁安装测量设计是否全面、合理，是否满足施工要求和标准规定等。

7. 设备安装测量成果重点检查内容

设备安装测量主要包括屏蔽门和安全门、检修通道、线路标志等的安装测量。对于施工测量项目，除应满足测绘行业固有的检查内容外，还应进行如下检查内容：

(1) 安装测量项目设计是否合理、全面；

(2) 测量方法是否可靠，测量精度是否满足施工要求；

(3) 测量成果是否符合相关测量标准要求和工程管理规定等。

8. 变形监测成果重点检查内容

(1) 水平位移观测的网形是否合理，是否有多余观测条件；

(2) 沉降观测水准路线是否合理，是否组成闭合图形；

(3) 测量时是否对基准点的稳定性进行检查；

(4) 水平位移、垂直位移测量精度是否满足要求；

(5) 变形观测的观测周期是否合理；

(6) 观测方法是否正确，手簿记录是否规范；

(7) 平差方法选择是否正确，起算点选择是否合理，是否对起算点进行检查，平差输入数据是否正确，计算书签署是否齐全；

(8) 提交资料是否完整等。

9. 第三方测量与监测成果重点检查内容

(1) 第三方测量与监测成果检查资料齐全、完整；起算点数据来源可靠、有效；原始记录真实、规范；数据处理方法正确，各项技术指标符合标准要求；技术报告内容全面、合理；

(2) 第三方测量的内容：控制网复测、高架结构的承台和墩柱放样测量、盖梁放样测量、锚箱放样测量、深基坑支护结构放样测量、建筑限界和设备限界测量、施工测量检测、竣工测量；

(3) 第三方监测的内容：巡查；高架线路结构的桥墩基坑变形、桥墩水平位移、沉降、倾斜、梁的挠度、梁体端面倾斜；基坑工程桩（墙）顶水平位移及沉降、桩（墙）体分层水平位移、中间立柱位移及沉降、支撑轴力、应力、地下水位等；矿山法施工中隧道初期支护的沉降、净空水平收敛等；周边环境的水位、建筑物裂缝沉降及倾斜、地表及道路沉降、管线沉降、既有交通工程变形状况等。

各项检查记录表格可参照表 9-1、表 9-2 填写。

＊＊＊内业检查记录表 表 9-1

＊＊＊公司			文件编号：	
＊＊＊内业检查记录表			顺 序 号：	
			共　页	第　页
工程名称			工程编号	
图幅号			主持人	
检查项	序号	存在问题	修改情况	扣分
＊＊＊				
得分				

检查人：　　　　　　　　　　　　　　检查日期：

＊＊＊外业检查记录表 表 9-2

＊＊＊公司			文件编号：	
＊＊＊外业检查记录表			顺 序 号：	
			共　页	第　页
工程名称			工程编号	
图幅号			主持人	
检查项	序号	存在问题	修改情况	扣分
＊＊＊				
得分				

检查人：　　　　　　　　　　　　　　检查日期：

9.2.4 测量成果质量评价

测量成果检查应进行质量评定，在检查时，成果质量等级为不合格时，成果应退回处理，处理时分析原因，找出解决办法，或进行必要的重测；对检查出的错误进行修改，在处理完成后，重新进行检查。在测量成果质量最终检查完成后应编写测绘成果质量检查报告。

9.3 质量验收

验收由项目委托方组织实施，或由该单位委托国家质量管理部门认可的具有检验资格的检验机构验收。跨座式单轨交通工程设计阶段、施工阶段、竣工阶段、运营阶段的测量成果应分期进行验收。质量检查全部合格后，才能进行质量验收。测量成果的质量验收采用抽样核查的方式进行，并应对各测量阶段成果分别进行质量验收；抽样时，随机抽取不少于期数的10%作为样本，对抽取的样本进行内业全数核查，外业针对性核查，验收中使用的仪器设备精度不应低于项目作业时所用仪器设备的精度。

9.3.1 项目质量验收的依据

项目质量验收依据如下：
（1）国家有关城市轨道交通的政策法规和技术标准；
（2）项目委托书或合同书，以及项目委托方与承担方达成的其他文件；
（3）批准的技术设计书或测量方案；
（4）项目承担方的质量管理文件。

9.3.2 质量验收的核查方式

对测量最终成果，应在两级检查合格的基础上进行质量验收。样本量应按样本量确定表的规定确定，样本抽取应采用比例随机抽样的方法从批成果中随机抽取样本。样本内的所有观测记录、计算和分析结果、成果应逐一详查，样本外的成果根据需要进行概查。检查出的问题、错误，复查的结果应在检查记录中记录。对成果进行检查时，应根据单位成果的质量元素及相应的检查项，按项目技术要求逐一检查样本内的单位成果，并统计存在的各类错漏数量、错误率、中误差等，验收过程应形成记录。记录应包括质量问题的记录、问题处理的记录以及质量评定的记录等。

9.3.3 质量验收时应核查的主要内容

质量验收时应核查的主要内容如下：
（1）控制点的布设位置图；
（2）标石、标志的构造、点之记及埋设照片；
（3）仪器设备的检定和检验资料；
（4）外业观测记录和内业计算资料；
（5）测量成果图表；

(6) 检查记录和检查报告。

9.3.4 质量等级的评定

对测绘成果,应根据质量检查结果评定其质量等级。质量等级应分为合格和不合格两级。当测量成果违反国家有关法律、法规和强制性技术标准的相关要求,观测成果精度不能满足技术设计书的要求,伪造测量成果,应评为质量不合格。

当成果质量验收中发现不合格项时,应立即提出处理意见,退回作业部门进行纠正,纠正后的成果应重新进行质量检查与验收,直至满足设计书和标准有关要求。

9.3.5 质量验收报告编制

根据跨座式单轨交通施工测量成果的特点,质量验收报告内容包括验收工作概况、项目成果概况、验收依据、抽样情况、核查内容及方法、主要质量问题及处理情况、质量统计及质量等级等内容。

9.3.6 单位工程验收

单位工程验收是指在单位工程完工后,检查工程设计文件和合同约定内容的执行情况,评价单位工程是否符合有关法律法规和工程技术标准,是否符合设计文件及合同要求,对各参建单位的质量管理进行评价的验收。单位工程划分应符合国家、行业等现行有关规定和标准。

1. 单位工程验收应具备的条件

(1) 完成工程设计和合同约定的各项内容,对不影响运营安全及使用功能的缓建项目已经相关部门同意;

(2) 质量控制资料应完整;

(3) 单位工程所含分部工程的质量均应验收合格;

(4) 有关安全和功能的检测、测试和必要的认证资料应完整;主要功能项目的检验检测结果应符合相关专业质量验收标准的规定;设备、系统安装工程需通过各专业要求的检测、测试或认证;

(5) 有勘察、设计、施工、监理等单位签署的质量合格文件或质量评价意见;

(6) 观感质量应符合验收要求;

(7) 住房和城乡建设主管部门及其委托的工程质量监督机构等有关部门责令整改的问题已经整改完毕。

施工单位对单位工程质量自检合格后,总监理工程师应组织专业监理工程师,依据有关法律、法规、工程建设强制性标准、设计文件及施工合同,对施工单位报送的验收资料进行审查后,组织单位工程预检。单位工程各相关参建单位须参加预检,预检程序可参照单位工程验收程序。

单位工程预检合格、遗留问题整改完毕后,施工单位应向建设单位提交单位工程验收报告,申请单位工程验收。验收报告须经该工程总监理工程师签署意见。

2. 单位工程验收的组织

单位工程验收由建设单位组织,勘察、设计、施工、监理等各参建单位的项目负责人参加，组成验收小组。

（1）建设单位应对验收小组主要成员资格进行核查。

（2）建设单位应制定验收方案，验收方案的内容应包括验收小组人员组成、验收方法等。方案应明确对工程质量进行抽样检查的内容、部位等详细内容，抽样检查应具有随机性和可操作性。

（3）建设单位应当在单位工程验收7个工作日前，将验收的时间、地点及验收方案书面报送工程质量监督机构。

3. 单位工程验收的内容和程序

（1）建设、勘察、设计、施工、监理等单位分别汇报工程合同履约情况和在工程建设各个环节执行法律、法规和工程建设强制性标准的情况；

（2）验收小组实地查验工程质量，审阅建设、勘察、设计、监理、施工单位的工程档案资料，并形成验收意见。查验及审阅至少应包括以下内容：

1）检查合同和设计相关内容的执行情况；

2）检查单位工程实体质量，检查工程档案资料；

3）检查施工单位自检报告及施工技术资料（包括主要产品的质量保证资料及合格报告）；

4）检查监理单位独立抽检资料、监理工作总结报告及质量评价资料。

单位工程验收时，对重要分部工程应核查质量验收记录，进行质量抽样检查，经验收记录核查和质量抽样检查合格后，方可判定所含的分部工程质量合格。单位工程质量验收时，可委托第三方质量检测机构进行工程质量抽测。

（3）工程质量监督机构出具验收监督意见。

第 10 章　第三方测量与监测

10.1　概述

在城市轨道交通建设中，为加强建设工程安全、质量管理，确保建设工程的测量和监测可靠，减少建设工程可能出现的安全质量隐患，逐步实行了第三方测量和监测制度。特别是 2010 年由住房和城乡建设部颁布的《城市轨道交通工程安全质量管理暂行办法》（建质〔2010〕5 号），明确要求在我国城市轨道交通工程建设中应实行第三方测量与监测工作。实践证明，引入第三方测量和监测工作对于控制施工测量和监测工作质量，规范测量和监测工作技术管理，真实了解和掌握建设工程位置信息和建设工程与周边环境变形状态、控制建设工程施工质量和安全风险隐患，并对促进信息化施工工作的开展发挥了非常重要的作用。跨座式单轨交通工程施工标段、工法、工序多，通过实行第三方制度，建立多级复核管理制度，统一技术标准，可以有效降低安全质量风险。

跨座式单轨交通工程第三方测量和第三方监测专业性较强，需要多部门、标段、学科协同工作，承担着确保工程质量和施工安全重任，加上跨座式单轨交通工程建设地点、人口和市政设施密集，工作责任重大，因此要求参加此项工作的单位具有一定的资质条件、业绩和经验。

10.1.1　第三方测量概述

跨座式单轨交通工程线路长、规模大，测量工作贯穿始终且内容繁多，施工时存在节点多、施工面广，沿线施工标段多的特点。为保证全线测量成果在整个施工期间的稳定性和一致性，必须对全线施工所依据的测量基准，即地面控制网进行统一维护，同时，由于各施工标段仅完成各自标段内的测量工作，如果不进行统一管理，必然会出现衔接和协调问题，除了要求测量人员有细致认真的工作态度外，还需要建立严格和科学的管理制度，才能保证测量工作的质量。

跨座式单轨交通工程测量在管理上同地铁测量类似，宜采用多级测量复核体系，多级测量复核是指由施工单位、监理单位，以及代表业主的专业测量单位（第三方测量或业主测量队）对施工单位的测量成果进行多级复核（复测或复算）。一方面，多次测量是提高测量精度的有效途径；另一方面，由不同的单位以不同的方法进行测量复核，可以避免测量工作中的粗差和错误。多级复核制采用"业主委托的专业测量单位—驻地监理—施工单位"三级管理模式。

1. 第三方测量职责

（1）负责统一全线测量作业标准，维护首级 GPS 点、精密导线网、二等水准点的完好和稳定。

(2) 代表业主进行交接桩。

(3) 协助业主对施工单位测量工作进行指导和监督管理，及时对施工单位的控制测量进行检测，对施工单位申报的测量成果作出评定。

(4) 对全线各分段工程的衔接进行检测。

(5) 控制全线建筑结构、线路平顺贯通。

第三方测量的工作目的是通过对跨座式单轨交通工程全线测量工作进行严格的、全面的质量管理，确保全线建筑物、构筑物、设备、管线安装按设计准确就位，避免因施工控制测量、放样测量成果出现粗差或精度超限而造成重大设计变更和工程事故。第三方测量单位是独立测量机构，具有独立的第三方责任。第三方测量单位成果只是反映施工单位施工测量质量。施工测量质量主体是施工单位，因此在施工过程中，施工单位应采用自己正确的测量成果指导施工。

2. 第三方测量承担的主要工作内容

(1) 建立全线测量工作技术标准和管理体系

协助业主制定适合本轨道交通工程的《跨座式单轨交通工程施工测量技术要求》和《跨座式单轨交通工程施工测量管理细则》，作为全线测量工作的基本依据。《跨座式单轨交通工程施工测量技术要求》中明确跨座式单轨交通工程测量中所使用的仪器精度等级、执行的技术标准、检测的工作内容、各项测量工作的精度指标以及跨座式单轨交通工程测量检测工作中各项检测限差，统一全线测量技术标准。《跨座式单轨交通工程施工测量管理细则》中明确全线工程测量队伍、驻地监理测量工程师、施工单位测量队伍相互之间的分工及责任，细化测量工作内容及方法，建立和完善全线施工测量及检测工作管理制度。

(2) 测量工作交底

在全线测量工作开始前，由于跨座式单轨交通工程参建单位多，测量工作内容繁杂，为保证各施工单位能按同一标准进行相关测量工作，应对各施工单位测量人员及驻地测量监理工程师进行交底。测量工作交底内容包括：将《跨座式单轨交通工程施工测量技术要求》和《跨座式单轨交通工程施工测量管理细则》等相关技术和管理文件在全线范围内进行宣贯，明确土建施工各阶段应进行的测量工作内容、管理体制、各方责任和权利以及技术要求、作业方法、工序流程、质量标准等。

(3) 对土建施工单位、监理单位测量人员资质、仪器进行检查

在开工前会同业主主管部门对各施工单位、监理单位的测量人员数量、资质及仪器配备等情况进行检查，检查重点为测量人员数量是否足够，是否具有上岗资质，仪器的数量和精度能否满足工程需要，仪器是否进行了检定，以及是否在检定的有效期内使用。

(4) 审核施工单位测量工作总体技术方案

施工单位应根据工程的实际情况编制测量工作总体技术方案，技术方案应包括对工程项目的理解、投入的测量人员及仪器、各工序所采取的测量方法。并对工程中的重点及难点进行分析，制定合理的解决方法。技术方案经驻地监理审查后由工程测量单位审定并报业主备案后执行。

(5) 建立测量工作例会、测量月报、测量工作巡视检查工作

建立测量工作例会制度，由测量单位、业主主管人员主持，各标段测量主管、项目总工及监理单位共同参加，会议内容为汇报工作进度、解决技术问题及安排部署后续测量工

作；开展测量技术交流活动，推广新技术、新方法，使本项工程的测量技术水平得到整体提高。

建立测量月报制度，施工单位每月定期向测量单位上报测量工作进度与下月计划，测量单位对施工单位的月报进行汇总，同时将自身的测量工作进展向业主部门进行汇报。

建立巡视检查制度，对施工单位测量工作进行实地检查，检查内容包括《跨座式单轨交通工程施工测量技术要求》和《跨座式单轨交通工程施工测量管理细则》等技术文件的贯彻实施情况，重点检查仪器及人员到位情况、测量方案执行情况，了解各级测量控制点使用情况，以便合理安排后续各项测量工作。

（6）开展测量检测工作

规划的轨道交通线路设计采用三维坐标解析法，并根据设计资料以三维坐标放点；施工控制测量和放样检测工作是保证工程按设计准确就位的关键环节，测量检测是保证施工安全和工程顺利实施的重要手段。依据工程合同要求、《跨座式单轨交通工程施工测量技术要求》《跨座式单轨交通工程施工测量管理细则》，及通过业主审批的相关测量方案等相关文件，根据施工进展及时开展各项测量检测工作，并按要求提交检测成果报告，在全部测量工作完成后提交测量工作总结。

3. 第三方测量单位必须复测的工作

依据现行国家标准《城市轨道交通工程测量规范》GB/T 50308和跨座式单轨交通工程特点，第三方测量单位应对下列测量工作进行100%复测：

（1）控制测量应包括地面平面和高程控制测量及加密控制点测量、地下平面和高程控制测量、结构贯通后重新建立的平面和高程控制网测量；

（2）关键测量工序应包括联系测量、贯通测量、锚箱基座板测量、轨道梁线形测量；

（3）施工完成后应进行隔断门、车站站台沿、屏蔽门和安全门的限界测量。

4. 第三方测量抽检工作

第三方测量单位应对重要施工环节的施工测量进行不低于30%的抽样检测。重要施工环节的施工测量应包括下列内容：

（1）高架结构的承台、墩柱放样测量；

（2）盖梁放样测量；

（3）锚箱、预留锚栓孔或临时支撑放样测量；

（4）深基坑支护结构放样测量；

（5）施工过程中隔断门、车站站台沿、屏蔽门和安全门安装控制测量。

10.1.2 第三方监测概述

在跨座式单轨交通工程施工期间对结构工程及施工沿线周围重要的地下、地面建（构）筑物、重要管线、地面道路的变形实施独立的第三方监测，可以为业主提供及时、可靠的信息用以评定结构工程在施工期间的安全性及施工对周边环境的影响，并对可能发生的危及环境安全的隐患或事故提供及时、准确的预报，以便及时采取有效措施，避免事故的发生。

1. 第三方监测的主要作用

（1）第三方监测的数据和资料将使业主能完全客观、真实地了解工程安全状态和质量程度，掌握工程各主体部分的关键性安全和质量指标，确保工程能按照设计的要求顺利完成。

（2）第三方监测数据和资料是处理工程合同纠纷的重要依据，它可以防止承包商提供虚假的资料和数据，隐瞒工程安全和质量真相，并在业主进行索赔时提供确凿的证据。

（3）第三方监测数据和资料可以按照安全预警要求发出报警信息，既可以对安全和质量事故做到防患于未然，又可以对各种潜在的安全和质量问题做到心中有数。

（4）第三方监测数据和资料可以丰富设计人员和专家对类似工程的经验，以利专家解决今后工程中所遇到的工程难题。

2. 第三方监测主要工作内容

（1）项目开始前协同施工监测单位、监理单位、设计单位、建设单位对工程周边可能影响的范围进行初始状态普查，并由施工监测单位形成初始状态普查报告。经监理单位审查，各参与单位确认后，报建设单位备案。

（2）工程开工前对施工单位及施工监测单位进行监测工作交底。

（3）审核经监理单位审批后的施工单位报送的施工监测单位资质、主要人员资格及主要监测仪器设备等材料，并督促施工单位将完成审批的相关资料报送建设单位备案。

（4）审查施工监测方案，提出第三方监测审查意见，参加施工监测方案的专家评审会。

（5）指导、核查并验收施工监测单位埋设的测试元器件及监测测点，提出第三方核查及验收意见。

（6）配合建设单位组织召开全线监测工作例会，为建设单位评估工程实施风险状况提供依据。

（7）定期组织对施工监测单位的人员状况、监测仪器设备状况进行监督检查。

（8）定期组织对施工监测单位的监测方案执行状况、测点保护状况、监测方法及监测数据状况、监测成果报告及信息反馈状况进行监督检查。

为了使建设、施工、监理以及勘察、设计单位及时了解工程监测信息，第三方监测单位应将监测成果及时收集、整理、分析并进行有效反馈。因参建各方众多，为了增加信息发布的广度，并提高信息发布效率，宜由建设单位组织建立信息化平台，第三方监测单位将监测成果以及现场巡查资料、施工工况信息等内容在信息化平台进行发布。第三方监测单位在进行电子信息报送的同时，为了便于资料归档以及成果综合分析的需求，应按合同要求定期通过正式文件上报阶段成果报告和总结报告。

依据现行国家标准《城市轨道交通工程测量规范》GB/T 50308 的相关规定，第三方监测与施工监测单位应在同一时段分别独立获取监测点初始值，并分别独立进行全过程现场监测。第三方监测项目应遵循关键工序、关键过程、关键时间、关键部位的监测原则，根据设计要求与合同规定确定，并应经专家评审通过。

3. 第三方监测项目的选择

第三方监测项目除巡查必须进行外，应从下列项目中选择：

（1）高架线路结构的桥墩沉降、倾斜、水平位移，轨道梁的挠度、梁体端面倾斜；

（2）基坑工程护坡桩或连续墙顶水平位移及沉降、分层水平位移、中间立柱位移及沉降、支撑轴力、应力、地下水位等；

(3) 矿山法施工中隧道初期支护的沉降、净空水平收敛等；

(4) 周边环境的水位、建筑物裂缝沉降及倾斜、地表及道路沉降、管线沉降、既有交通工程变形等。

4. 第三方监测工作量

第三方监测单位除每天进行现场巡查外，以上项目监测点数不应少于施工监测的30%。现场巡查范围应包括施工工程、工程周边地表和建筑物等，并应符合下列规定：

(1) 巡视路线和巡视内容应根据巡查路线特点与状况制定；

(2) 巡查中应记录巡视对象状态、现场状况，必要时进行照相或视频记录；

(3) 每日应对巡查对象的安全、质量等方面进行评价，明确存在的隐患，并提交巡查报表。

10.2 第三方测量实例

本节以某跨座式单轨交通工程项目为例，结合第三方测量相关要求，进一步描述第三方测量工作的具体工作内容和方法。

第三方测量单位应在项目之初根据工程实际情况，收集一等、二等、三等平面控制网和一等、二等高程控制网测量成果、线路及线路结构设计以及施工等资料。对收集到的资料熟悉和掌握后，应对将使用的测量控制点进行复核，以保证资料的准确性。考虑到大部分第三方测量单位同时承担业主委托的控制测量工作，上述收集资料也可以由第三方测量单位根据自身测量成果整理而成。

跨座式单轨交通工程第三方测量的主要内容包括轨道梁架设控制网检测、轨道梁线形调整检测两部分。第三方测量单位应根据跨座式单轨交通工程施工各个环节检测和合同要求，在工作开始前编制第三方测量技术方案。

10.2.1 轨道梁架设控制网第三方检测

跨座式单轨交通工程一等、二等平面控制网和一等高程控制网测量按照本书第2章的要求施测。本章主要介绍轨道梁线形调整使用的控制网检测。

1. 轨道梁架设控制网布设技术要求

本项目建立了类似高铁 CPIII 控制网，作为轨道梁线形调整直接使用的控制网。为保证控制网的精度和可靠性，在进行轨道梁调整检测前，对控制网进行检测。

原控制网平面及高程采用共点形式，沿线路走向布设两排，在每个墩身右侧及既有路缘石边埋设控制点。墩身点埋设在距地面 1m 处，路缘石边点埋设在地面上，高度 0.5m。纵向点间距为 30~60m，横向垂直距离约 20m。采用任意设站边角交会方法进行控制网观测，控制点具体埋设位置如图 10-1 所示。

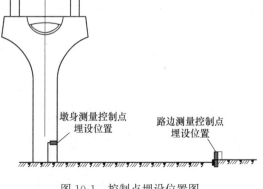

图 10-1 控制点埋设位置图

2. 控制点预埋件标志规格

图 10-2 预埋件及保护盖图

棱镜连接适配器采用统一的测量套件，该套件由预埋件、保护盖、棱镜连接适配器三部分组成，高程连接适配器采用统一的测量套件，该套件由预埋件、保护盖、高程连接适配器三部分组成，均为抗腐蚀不锈钢材料制成。测量棱镜统一采用徕卡精密棱镜或徕卡 GRZ122 360°棱镜组件，棱镜、预埋件及保护盖和连接器件如图 10-2～图 10-4 所示。

徕卡精密棱镜　　　徕卡GRZ122型精密棱镜　　　(a) 棱镜连接适配器图　　(b) 高程测量连接杆图

图 10-3　徕卡棱镜　　　　　　　　　　　　　　图 10-4　连接器件

3. 墩顶控制点布设

为保证架梁控制精度，减小仪器俯仰角较大（一般不大于 28°）对平面控制的误差影响，在条件许可的情况下，尽可能在边墩顶架设仪器，如图 10-5 所示。

（1）墩顶控制点埋设要求

墩顶控制点采用强制对中标志，标志使用型钢制作，架腿利用膨胀螺栓固定在墩顶，支架顶部焊接强制对中圆盘，如图 10-6 所示。

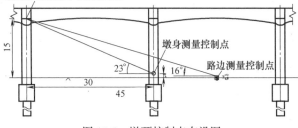

图 10-5　墩顶控制点布设图　　　　　　　　图 10-6　墩顶控制点标志

（2）墩顶控制点安装位置

墩顶控制点间距 100～200m，一般安装在每一联轨道梁后的第 1 个或第 2 个中墩上，与地面设计控制点形成闭合或附合导线。采用精密导线测量技术要求或 GPS 静态方式精确测量平面坐标。采用三角高程往返对向观测方法测量高程，并利用钢尺传递高程进行复核。

10.2.2　平面控制网第三方检测

1. 测量仪器要求

数据采集时所采用的测量仪器精度应符合现行国家标准《城市轨道交通工程测量规

范》GB/T 50308 的相关规定，且经过专业检定机构检定合格，保证作业期间在有效检定期内。施测前应对全站仪检验和校正，其主要内容包括：

（1）望远镜光学性能的检验。

（2）调焦镜运行正确性的检验。

（3）照准部旋转是否正确的检验。照准部旋转轴正确，各位置气泡读数较差不应超过1格。

（4）垂直微动螺旋使用正确性的检验。垂直微动螺旋在使用时，视准轴在水平方向上不产生偏移。

（5）照准部旋转时仪器底座稳定性的检验。照准部旋转时，0.5″和1″级仪器基座位移不应超过0.3″。

（6）水平轴倾斜误差（水平轴不垂直于垂直轴之差）的检验，0.5″和1″级仪器不应超过10″。

（7）视准轴误差（2C，视准轴与水平轴正交所产生的误差）的检验，0.5″和1″级仪器不应超过20″。

（8）光学（或激光）对点器的检验。对点器的对中误差不应大于1mm。

（9）仪器测距加常数、乘常数及棱镜常数的检验。

2. 构网形式及测量方法

轨道梁平面网采用任意测站边角交会法施测，附合到精密导线控制点上，每400m左右（300～600m）联测一个精密导线控制点，任意测站点至精密导线控制点的观测边长应小于300m。

轨道梁平面网测站间距一般约为120m左右，测站内观测4～6个轨道梁控制点，全站仪前后方各2～3个轨道梁控制点，任意测站到轨道梁控制点的最远观测距离不应大于180m，每个轨道梁控制点应至少保证有3个任意测站的方向和距离观测量。水平方向采用全圆方向观测法进行观测，观测技术要求应符合表10-1的规定。

平面控制点水平方向观测技术要求 表10-1

控制网名称	仪器等级	测回数	半测回归零差(″)	2C误差(″)	不同测回同一方向2C互差(″)	同一方向归零后方向值较差(″)	竖盘指标差互差(″)	测回间竖直角较差(″)
平面控制网	0.5″	2	6	≤20	9	6	12	6
	1″	3	6	≤20	9	6	12	6

注：当观测方向的垂直角超过3°的范围时，该方向2C互差按相邻测回同方向进行比较，其值应满足表中一测回内2C互差的限值。

平面控制网的距离测量应符合表10-2的规定。

平面控制网距离观测技术要求 表10-2

控制网名称	半测回间距离较差(mm)	测回间距离较差(mm)
平面控制网	1	1

注：距离测量一测回是全站仪盘左、盘右各测量一次的过程。

当平面控制网外业观测的水平方向、距离的观测误差不满足以上技术要求时，相应测站外业观测值应全部重测。

平面控制网可根据施工需要分段测量,分段测量的区段长度宜大于1km,区段间重复搭接点不少于3个,每一独立测段首尾必须保证每一个控制点被任意设站测量3次。观测网如图10-7所示。

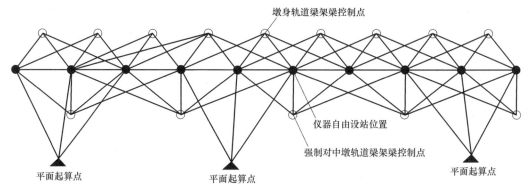

图10-7 架设平面控制网布设图

3. 平面网数据处理

外业数据先经LGO简单处理且满足要求后,利用CPⅢ专用计算软件进行严密平差,具体处理同导线控制网复测。

平面网观测和平差计算后主要技术要求如表10-3、表10-4所示。

平面网观测主要技术要求 表10-3

控制网名称	测量方法	方向观测中误差(″)	距离观测中误差(mm)	相邻点的相对中误差(mm)
平面网	任意设站边角交会	1.8	1.0	1.0

平面网平差后的主要技术要求 表10-4

控制网名称	与加密精密导线点联测		与架设点联测		点位中误差(mm)
	方向改正数(″)	距离改正数(mm)	方向改正数(″)	距离改正数(mm)	
平面网	4.0	4	3.0	2	2

10.2.3 高程控制网第三方检测

1. 数据采集要求

测量过程对视距长度、前后视距差、视距累计差、视线高度等各项限差是否符合现行国家标准《城市轨道交通工程测量规范》GB/T 50308进行检查。复测开始前应对使用的仪器进行i角检测,水准仪i角均不超过15″。观测成果的重测和取舍按现行国家标准《城市轨道交通工程测量规范》GB/T 50308的有关要求执行。

2. 构网形式及测量方法

轨道梁架设专用高程控制网测量采用附合水准线路,按二等高程控制网技术要求,沿着墩身埋设点及路缘石边的控制点测量。单一路线往返观测时,应沿同一路线进行。二等高程控制网复测与原测成果高程较差极限误差应小于$2\sqrt{2}m$(m为复测控制点高程中误差）。测量线路如图 10-8 所示。

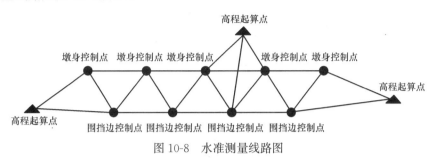

图 10-8　水准测量线路图

3. 高程控制网数据处理

高程外业数据采集完成后，首先检查各段往返测不符值是否小于 $\pm 4\sqrt{L}$ mm（L 为线路长度的限差要求。当各项观测指标满足现行国家标准《城市轨道交通工程测量规范》GB/T 50308 时，再利用平差软件进行严密平差，具体平差方法同水准控制网复测。

10.2.4　轨道梁线形调整第三方检测

跨座式单轨交通工程线形控制要求很高，特别是有些轨道梁采用先简支后连续的施工工法，对后浇段施工精度控制要求更高，且后浇段一旦实施完后再次调整的空间非常小。因此在后浇段实施前，每次调整前后应当及时进行第三方检测。

检测时采用任意设站方法将仪器安置在墩顶或地面上，棱镜安置在墩身距地面 1m 处预埋件上，及既有路缘石边控制点上，通过实时测设梁顶平面和高程，以达到轨道梁精确定位的目的。

1. 检测点布设

由于轨道梁的特殊性，不适合在梁体钻孔埋设固定棱镜，因此制作测量工装，其形式如图 10-9 所示，在距离梁体纵向两端的横向两边各 50cm 处标记测量标志，梁体调整前后工装均固定在相同位置。

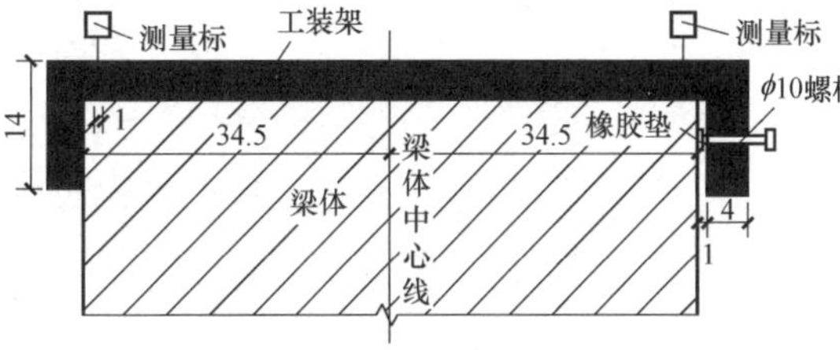

2. 观测方法及数据采集

外业采用任意设站法进行观测时，在盖梁顶部选择固定的设站点，定向附近的两个 CPⅢ控制点，然后测量第三个 CPⅢ控制点验证无误后，再依次测量轨道梁检测点。

图 10-9　测量工装示意图

如图 10-10 所示，仪器架设在便于观测的部位，通过测定 2 个固定已知点 P_1（x_1, y_1, z_1）、P_2（x_2, y_2, z_2）之间的夹角 β_0、距离值 S_1, S_2 和高差 H_1, H_2 即可计算测站坐标，进而计算检测点坐标。再测量第三个已知点 P_3，验证设站数据的准确性。

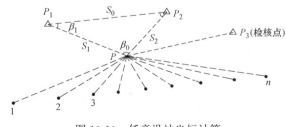

图 10-10　任意设站坐标计算

采用任意设站法观测时，应执行现行国家标准《跨座式单轨交通工程测量标准》GB/T 51361 中三等平面控制网的相关规定,在具备条件的观测位置设站,各项观测技术要求如表 10-5 所示。

观测主要技术要求　　　　　　　　　表 10-5

序号	项目	指标或限差	序号	项目	指标或限差
1	水平角观测测回数	4	5	距离一测回读数较差(mm)	3
2	测角中误差(s)	2.5	6	距离单程各测回较差(mm)	3
3	测边相对中误差	≤1/60000	7	边长(m)	<200
4	每边测回数	往返各2测回	—	—	—

3. 数据处理及分析

观测记录采用 PDA 控制网测量记录程序进行,观测时可完成各项限差指标控制,观测完成后形成电子原始观测文件,通过数据传输处理软件传输至计算机,使用控制网平差软件进行严密平差,得出各点坐标。

通过测量工装上的棱镜来计算梁体中心线与线路中心线的横向偏差和纵向偏差,指导轨道梁调整后,再次测量相应位置,确认满足相关要求后方能进行下一道工序施工。

10.3 第三方监测实例

本节以某跨座式单轨交通项目为例,结合第三方监测相关要求,进一步描述跨座式单轨交通第三方监测工作的具体实施内容和方法。

10.3.1 监测范围

第三方监测范围包括跨座式单轨交通工程及同期实施配套工程范围内的结构外缘两侧变形区内的地下和地面建(构)筑物、重要管线、地面及道路的重点部位。

10.3.2 监测内容

(1) 高架基坑支护结构监测包括支护结构顶部水平位移、支护结构深部水平位移、支护桩顶部竖向位移、支撑轴力、地表沉降、地下水位、周边建筑物竖向位移、裂缝、周边管线竖向位移、差异沉降。

(2) 高架车站监测包括承台及墩身沉降监测、车站悬挑梁端部挠度、盖梁支撑轨道梁支座处的变形、组合钢结构施工的动态监测(包括应力及变形)、天桥悬挑段挠度。

(3) 高架区间监测包括墩身沉降监测、轨道梁线形监测。

(4) 变形区内其他可能发生变形的项目监测。

10.3.3 监测频率及周期

1. 现场监测频率

在跨座式单轨交通工程中,第三方监测频率一般为施工监测的一半,也可以根据业主招标文件及设计交底材料要求补充确定监测频率,本项目第三方监测频率如表 10-6 所示。

监测频率 表 10-6

监测项目		监测频率
基坑支护结构	顶部水平位移	1次/2d
	顶部竖向位移	1次/2d
	深部水平位移	1次/2d
	支撑轴力	1次/2d
	地表沉降	1次/2d
	地下水位	1次/2d
基坑周边建筑物	竖向位移	1次/2d
	裂缝	1次/2d
基坑周边管线	竖向位移	1次/2d
	差异沉降	1次/2d
高架车站	承台及墩身沉降监测	1次/7d
	车站悬挑梁端部挠度	根据施工步序,每个步骤施工完成后进行检测
	盖梁支撑轨道梁支座处的变形	
	组合钢结构分步施工的动态监测(包括应力及变形)	
	天桥悬挑段挠度	
高架区间	墩身沉降	1次/7d
	线形监测	1次/7d

2. 现场巡视频率

现场巡视每天 1 次。

3. 监测周期

工程土方开挖或某一阶段结构施工完成,且满足监测点布设的条件后开始监测工作,进行初始值采集。

停测标准:

高架车站基坑支护部分:基坑回填完成后可停止监测。

高架车站结构及区间结构部分:对于结构施工已完成 3 个月且沉降变形速度小于 0.04mm/d 的部位可以提交停止监测申请报告,业主审核后方可停止项目监测。

4. 特殊情况频率调整原则

以下特殊情况适当加密监测频率:

(1) 关键施工工序;

(2) 监测值及变形速率均超过控制值;

(3) 巡视发现周边环境监测对象或支护体系稳定性出现问题;

(4) 坑边超载;

(5) 暴雨、暴雪等特殊天气;

(6) 场地条件变化较大。

10.3.4 监测控制值

监测控制值应当由设计单位或安全评估单位结合工程实际制定。本项目各监测项目的参考控制值如表 10-7 所示。

监测控制值 表 10-7

监测项目		控制值(mm)	变形速率(mm/d)
基坑支护结构	顶部水平位移	40	5
	顶部竖向位移	40	4
	深部水平位移	40	4
	支撑轴力	轴力设计值	—
	地表沉降	40	3
	地下水位	1000	500
基坑周边建筑物	竖向位移	20	2
	裂缝	—	
基坑周边管线	竖向位移	10~30	2
	差异沉降	$0.25\%/0.3\%L_g$(L_g 为关节长度)	2
高架车站	墩身沉降	(1)对于外部静定结构,其总沉降量与施工期间沉降量之差,不应超过下列允许值:墩台均匀沉降量,50mm;相邻墩台沉降量之差,20mm;(2)对于外部超静定结构,其相邻墩台不均匀沉降量之差,不应超过下列允许值:单跨跨度 $L>23$m 时相邻墩台沉降量之差,10mm;单跨跨度 20.5m$<L\leqslant$23m 时相邻墩台沉降量之差,7mm;单跨跨度 18m$\leqslant L<$20.5m 时相邻墩台沉降量之差,5mm	—
	车站悬挑梁端部挠度	根据相关设计文件	—
	盖梁支撑轨道梁支座处的变形		
	组合钢结构分步施工的动态监测(包括应力及变形)		—
	天桥悬挑段挠度		
高架区间	墩身沉降	同高架车站墩身沉降	—
	线形监测	根据相关设计文件	

10.3.5 监测点布置原则

第三方监测测点布置是以满足安全管理和监控为前提,在保证施工监测与第三方监测同点监测的基本要求下进行优化布置的,本项目测点布置原则如下:

(1) 监测对象及项目按照招投标文件及合同文本要求选取;
(2) 监测布点范围依测项不同取 1~1.5 倍基坑开挖深度;
(3) 与施工单位做到同点监测,测点依据第三方监测布点原则,从施工图监测设计文件中选取优化;
(4) 以控制安全为目的,在风险工程范围内,如果施工监测测点布设不足,需适当增加监测点;如果监测项目不够,需适当增加监测项目。

10.3.6 初始值采集要求

初始值测定：测点布置完成后，在施工之前，应对所有的监测项目进行2次独立的观测，判定合格后取其平均值作为监测项目的初始值。为了更好地进行对比分析，针对共同的监测点，第三方监测单位同施工监测要在相同的时间段进行初始值测定。

10.3.7 第三方监测方法

第三方监测方法执行现行国家标准《城市轨道交通工程测量规范》GB/T 50308，并参考本书第8章的相关内容。

10.3.8 现场巡视

1. 明挖基坑巡视

（1）施工工况巡视的内容包括：
1）开挖长度、分层高度及坡度，开挖面暴露时间；
2）开挖面岩土体的类型、特征、自稳性，渗水量大小及发展情况；
3）降水、回灌等地下水控制效果及设施运转情况；
4）基坑侧壁及周边地表截排水效果，坑边或基底有无积水；
5）支护桩后土体有无裂缝、明显沉陷，基坑侧壁或基底有无涌土、流沙、管涌；
6）基坑周边有无超载；
7）放坡开挖的基坑边有无位移、坡面有无开裂等。

（2）支护结构巡查的内容包括：
1）支护桩有无裂缝、侵线情况；
2）冠梁、围檩的连续性，围檩与桩之间的密贴性，围檩与支撑的防坠落措施；
3）冠梁、围檩、支撑有无过大变形或裂缝；
4）支撑是否及时架设；
5）盖挖法顶板有无明显变形和开裂，顶板与立柱、墙体的连接情况；
6）止水帷幕有无开裂、较严重渗漏水等。

2. 建（构）筑物巡视

（1）首次巡视

在施工前对所要巡视的构筑物做首次巡视。首次巡视的重点是调查构筑物现状，巡视该构筑物有无裂缝、剥落状况，有底板的构筑物须进入底板察看有无渗水的情况。有裂缝的地方做好标识，记录裂缝的位置、形态，用游标卡尺或裂缝读数显微镜测量并记录裂缝的宽度；地下室出现渗水的地方也做好标识，记录渗水的位置、渗水量大小。对在施工影响前已经出现的裂缝、地下室渗水等异常情况，采用拍照的方式进行影像资料存档。

（2）日常巡视

巡视的内容包括：地下构筑物积水渗水情况，地下管线的漏水、漏气情况；周边路面或地表的裂缝、沉陷、隆起、冒浆的位置、范围等情况；周边开挖、堆载、打桩可能影响工程安全的其他生产活动；监测设施：基准点、监测点的完好情况，保护情况，监测元器的完好状况、保护情况；其他。发现构筑物墙体、柱或梁新增裂缝或裂缝发展速率超过预警标准、底板出现渗水、涌水等异常情况及时上报,并拍照存档。巡视过程中,填写现场安全巡视表。

3. 地下管线巡视

(1) 首次巡视

在施工前对所要巡视的地下管线做首次巡视。首次巡视的重点是调查地下管线现状,巡视该管线周围有无地面裂缝、渗水及塌陷情况,检查井等附属设施的开裂以及井内有无积水或积水的深度等情况。有裂缝的地方做好标识,记录裂缝的位置、形态,用游标卡尺或裂缝读数显微镜测量并记录裂缝的宽度;井内有积水的要记录积水的深度以及积水来源。对在施工影响前已经出现的地面裂缝、井内积水等异常情况,采用拍照的方式进行影像资料存档。

(2) 日常巡视

巡视的内容包括:管线沿线地面开裂、渗水及塌陷情况;检查井等附属设施的开裂以及井内有无积水或积水的深度等情况等;对在首次巡视中发现的既有裂缝测量其宽度并与初始宽度进行现场比较。发现地下管线持续漏水(气)、检查井内出现开裂或进水等异常情况及时通报,并拍照存档。巡视过程中,填写现场安全巡视表。

4. 道路地表巡视

(1) 首次巡视

在施工前对所要巡视的道路、地面做首次巡视。首次巡视的重点是调查沿线主要道路地面有无裂缝、地面隆陷情况。有裂缝的地方做好标识,记录裂缝的位置、形态,用游标卡尺或裂缝读数显微镜测量并记录裂缝的宽度,并采用拍照的方式对既有裂缝、地面隆陷等情况进行影像资料存档。

(2) 日常巡视

巡视的内容包括:地面裂缝;地面沉陷、隆起;地面冒浆等。对在首次巡视中发现的既有裂缝测量其宽度并与初始宽度进行现场比较,发现新增地面裂缝或裂缝发展速率超过预警标准、地面隆陷、地面冒浆等异常情况及时通报,并拍照存档。巡视过程中,填写现场安全巡视表。

5. 高架段巡视

现场安全巡视内容主要包括工程自身安全巡视和周边环境安全巡视两部分内容。

(1) 对承台开挖周边巡视以下内容:

1) 坑边超载。包括坑边荷载重量、类型、与坑缘的距离、面积、位置等。

2) 地表积水。包括积水面积、深度、水量、位置、地面硬化完好程度、坡顶排水系统是否合理及通畅等。

(2) 周边环境

1) 地下管线:管线沿线地面开裂、渗水及塌陷等情况;检查井等附属设施的开裂及积水变化情况等。

2) 道路、地面:地面裂缝,地面沉陷、隆起,地面冒浆等。

3) 桥梁:墩台、挡墙或梁体开裂、剥落情况,包括裂缝宽度、深度、数量、走向、剥落体大小、发生位置、发展趋势等;墩台周围地面沉陷;伸缩缝变化情况等。

10.3.9 监测成果分析方法

1. 监测数据曲线图的绘制和分析

现场监测数据处理后,及时绘制位移—时间曲线图,并在图中注明施工工序。

根据位移—时间曲线的形态进行岩土体变形分析时,应注意岩土体变形曲线三个区段划分的意义和警示,如图10-11所示。

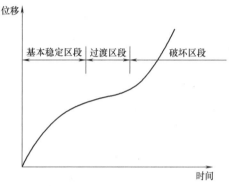

图 10-11 岩土体变形曲线

图 10-11 是地层监测变形状况,图中基本稳定区段,主要标志是变形速率不断下降,即 $du_2/dt_2<0$,为一次蠕变区,表示地层趋于稳定,其支护结构是安全的;过渡区段,变形速率较长时间保持不变,即 $du_2/dt_2=0$,为二次蠕变区,应发出警告,及时调整施工程序,加强支护系统的刚度和强度;破坏区段,变形速率逐渐增加,即 $du_2/dt_2>0$,为三次蠕变区,曲线出现反弯点,表示地层已达到危险状态,必须立即停工加固。

地层稳定性判别标准比较复杂,在评定地层稳定程度时要根据工程的具体情况,采用上述三种标准进行综合分析。

2. 钢支撑轴力与支护结构内力数据分析与反馈

首先将采用接收频率仪接收的频率按公式换算成钢支撑轴力和支护结构内力,并与设计轴力和支护结构内力比较分析,了解钢支撑与支护结构的受力状态。如果钢支撑轴力或支护结构内力超过允许控制标准值时,应采取改变支撑体系或开挖方式等措施确保施工安全。

10.3.10 监测信息反馈

1. 监测信息反馈流程

监测信息反馈流程同本书第8章图8-1。

2. 监测信息反馈要求

(1) 安全情况下的信息反馈

日报:监控测量数据采集后,及时对数据进行计算,其监测成果表现为正常变化,工程状态安全,施工处于可控状态,应每天20:00之前报送建设单位。

周报:包括近一周的施工监测关键数据、工况、测点破坏情况和巡视信息的异常情况、风险预警情况、反馈意见落实情况及风险事务处理、效果、变化趋势、存在问题、下一步风险处理建议等,应于每周五上午10:00之前报送建设单位并抄送监理单位。(数据范围是从上周五至本周四的监测数据)

月报:包括近一月的施工监测关键数据、工况、测点破坏情况和巡视信息的异常情况、风险预警情况、反馈意见落实情况及风险事务处理、效果、变化趋势、存在问题、下一步风险处理建议等,应于每月24日上午10:00之前将监测月报报送建设单位并抄送监理单位。

(2) 预警状态下的信息反馈

遇到异常情况，监测数据达到警戒值时，20min 内以口头方式向施工方报警，并在"监测报表"上注明。首先加密监测次数，进一步观察异常部位的发展情况；其次与施工方、第三方监测等共同制定应对措施、解决方案，并由施工单位或第三方监测以书面的形式提交报告给监理和建设单位。在抢险过程中的监测数据，经过分析后在 1h 内以书面（报表）形式上报施工、监理和建设单位。

10.3.11 预警响应及消警机制

1. 预警响应

(1) 预警分级

本项目预警分级为三类：数据预警、巡视预警及综合预警。

1) 数据预警分级

数据预警分为三级：黄色、橙色及红色数据预警，如表 10-8 所示。

数据预警分级　　　　表 10-8

预警级别	预警状态描述
黄色	"双控"指标之一的累计变化量超过控制值的 80% 或变化速率达到控制值
橙色	"双控"指标之一的累计变化量超过控制值或变化速率 2d 超过控制值时
红色	"双控"指标均超过控制值或速率连续 3d 超过控制值或实测变化速率出现急剧增长时

轨道梁桥沉降观测预报警判定指标：各墩基础沉降量达到其设计允许值的 1/2 应进行预警，进行沉降原因分析，并增加观测频次；当沉降量达到允许值的 2/3 时，应进行报警并采取有效措施。

2) 巡视预警分级

巡视预警是指施工过程中通过现场巡视发现安全隐患或不安全状态而进行的预警。根据工况巡视、环境巡视、支护结构巡视和作业面状态观察描述等信息，初步将巡视安全状态分为三级：黄色、橙色及红色巡视预警。

3) 综合预警分级

综合预警分为黄色、橙色及红色综合预警三级，当数据及巡视均预警时发出综合预警。综合预警级别采用数据及巡视预警级别中较高者作为预警级别。

(2) 预警响应流程

预警发生后，各相应人员按规定时间内到达现场进行勘察，第三方监测单位主持分析会，其流程为：响应人员查看现场、现场拍照、进行分析、制定具体处理措施、形成会议纪要，根据制定的措施进行处理。

1) 黄色预警响应流程

第三方监测单位依据监测数据及现场巡视情况，发出黄色预警；第三方监测单位项目现场负责人，施工单位技术负责人，施工监测负责人，监理单位现场监理工程师、监测监理工程师等人员参加现场警情分析会。

会议分析预警原因，制定处理措施，由监理单位形成会议纪要，送建设单位备案。监理单位督促施工单位按制定的处理措施进行整改落实。当发生突发事件时，启动相应级别应急预案。

2) 橙色预警响应流程

第三方监测单位依据监测数据及现场巡视情况,发出橙色预警;随即报告监理单位和业主代表,监理单位立即通知勘察设计单位项目专业负责人,第三方监测单位项目负责人,施工单位技术负责人、安全负责人、监测负责人,监理单位总监、现场监理工程师、监测监理工程师等人员,参加监理单位主持召开的现场警情分析会。

会议分析预警原因,制定整改处理措施,由监理单位形成会议纪要,整改处理措施须经设计单位确认后实施。监理单位督促施工单位按制定的整改处理措施进行落实。当发生突发事件时,启动相应级别应急预案。

3) 红色预警响应流程

第三方监测单位依据监测数据及现场巡视情况,发出红色预警并视情况启动相应级别的应急预案;随即报告监理单位和建设单位,由监理单位立即召集勘察设计单位项目负责人,第三方监测单位项目负责人,设计单位项目负责人,施工单位项目经理、技术负责人、安全负责人、监测负责人,监理单位总监、现场监理工程师、监测监理工程师,建设单位相关领导及部门负责人等,参加监理单位主持召开的现场警情分析会,必要时由建设单位邀请相关专家参与分析。

会议分析预警原因,制定整改处理措施,由监理单位形成会议纪要,整改处理方案必须经勘察设计单位确认后实施,会议纪要送建设单位备案。监理单位督促施工单位按制定的整改处理措施进行落实。当发生突发事件时,启动相应级别应急预案。

2. 消警机制

警情发生后,经采取相关整改处理措施,警情得到有效控制,监测数据收敛到正常变化范围内,由施工单位提供警情情况说明:包括现场警情分析会、消警会议的纪要,施工单位、第三方监测单位提供的正常变化范围内的监测数据,整改处理落实情况等,按消警处理流程申请消警。

(1) 黄色、橙色消警流程

1) 现场采取相关整改处理措施,警情得到有效控制,监测数据控制在正常变化范围内,施工单位按监测预警响应实施流程申请消警。

2) 施工单位填写消警申请单,经监理单位审查,第三方监测单位确认后,予以消警,建设单位备案。

(2) 红色消警流程

1) 现场采取相关整改处理措施,警情得到有效控制,监测数据控制在正常变化范围内,施工单位按监测预警响应实施流程申请消警。

2) 施工单位填写消警申请单,经监理单位审查,第三方监测单位复核确认后,监理单位总监组织召开由施工、监理、勘察设计、第三方监测、风险评估、建设等各单位参加的现场红色消警会议,各方提出消警意见及后续保障措施,经会议研究通过后,予以消警。由监理单位形成会议纪要,建设单位备案。

10.3.12 资料整理及提交

根据相关标准和合同要求,各个阶段工作结束后应按本书第8章要求进行监测资料整理,并提交相应监测成果。

参 考 文 献

[1] 住房和城乡建设部. 城市轨道交通工程测量规范：GB/T 50308—2017 [S]. 北京：中国建筑工业出版社，2017.

[2] 住房和城乡建设部. 城市轨道交通工程监测技术规范：GB 50911—2013 [S]. 北京：中国建筑工业出版社，2013.

[3] 住房和城乡建设部. 跨座式单轨交通施工及验收规范：GB 50614—2010 [S]. 北京：中国建筑工业出版社，2010.

[4] 住房和城乡建设部. 跨座式单轨交通工程测量标准：GB/T 51361—2021 [S]. 北京：中国建筑工业出版社，2021.

[5] 住房和城乡建设部. 工程测量规范：GB 50026—93 [S]. 北京：中国计划出版社，1993.

[6] 住房和城乡建设部. 城市测量规范：CJJ 8—99 [S]. 北京：中国建筑工业出版社，1999.

[7] 住房和城乡建设部. 全球定位系统城市测量技术规程：CJJ 73—97 [S]. 北京：中国建筑工业出版社，1997.

[8] 住房和城乡建设部. 城市地下管线探测技术规程：CJJ 61—2017 [S]. 北京：中国建筑工业出版社，2017.

[9] 国家测绘局. 国家一、二等水准测量规范：GB/T 12897—2006 [S]. 北京：中国标准出版社，2006.

[10] 秦长利. 城市轨道交通工程测量 [M]. 北京：中国建筑工业出版社，1999.

[11] 陈永奇. 工程测量学 [M]. 第4版. 北京：测绘出版社，2016.

[12] 张正禄等. 工程测量学 [M]. 武汉：武汉大学出版社，2005.

[13] 李天文等. 工程测量学 [M]. 第2版. 北京：科学出版社，2016.

[14] 书籍编委会. 建筑工程测量与施工放线一本通 [M]. 北京：中国建材工业出版社，2016.

[15] 刘克会. 2017年中国城市地下管线发展报告 [M]. 北京：中国建材工业出版社，2018.

[16] 刘伊生. 地铁工程监测测量管理与技术 [M]. 北京：中国建筑工业出版社，2013.

[17] 曹先革等. 基于三维激光扫描数据的地铁隧道断面测量 [J]. 测绘与空间地理信息，2015，38 (7).

[18] 王博群等. 基于点云数据的盾构隧道竣工测量方法 [J]. 北京测绘，2019，33 (2).

[19] 方秀友. 全站仪三维坐标法测量隧道断面及数据后处理解决方案 [J]. 海峡两岸岩土工程/地工技术交流研讨会，2016，33 (2).

[20] 住房和城乡建设部. 城市地下管线探测技术规程：CJJ 61—2003 [S]. 北京：中国建筑工业出版社，2003.

[21] 交通部编写组. 水运工程测量手册 [M]. 北京：人民交通出版社，2001.

[22] 周丰年，田淳. 利用GPS在无验潮模式下进行江河水下地形测量 [J]. 测绘通报，2001，(5).

[23] 任少华. 无验潮模式下的GPS RTK水下地形测量技术 [J]. 浙江水利科技，2005，(2).

[24] 陈德基主编. 水利工程勘测分册 [M]. 北京：中国水利水电出版社，2004.

[25] 秦长利. 城市轨道交通工程测量监理的主要内容和基本方法 [J]. 铁路航测，2001，(3).

[26] 乔仰文，赵长胜等. GPS卫星定位原理及其在测绘中的应用 [M]. 北京：教育科学出版社，2003.

[27] 赵连璧，刘大杰，周全基等. 隧道GPS网对横向贯通误差的影响 [J]. 测绘学报，1999，(3).

[28] 李春华，张献州等. GPS技术在成都市城市轨道交通建设中的应用 [J]. 测绘工程，2003，(9).

[29] 花向红,王新洲等. 轨道交通一号线二期测量基准的建立与一期铺轨前复测分析 [J]. 工程勘察, 2003, (3).
[30] 叶晓明,凌模. 全站仪原理误差 [M]. 武汉:武汉大学出版社, 2003.
[31] 国家测绘局.《房产测量规范 第1单元:房产测量规定》:GB/T 17986.1—2000 [S]. 北京:中国标准出版社, 2000.
[32] 吕永江. 房产测量规范与房地产测绘技术——房产测量规范有关技术说明 [M]. 北京:中国标准出版社, 2001.
[33] 詹长根等. 地籍测量学 [M]. 武汉:武汉大学出版社, 2005.
[34] 铁道部. 新建铁路工程测量规范:TB 10101—99 [S]. 北京:中国铁道出版社, 1999.
[35] 秦长利. 提高盾构施工测量精度的要点和方法 [J]. 测绘通报, 2003.
[36] 张正禄,李广云,潘国荣等. 工程测量学 [M]. 武汉:武汉大学出版社, 2005.
[37] 夏才初,潘国荣. 土木工程监测技术 [M]. 北京:中国建筑工业出版社, 2001.
[38] 潘国荣,王穗辉. 地铁盾构施工中的若干测量手段及方法 [J]. 测绘通报, 2001, (1).
[39] 赵吉先,吴良才,周世健. 地下工程测量 [M]. 北京:测绘出版社, 2005.
[40] 煤炭工业部生产司. 煤矿测量手册 [M]. 北京:煤炭工业出版社, 1979.
[41] 秦长利,张学庄. 国产AGT-1高精度自动陀螺经纬仪定向方法探讨 [J]. 都市快轨交通, 2007.
[42] 王兆祥等. 铁路工程测量 [M]. 北京:测绘出版社, 1988.
[43] 周文波. 盾构法隧道施工技术及应用 [M]. 北京:中国建筑工业出版社, 2004.
[44] 秦长利. 城市轨道交通工程变形监测的精度探讨 [J]. 都市快轨交通, 2007.
[45] 刘招伟,赵运臣. 城市地下工程施工监测与信息反馈技术 [M]. 北京:科学出版社, 2006.
[46] 杨志法等. 岩土工程监测技术及监测系统问题 [M]. 北京:海洋出版社, 2004.
[47] 城市轨道交通网. 设计与施工栏目相关内容 [EB/OL]. http://www.chinametro.net.
[48] 隧道网. 地铁隧道栏目相关内容 [EB/OL]. http://www.tunnelling.cn.